재무제표, 돈의 흐름을 읽어라

ⓒ 강대준, 2025

이 책의 저작권은 저자에게 있습니다.
저작권법에 의해 보호를 받는 저작물이므로
저자의 허락 없이 무단 전재와 복제를 금합니다.

강대준 지음

비즈니스북스

재무제표, 돈의 흐름을 읽어라

1판 1쇄 인쇄 2025년 10월 10일
1판 1쇄 발행 2025년 10월 17일

지은이 | 강대준
발행인 | 홍영태
편집인 | 김미란
발행처 | (주)비즈니스북스
등 록 | 제2000-000225호(2000년 2월 28일)
주 소 | 03991 서울시 마포구 월드컵북로6길 3 이노베이스빌딩 7층
전 화 | (02)338-9449
팩 스 | (02)338-6543
대표메일 | bb@businessbooks.co.kr
홈페이지 | http://www.businessbooks.co.kr
블로그 | http://blog.naver.com/biz_books
페이스북 | thebizbooks
인스타그램 | bizbooks_kr

ISBN 979-11-6254-440-2 03320

* 잘못된 책은 구입하신 서점에서 바꾸어 드립니다.
* 책값은 뒤표지에 있습니다.
* 비즈니스북스에 대한 더 많은 정보가 필요하신 분은 홈페이지를 방문해 주시기 바랍니다.

비즈니스북스는 독자 여러분의 소중한 아이디어와 원고 투고를 기다리고 있습니다.
원고가 있으신 분은 ms1@businessbooks.co.kr로 간단한 개요와 취지, 연락처 등을 보내 주세요.

프롤로그

현금흐름을 보는 사람에게
부의 기회가 있다

서울 남산이 보이는 사무실에서 중요한 만남을 앞둔 날이면 책상 위를 말끔히 정리한다. 책상이 비어 있어야 맞은편에 앉은 사람의 표정이 더 잘 보이고 말에 담긴 무게도 더 선명하게 전해진다.

사업이 막막한 경영자, 꿈을 펼치고 싶은 창업자, 불확실한 미래 앞에서 고민하는 직장인. 저마다 다른 사연으로 찾아오지만 그들 마음속에는 언제나 비슷한 질문이 자리한다. 그 고민의 핵심에는 언제나 '숫자'가 있고, 그 숫자가 가리키는 것은 결국 '돈'이다. 많아도 문제, 없어도 문제인 것이 바로 '돈'money이다.

돈 이야기에 귀 기울이다 보면 자연스럽게 그들이 처한 '돈의 흐름'을 따라가게 된다. 그 흐름을 읽는 것은 마치 언덕 위에서 물길을 내려다보는 것과 같다. 급류 속에서 노를 젓는 사람은 어디로 향하는지 알기 어렵지만, 높은 곳에서 내려다보면 물의 흐름이 선명하게 보인다. 어디서 시작되어 어디로 흘러가며, 어디서 막히는지 말이다.

숫자와 현실이 만나는 지점에서 진정한 통찰이 나온다

'돈의 흐름'을 제대로 읽으려면 숫자만 들여다봐서는 안 된다. 비즈니스 현장만 바라봐서도 안 된다. 진짜 중요한 것은 그 2가지가 맞물리는 순간을 포착하는 것이다.

전에는 나도 회계사로서 숫자만 보던 시기가 있었고, 전문 경영자로 일할 때는 성공한 경영자들의 비전과 이상에 쉽게 감동하기도 했다. 하지만 어느 순간부터 나만의 균형 잡힌 시각이 절실하다는 생각이 들었다.

여러 기업을 방문해 현장을 파악하고 경영자를 비롯한 구성원과 대화를 나누며 그들이 일하는 공간을 직접 보면, 공개된 재무제표에 찍힌 숫자와는 분명히 다른 무언가를 발견할 수 있다. 사업 현장을 충분히 이해한 다음 그 그림자인 재무적 숫자를 함께 파악하면 돈의 흐름이 시계열로 그려진다. 때로는 긍정적인 방향성이 보이고, 때로는 지속가능성이 없다는 위험 신호가 감지된다. 심지어 현재 돈이 잘 들어오고 있어도 그렇다. 왕성하게 쏟아져 들어오는 돈이 제대로 흐르게 해야 하는 데 자칫 잘못된 방향으로 물길을 틀면 도중에 막혀 고인 웅덩이가 되거나 자잘한 곁가지로 흩어져 맥없이 말라 버릴 수도 있다.

돈이 많이 들어온다고 해서 좋은 것만은 아니다

한번은 외식업 분야에서 유명한 CEO가 찾아온 적이 있다. 언론에서 자주 조명받을 만큼 그와 그의 회사는 스타의 지위에 있었지만 '돈의 흐름'이라는 현실을 이야기하는 그의 얼굴빛은 무척 어두웠다.

회사가 유명세를 타자 투자 제안이 쇄도했고, 그는 그 투자금을 받아 무리하게 사업을 확장했다. 그 결과 매출액 대비 고정비용이 과도하게 커졌고, 손실의 늪에 빠져 매달 운영 자금을 고민하며 속앓이를 하고 있었다.

"그때 그 투자 자금을 받지 않았더라면 무리하게 확장하는 일도 없었을 텐데…."

그의 뒤늦은 후회가 보여주듯, 돈이 흘러 들어온다고 해서 좋은 결과만 있는 것은 아니다. 배가 크다고 해서 무조건 잘 헤쳐나갈 수 있는 것도 아니다. 얕은 물에 큰 배를 띄우면 오히려 오도 가도 못 하는 신세가 된다.

돈의 흐름을 제대로 보고 파악해야만 크게 실패할 일을 줄일 수 있고, 그렇게 꾸준히 다져가다 보면 성공할 기회를 얻을 수 있다.

'돈의 흐름'이라고 표현했지만 회계 정보가 담긴 재무제표에 '돈'이라는 항목은 없다. 그 대신 현금cash이 있다. '돈'은 재화나 서비스를 교환할 수 있는 모든 경제적 가치를 포괄하는 것으로, 인간의 욕망이나 가치관까지 반영하는 추상적인 개념이다. 현금은 그보다 더 구체적인 개념으로, 현실적이고 구체적인 상황에서 사용되는 실물 화폐로 된 자산을 의미한다.

돈은 현금, 예금, 수표, 전자화폐 등 다양한 형태의 자산을 모두 포괄하는 광범위한 개념이다. 그러나 회계에서는 각 자산을 구체적으로 구분하고 명확하게 표현해야 하므로, 거래 내용을 일정한 기준으로 분류해 기록하기 위해 정해놓은 항목 이름인 '계정과목'account title을 사용한다. 이에 따라 재무제

▶ 현금및현금성자산의 구성과 주요 예시

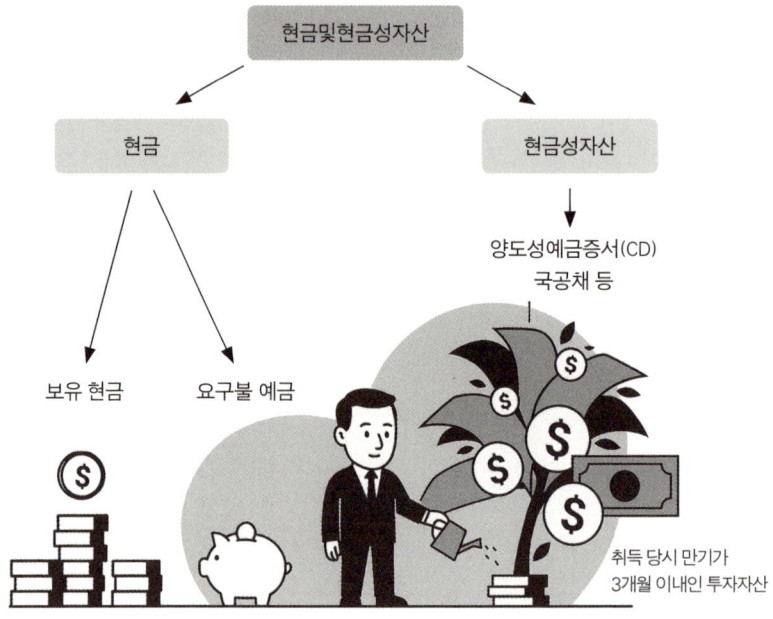

재무제표 중 재무상태표에서 가장 처음 등장하는 항목이 '현금및현금성자산'이다. 회계기준이 바뀌기 전에는 영문 계정과목인 'cash and cash equivalents'를 직역해서 '현금및현금등가물'이라고도 했다.

표에서 현금은 단순히 '돈'을 의미하는 것이 아니라 '현금및현금성자산' cash and cash equivalents 이라는 구체적인 계정과목으로 표현된다.

'돈의 흐름'이 다소 추상적이고 감각적이라고 느껴지는 데 비해 '현금흐름' cash flow 은 훨씬 더 구체적이며 숫자로 측정 가능하고 체계적으로 다룰 수 있는 대상이다. 많은 경영자와 투자자, 부자들이 경영과 투자에 성공하려면 '현금흐름'을 보라고 강조하는 것도 이 때문이다. 측정 가능한 현금흐름을 분석해야 돈의 흐름을 정확히 파악할 수 있고, 그래야 부를 쌓고 지킬 수 있다.

현금흐름은 기업 생명력의 척도다

흐르지 않고 정체된 현금은 썩게 마련이다. 개인뿐 아니라 기업, 나아가 국가에도 동일하게 적용되는 진리다. 실제로 현금과 관련된 대화를 나누다 보면 현금흐름에서 비롯된 고민이 빠지지 않고 등장한다.

거대한 흐름을 읽어낼 수만 있다면 돈은 더 이상 무거운 짐이 아니라 내가 원하는 곳으로 나아갈 수 있게 떠받치는 강력한 힘이 된다. 현금의 흐름을 보는 능력이야말로 진정한 부로 나아가게 하는 필수 요소다. 비즈니스 활동의 그림자인 재무제표를 분석할 때도 이제는 매출과 이익 중심의 익숙한 방식에서 벗어나 흐름을 보는 관점으로 나아가야 한다.

기업의 존망과 성패는 현금의 흐름으로 결정된다. 장부상의 높은 이익은 때로는 환상에 불과하다. 아무리 이익이 커도 실제 현금이 들어오지 않는다면 생존 위기에 빠질 수 있다. 반면 당장 눈부신 이익이 없더라도 꾸준하고 안정적인 현금흐름이 확보되어 있다면 흔들림 없이 도전을 계속할 수 있다.

이 책은 '현금'의 진정한 가치에 집중한다. 재무제표를 통해 기업의 실질적인 건강 상태를 파악하고, 왜 현금이 기업의 운명을 결정하는지를 명쾌하고 생생한 사례로 전달한다. 이를 통해 '이익'이 아닌 '현금'의 중요성을 깨닫는다면 탄탄히 성장해나갈 기업을 알아보는 눈을 키울 수 있을 것이다.

프롤로그 현금흐름을 보는 사람에게 부의 기회가 있다   5

제1부 숫자에 속지 말고, 흐름을 찾아라
— 재무제표의 본질을 읽는 첫걸음

▶ 제1장
현금흐름으로 파도타기: 지속 가능한 성장의 비밀

현금흐름을 중시하는 경영 현장에서 얻은 깨달음	21
돈이 먼저 들어와야 사업이 잘 돌아간다	22
매출 확대만 추구하다가 망하는 이유	24

▶ 제2장
어떻게 정보의 한계를 넘어 기업을 읽을 것인가

회사 내부자와 외부자는 아는 정보가 다르다	27
재무제표로 안개 속 진실 찾기	28
워런 버핏이 알려준 투자의 비밀	30

▶ 제3장
돈의 흐름을 남긴 기록, 회계의 여정

회계란 '모아서 계산하는 것'	34
메디치 가문부터 월스트리트까지, 돈의 역사	35
옛날 사람들은 돈을 어떻게 관리했을까	36
현대인이 꼭 알아야 할 돈 감각	38

▶ 제4장
재무제표, 어디서 어떻게 찾아볼까?

재무제표는 어디에 있는 거야?	41
전자공시시스템 DART 활용법	42
실젠! DART에서 재무제표 보기	43
기업 IR 페이지에서 재무제표 찾기	46
네이버, 야후, 블룸버그 등 포털 사이트 활용법	49
생성형 AI, 재무정보 탐색의 강력한 도구	54

▶ 제5장
페라리가 알려준 투자의 기회

다큐멘터리에서 찾은 비즈니스 아이디어	56
기업 분석, 일상에서 출발하자	59
숫자로 기업의 본질 꿰뚫어 보기	65

▶ 제6장
재무제표 분석, 이것만은 꼭 알아두자

매출과 자산의 외형만 보다가 놓친 것	66
재무제표 종류와 분석 포인트	68
재무제표는 따로따로 보면 안 된다	70

▶ 제7장
재무제표, 5개의 렌즈로 보는 기업의 세계

재무상태표: 지금 이 회사 체력은 어떤가	72
손익계산서: 수익과 비용의 줄다리기	73
현금흐름표: 벌어들이고, 키우고, 조달하는 돈의 순환	75
자본변동표: 나이테처럼 새겨진 자본의 흔적	76

주석: 숫자 뒤에 숨은 맥락	77
5가지를 함께 봐야 전체 그림이 보인다	78

▶ 제8장
비율 너머에서 발견하는 기업의 진짜 가치

재무제표 분석의 4가지 핵심 축	81
기업 상태를 파악하는 5가지 핵심 비율: 수익성, 유동성, 안정성, 활동성, 성장성	82
기간별 분석과 기간 내 분석	85
숫자로 나타나지 않는 가치들도 중요하다	90

제2부 매출에 속지 말고, 본질을 읽어라
— 겉으로 보이는 성장의 함정을 넘어

▶ 제9장
매출액, 정말 믿어도 되는 숫자일까?

가장 많이 쓰이는 재무 지표, 매출액	95
매출과 수익, 이익은 어떻게 다른가	97
매출액 심층 분석: 당근마켓과 농심 사례	101
계산대 금액이 매출은 아니다	107

▶ 제10장
거래액 vs. 매출액, 헷갈리지 말자

플랫폼 비즈니스에서 거래액이란	110
우아한형제들 사례로 보는 거래액과 매출의 차이	113
지속 가능한 비즈니스 모델인가	116

▶ 제11장
매장은 이디야가 더 많은데 매출은 스타벅스가 더 높은 이유

프랜차이즈 사업의 2가지 매출 구조	118
스타벅스와 이디야의 격차는 어디서 왔나	119
유통 플랫폼 기업의 매출 인식: 쿠팡 사례	122

▶ 제12장
기업의 진짜 실력을 보여주는 순매출

총매출과 순매출의 차이 125
매출에서 빼는 항목들로 알 수 있는 것 127
분식회계를 막는 순매출의 역할 129

▶ 제13장
매출의 흐름과 가치사슬

매출은 어떤 경로로 흘러갈까? 131
매출 흐름: 제조사 → 유통사 → 소비자 133
용어를 정확히 써야 헷갈리지 않는다 137
매출은 곧 가치의 흐름이다 138

▶ 제14장
업종마다 다른 매출 계산 시점

매출은 언제 인식될까? 140
업종별로 달라지는 매출 인식 시점 142
복합 기업의 매출 제대로 읽기: 삼성물산 사례 149

▶ 제15장
지배구조라는 퍼즐, 기업의 숨은 연결고리를 찾아라

비행기에서 시작된 궁금증 155
사업보고서와 IR 자료로 지배구조 파악하기: 제주항공 사례 156
복잡한 지배구조 해부하기: 카카오 사례 163

▶ 제16장
지배구조라는 매트릭스, 연결재무제표로 해석하다

연결재무제표가 왜 필요할까? 165
기업의 전체 실력 평가에 꼭 필요하다 167
별도와 연결, 함께 분석해야 한다 169
별도에서는 보이지만 연결에서는 사라지는 숫자: 삼성전자 사례 171

▶ 제17장
지분법손익까지 봐야 전체 그림이 보인다

모회사의 지배력이 어느 정도인가	176
종속회사와 관계회사의 회계처리 방법: 통합과 지분법	178
지분법 손익으로 인한 당기순이익 변동성: SK텔레콤 사례	179
투자의 목적에 따라 달라지는 평가: 공정가치금융자산 vs. 관계회사	183

▶ 제18장
하나의 매출 뒤에 숨어 있는 사업부문별 실적

사업부문별 분석 방법	186
입체적 사업부문 분석: 하이트진로 사례	188
사업부문별 분석이 중요한 이유: LG화학 사례	191
투자자들의 관성적 분석이 부른 참사: GE 사례	192
부문별 공시 강화로 나아가는 회계기준	193

제3부 이익에 속지 말고, 진짜를 가려라
— 현금으로 이어지는 힘 분석하기

▶ 제19장
손익계산서 구조 완전 해부

손익계산서를 볼 때 업종부터 생각하자	199
각 항목이 기업 활동과 어떻게 연결되나	200
손익계산서 각 항목의 의미	203
전략적 의사결정의 토대가 되는 손익계산서	209

▶ 제20장
손익계산서에서 읽는 기업 DNA

손익계산서와 원가 구조의 관계	212
원가 구조 사례: 로마네콩티 vs. 대량 생산 와이너리	215
레버리지 효과와 원가 구조	217

▶ 제21장
이익 해석의 길, 재무상태표라는 인생 지도

과거를 기록해 미래를 예측하는 재무제표	222
왜 '밸런스 시트'라고 부를까?	224
복식부기의 아버지 파치올리 이야기	225
재무상태표부터 봐야 하는 이유	226

▶ 제22장
재무상태표 항목별로 속속들이 분석하기

재무상태표의 전체 구조	229
자산 항목 들여다보기	230
부채 항목 분석하기	237
자본 구성 이해하기	242

▶ 제23장
이익을 번역하는 글로벌 공용어, EBITDA

경영이든 투자든 용어를 아는 것이 기본	250
EBIT란 무엇인가	253
EBITDA란 무엇인가	254
기업가치 평가의 핵심 EBITDA와 EV/EBITDA	256
EBITDA의 한계, 현금흐름표로 보완하자	258

▶ 제24장
좋은 이익 vs. 나쁜 이익, 돈의 흐름이 기준이다

이익의 진짜 가치는 결국 돈으로 들어왔는가에 달렸다	262
이익의 질 관리하기: 머크 사례	263
이익의 질을 좌우하는 비현금성 비용	265
현금흐름의 타이밍 게임: 운전자본 관리	266
반복 가능한 이익과 현금흐름의 중요성	269

▶ 제25장
운전자본은 기업의 산소다

균형의 예술, 운전자본 관리	272

운전자본 관리의 성공과 실패 사례	275
순운전자본 제대로 해석하기	278
순운전자본 관리: 월마트와 쿠팡 사례	279
운전자본 관련 회전율 지표: 삼성전자 사례	281
운전자본 관리가 기업 생존을 좌우한다	284

제4부 겉모습에 속지 말고, 돈의 길을 따라가라
— 기업의 미래를 결정짓는 가치의 흐름

▶ 제26장
이기는 기업 vs. 지는 기업

시대 변화에 맞춘 유연함: 마이크로소프트의 승리	289
과거 영광이 족쇄로: 노벨의 몰락	292
비즈니스 모델과 현금흐름의 차이가 만든 결과	294
계속 이기는 기업의 조건	295

▶ 제27장
특명! 현금전환기간을 줄여라!

들어오는 것은 빠르게, 나가는 것은 늦게	297
현금전환기간이란?	299
현금전환기간 관리의 신: 애플 사례	303
애플과 폭스콘의 상반된 입장	304
우리 현금은 제대로 돌고 있는가?	305

▶ 제28장
현금흐름의 세 갈래

영업활동 현금흐름: 본업 성과를 보여주는 척도	308
투자활동 현금흐름: 미래를 위한 투자	309
재무활동 현금흐름: 자금 조달과 상환의 흐름	311
3가지 활동의 유기적 연결	313

▶ 제29장

현금흐름으로 보는 성장과 위기: 8가지 패턴 분석

조정을 거쳐야 드러나는 영업활동 현금흐름	317
패턴 분석으로 현금흐름의 큰 그림 읽기	319
8가지 현금흐름 패턴의 구체적 사례	321
패턴 분석 능력 키우기	332

▶ 제30장

현금은 흘러야 힘이 된다

그냥 쌓아둔 현금은 자산이 아니라 짐이다	334
현금이 많아도 기업에 득이 되지 않는 이유	335
현금이 일하게 하는 법: 알파벳, 엔비디아, 디즈니 사례	337

▶ 제31장

시대별 핵심 지표의 변천사: 매출에서 잉여현금흐름까지

시대에 따라 바뀌어온 기업 평가 기준	342
지금 당신은 어느 시대 지표를 보고 있는가?	347

▶ 제32장

잉여현금흐름이라는 진짜 주인공의 등장

기업이 자유롭게 쓸 수 있는 진짜 돈	349
잉여현금흐름은 어떻게 계산할까?	350
잉여현금흐름이 기업 평가의 핵심 지표인 이유	351
잉여현금흐름으로 할 수 있는 많은 일들	353
기업의 미래를 결정하는 힘, 잉여현금흐름	356

에필로그 숫자에 담긴 돈의 흐름을 읽어내자	358

제1부

숫자에 속지 말고, 흐름을 찾아라
재무제표의 본질을 읽는 첫걸음

제1장

현금흐름으로 파도타기
:지속 가능한 성장의 비밀

현금흐름을 중시하는 경영 현장에서 얻은 깨달음

한때 화장품 브랜드를 운영하는 회사에서 전문경영인으로 일하며 현장을 경험한 적이 있다. 그 회사의 창업주는 젊은 시절부터 몸소 사업을 일궈왔고 온갖 시행착오를 겪는 과정에서 현금흐름의 중요성을 본능적으로 체득한 인물이었다. 그가 얼마나 철저하게 현금흐름을 관리했는지를 보여주는 인상 깊은 에피소드를 소개해보겠다.

어느 시점에 회사에서 출시한 신제품이 시장에서 예상보다 훨씬 큰 인기를 끌었다. 바이어들로부터 추가 주문이 쏟아져 들어왔고, 회사 내부에서는 당장 생산을 2~3배로 늘려야 한다는 의견이 빗발쳤다. 대부분의 경영자라면 절호의 기회로 판단하고 생산량을 급격히 늘리려고 했을 것이다. 하지만 그는 차분하고 냉정하게 지시했다.

"주문이 늘었다고 해서 무턱대고 생산하지 말고 반드시 선수금을 확보한 뒤에 움직이세요. 우리가 제품을 생산하기 전에 돈이 들어와 있어야 합니다."

그 말을 듣고 상당히 의아했다. 시장이 이렇게 뜨거운데 왜 소극적으로 대응하나 싶었다. 하지만 창업주의 생각은 명확하고 단호했다. 선수금이 없으면 절대 추가 생산을 하지 않는다는 원칙이었다. 고객이 제품을 원하면 반드시 미리 돈을 지급하고 기다리게 하는 것이 그의 방식이었다.

급격히 늘어난 수요를 보고 흥분해서 대규모 생산을 감행했다가 자금이 묶여 위기에 빠지는 기업이 많다. 적은 자본금으로 사업을 시작했던 창업주는 그 위험을 누구보다도 잘 알고 있었다. 우리는 창업주의 원칙을 철저히 지켰고, 그 덕에 자금 압박 없이 안정적으로 성장할 수 있었다.

그때 내가 얻은 결론은 단순하지만 강력했다. '물건이 움직이기 전에 돈이 먼저 움직여야 한다. 반대로 하면 돈도 물건도 멈춘다.'

돈이 먼저 들어와야 사업이 잘 돌아간다

이 원칙을 지키는 동안 해외 시장, 특히 중국에서 제품 수요가 급증하면서 예상보다 규모가 큰 현금이 선수금 형태로 들어왔다. 선주문과 함께 이미 자금이 확보된 상황에서 그다음 중요한 과제는 '납기 준수'였다. 회사는 즉시 위탁 생산을 담당하는 OEM 업체에 생산을 의뢰했고, 선수금을 확보한 덕분에 제조사에도 생산 대금을 신속히 선지급할 수 있었다. 나갈 돈은 최대한 미루는 것이 관행이지만 그렇게 하지 않은 것이다.

그 결과 회사의 재무상태표에는 은행 차입금은 물론 매입채무(거래처 외상대금)가 전혀 남지 않았다. OEM 제조사 역시 회사가 생산 대금을 신속히 지급했기 때문에 추가 생산설비를 마련하는 데 필요한 자금을 안정적으로 확보할 수 있었다. 또한 생산하자마자 바로 납품하는 상황이었기에 재고 관리 부담도 없었다. 이처럼 현금흐름의 원칙이 지켜지자 전체 공급망이 믿기 힘들 정도로 매끄럽게 돌아갔다.

이런 현금흐름 중심의 운영 방식은 현금 관리 개선 이상의 효과를 가져왔다.

- OEM 제조사는 안정적인 현금 확보로 생산 역량을 신속하게 확장하며 추가 주문에 유연하게 대응할 수 있었다.
- 회사는 외상대금(매입채무)을 최소화하며 부채비율을 획기적으로 낮출 수 있었다. 그에 따라 구매 단가 협상력도 높아져 원가 절감 효과까지 누릴 수 있었다.
- 무엇보다 현금흐름을 탄탄히 유지함으로써 불필요한 금융비용을 발생시키지 않았고, 시장의 변동성에도 흔들리지 않고 꾸준히 성장할 수 있는 발판을 마련했다.

돈이 먼저 흐르면 사업은 자연스럽게 따라 흘러간다. 이 단순하지만 강력한 원칙을 지키면 어떤 위기에도 흔들리지 않고 안정적으로 성장할 수 있다.

적은 자본금으로 시작한 이 회사는 놀랍게도 불과 몇 년 만에 연 매출 2,000억 원을 돌파하며 시장의 주목을 받았다. 영업이익률이 무려 45%를 넘었고 경쟁사들이 부러워할 만한 뛰어난 수익성을 자랑했다. 하지만 이 회

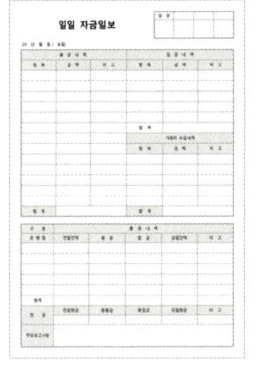

자금일보

하루 동안의 수입·지출 내역과 잔액을 기록하는 장부. 이를 통해 회사 자금의 이동 경로를 세세히 파악할 수 있다.

▶ 자금일보 양식 예시

사에서 진정으로 특별했던 점은 매출과 이익이 아니라 현금흐름을 철저히 관리한다는 원칙이었다. 매일 업무가 끝나면 **자금일보**資金日報를 통해 현금의 실제 움직임을 직접 점검했다. 장부상의 매출 수치가 아무리 커도 가장 중요한 것은 실제 현금이 어떻게 흘러가고 있느냐이기 때문이다. 사업은 매출이 아니라 현금이 돌 때 살아남는다.

매출 확대만 추구하다가 망하는 이유

경영자든 투자자든, 매출액 중심으로만 재무 상태를 분석하는 태도를 경계해야 한다. 매출 외형을 키우는 일은 수익성을 고려하지 않고 과도한 투자를 하거나 불리한 조건의 거래를 수주하는 식으로 얼마든지 가능하다. 이런 전략은 단기적으로는 성공한 것처럼 보일 수 있지만 장기적으로는 기업의 현금흐름을 악화시켜 사업의 생존 자체를 위협한다. 지금 당장은 이기는 것처럼 보여도 결국엔 지는 싸움이 될 수 있다는 점을 명심해야 한다.

- 매출액을 늘리는 일이라면 대금 회수는 나중에 해도 된다. → 재무제표상 매출채권(미수금)이 늘어나고 현금흐름이 악화된다.
- 매출액을 늘리는 일이라면 우선 제품을 생산하고 상품을 매입한다. → 재고자산이 늘어나고 현금흐름이 악화된다.

매출채권과 재고자산의 증가는 현금흐름에 가장 큰 악영향을 준다. 그럼에도 많은 기업이 매출 위주의 경영을 하고 외부에도 그 성과를 과시하려 한다. 이런 기업은 단순히 매출 규모가 크다는 이유로 긍정적으로 평가할 것이 아니라 반드시 주의 깊게 살펴야 한다. 현금흐름을 훼손하는 매출 성장 전략은 냉정하게 접근해야 한다.

한편 바이오, 제약, 플랫폼 스타트업 등 장기적인 투자가 필수적인 산업에 속한 기업들은 제품이나 서비스가 시장에서 인정받기까지 오랜 시간을 기다려야 한다. '언젠가는 세상이 알아줄 것'이라며 투자를 지속하는 곳도 많지만, 결국 수익을 창출하지 못하면 장기 생존은 불가능하다.

물론 아이디어가 뛰어나고 사업 아이템도 매력적일 수 있다. 심지어 원천 기술을 보유하고 있을 수도 있다. 이를 알아본 **액셀러레이터**accelerator(창업 기획자), 벤처캐피털venture capital, VC로부터 투자를 유치할 수도 있다. 하지만 수익 모델을 확보하지 못하고 영업을 통해 현금흐름이 창출되지 않는다면

> **액셀러레이터**
> 유망한 아이디어나 아이템을 보유한 신생 스타트업을 발굴해 지원하는 투자자나 단체. 단순한 자금 지원을 넘어 신생 기업에 부족한 마케팅, 디자인, 전략 등 다양한 전문 영역을 함께 지원한다.

모든 것이 허사가 된다. 매출 중심의 무리한 확장이나 끝없는 연구개발R&D 투자에만 몰두하는 전략은 머지않아 현금흐름의 압박 속에서 큰 고통을 겪을 가능성이 크다.

진정한 성공은 단번에 이루어지는 이벤트가 아니다. 일시적인 대박이 아니라 안정적인 현금흐름을 바탕으로 지속 가능한 성장을 이루는 것이 진짜 성공이다. 기업은 매출이나 이익이 아니라 건실한 현금흐름으로 평가받아야 한다. 장기 생존과 지속 가능한 성공을 원한다면 반드시 현금흐름 중심의 경영 원칙을 지켜야 한다. 이것이야말로 진정한 부를 쌓고 유지할 수 있는 유일한 길이다.

이 장의 핵심 포인트

- 기업 경영에서 가장 중요한 요소는 '현금흐름'이다. 매출액 등 외형 성장에만 집중하는 경영은 위험하며 현금흐름을 중심으로 운영해야만 안정적으로 성장할 수 있다.
- 매출 확대를 위해 무리한 투자 혹은 불리한 거래를 감행하거나, R&D에만 몰두하며 영업활동 현금흐름을 소홀히 하는 기업은 위기에 빠질 수 있다. 현금흐름이 뒷받침되지 않는 성장은 지속될 수 없다.
- 진정한 성공은 단기적인 매출 성장이 아니라 기업을 안정적으로 운영할 때 비로소 이뤄진다. 현금흐름을 견고하게 관리하며 경영의 승리 공식을 지속적으로 유지하는 것이 핵심이다.

제2장

어떻게 정보의 한계를 넘어 기업을 읽을 것인가

회사 내부자와 외부자는 아는 정보가 다르다

기업의 현금흐름을 정확히 파악하려면 단순히 숫자만 바라보는 피상적 접근을 넘어서야 한다. 사업의 맥락을 이해하고, 경영진의 전략적 의도를 꿰뚫으며, 실제 비즈니스 현장의 생생한 모습까지 종합적으로 분석해야 비로소 기업의 실체가 보인다.

하지만 현실적으로 기업 외부의 사람들이 이런 깊이 있는 정보에 접근하기는 쉽지 않다. 이 때문에 내부 정보에 손쉽게 닿을 수 있는 경영진 및 관계자들과 그렇지 못한 외부 투자자들 사이에는 심각한 정보 비대칭이 발생한다. 내부자는 기업의 현금흐름과 미래 방향성을 실시간으로 정확하게 파악하지만 외부 투자자는 대부분 언론 보도나 간략한 기업 자료라는 제한된 정보에 의존해야 한다.

이런 정보 격차를 극복할 수 있는 현실적인 방법은 무엇일까? 가장 효과적이고 신뢰할 수 있는 해답은 바로 '재무제표'라는 강력한 도구를 적극 활용하는 것이다. 여기서 말하는 재무제표는 결산보고서만 가리키는 게 아니다. 기업이 투자자들에게 공개하는 사업보고서, 부속 자료, 다양한 **IR** 자료까지 포함한다. 이렇게 광범위한 의미의 재무제표를 철저히 분석해야만 기업의 실제 현금흐름과 경영 상황을 더욱 정확하게 파악할 수 있다.

> **IR**
> 투자자 관계Investor Relations의 줄임말로, 설명회나 자료 제공 등을 통해 기업과 투자자 간의 커뮤니케이션을 담당하는 활동을 의미한다(IR 자료 확인 방법은 46쪽 참조).

재무제표로 안개 속 진실 찾기

몇 년 전 호주의 블루마운틴을 방문한 적이 있다. 새벽 일찍 시드니에서 출발해 블루마운틴에 도착했는데 공교롭게도 짙은 안개가 온 산을 뒤덮고 있었다. 현실과 환상이 뒤섞인 듯 신비로운 분위기였지만 기대했던 세 자매 봉우

▶ 안개에 가려진 세 자매 봉우리(좌)와 엽서에 실린 실제 모습(우)

아무리 뛰어난 절경도 안개에 둘러싸이면 실체를 확인하기 어렵다.

▶ 기업과 정보 이용자 사이에 놓인 안개의 벽

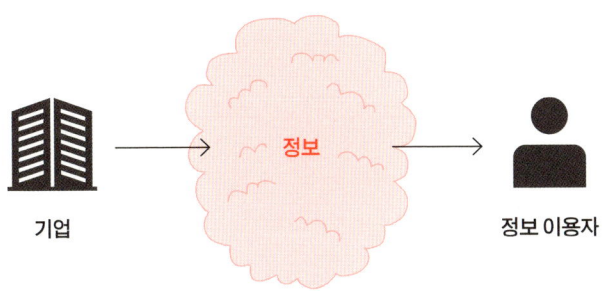

불완전하게 드러난 정보 속에서 진짜 흐름을 읽어야 한다.

리는 안개에 가려 전혀 볼 수 없었다. 아쉬움을 안고 돌아오는 길에 기념품 가게에 들렀는데, 그곳에서 판매하는 엽서에는 세 자매 봉우리가 선명하고 웅장하게 담겨 있었다. 그 순간 실제로는 볼 수 없었던 절경에 대한 아쉬움이 더욱 깊어졌다.

기업 정보를 대할 때 이 경험이 자주 떠오른다. 우리는 흔히 떠도는 소문이나 단편적인 뉴스, 과장된 홍보 자료, 복잡한 전문 용어로 가득한 보고서를 접하기에 기업의 실제 모습을 제대로 파악하기가 어렵다. 안개에 싸인 세 자매 봉우리처럼 기업의 본질적인 정보는 불투명한 장막에 가려져 있다.

재무제표 분석에서 핵심 전제는 정보의 투명성과 접근성을 확보하는 것이다. 기업이 복잡하고 난해한 보고서 형태로 정보를 공개하면 투자자와 분석가는 그 안에 담긴 본질적인 내용을 파악하기 어렵다. 따라서 정보 이용자에게는 복잡한 재무 자료를 명쾌히게 해석해내는 능력이 필수불가결하다. 만약 기업이 정보를 더욱 이해하기 쉽게 제공한다면 정보 이용자와의 신뢰 관계를 구축하고 시장의 효율성을 한층 높일 수 있을 것이다.

당신이 이 책을 읽고 있다는 것은 단지 안개가 걷히기를 소극적으로 기다리는 것이 아니라 적극적으로 안개를 걷어내 기업의 본질적인 가치를 명확하게 포착하겠다는 강인한 의지가 있기 때문이라고 생각한다. 재무제표 분석이라는, '안개를 걷어내는' 과정을 통해 우리는 기업의 진정한 가치와 잠재력을 발견할 수 있다.

워런 버핏이 알려준 투자의 비밀

재무제표 분석을 통해 기업가치를 파악하는 것이 얼마나 중요한지를 강조하기 위해 투자의 전설 워런 버핏 이야기를 해볼까 한다. 버핏은 정보가 불균형한 시장에서도 남다른 통찰력으로 냉철하게 판단하며 언제나 독창적인 방식으로 투자 세계를 이끌어왔다.

젊은 시절 뉴욕 월스트리트에서 일했던 버핏은 수많은 내부자 정보에 둘러싸여 있었지만 오히려 그런 정보들이 시야를 가린다는 느낌을 받았다고 한다. 이에 그는 월스트리트를 벗어나 네브래스카주의 한적한 마을 오마하로 돌아가 '외부자 정보'에 의존해 투자하기로 결심했다.

그가 말하는 외부자 정보란 누구나 접근할 수 있는 공시된 사업보고서와 재무제표를 뜻한다. 그는 이런 공개 정보들을 철저히 분석해 기업의 본질을 꿰뚫어 보고 수많은 투자 기회를 포착했다. 오마하처럼 한적한 곳에서 세상을 바라보며, 숫자와 사업의 실체를 깊이 파악하는 것만으로도 뛰어난 투자 성과를 거둘 수 있다는 사실을 몸소 증명해 보인 셈이다.

버핏이 통찰력을 발휘한 사례는 무수히 많지만 대표적으로 닷컴 버블 시대를 통찰한 그의 혜안을 예로 들어보겠다. 1990년대 말부터 2000년대 초까지 이어진 닷컴 버블 기간에 수많은 기술 기업이 높은 기대감 속에 시장에

▶ 외부자 정보에 주목한 워런 버핏

HBO가 제작한 다큐멘터리 〈워런 버핏의 모든 것〉에서 버핏은 재무제표처럼 누구나 접근할 수 있는 정보를 '내부자 정보'의 반대인 '외부자 정보'라고 부르면서 자신은 외부자 정보에 의존해 투자한다고 밝혔다.

쏟아져 나왔다. 이들 기업 대부분은 실제 수익성이나 사업 모델의 지속가능성에 대한 정보를 제대로 공개하지 않은 채 오히려 과대광고로 기대감만 부추겼다. 정보의 비대칭 때문에 투자자들은 이들 기업의 가치를 과대평가했고, 결국 버블이 붕괴하면서 많은 투자자가 큰 손실을 입었다.

▶ 닷컴 버블 시기의 나스닥 지수 움직임

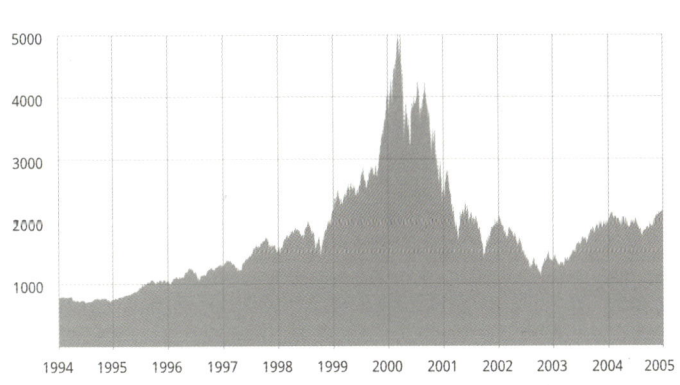

나스닥 종합지수는 2000년 초반에 정점을 찍었으나 닷컴 버블이 꺼지며 빠르게 추락했다.

제1부 숫자에 속지 말고, 흐름을 찾아라 31

당시와 관련해 버핏은 한 인터뷰에서 이렇게 말했다.

"닷컴 버블 시대에는 비이성적 과열이 극심했습니다. 또한 시장의 감정보다 재무제표를 통해 확인되는 기업의 내재가치가 훨씬 중요하다는 사실을 명확히 보여주었죠." 그는 투기와 투자를 명확히 구분했다. "투기는 가치와 상관없이 가격 변동에 베팅하는 행위이지만, 투자는 철저한 재무제표 분석을 통해 기업의 진정한 가치와 장기적인 성장 가능성을 평가하는 것입니다."

버핏은 분산 투자 역시 재무제표 분석을 기반으로 이루어져야 한다고 강조했다. 꼼꼼한 분석을 통해 다양한 산업과 기업의 건전성을 평가하고 이를 바탕으로 리스크를 분산해야 장기적으로 성공적인 투자를 할 수 있다고 했다. 또한 시장의 움직임을 예측하려 하기보다는 철저히 분석한 기업의 내재가치와 합리적인 가격대를 바탕으로 인내심을 갖고 투자해야 한다고 조언했다.

버핏의 투자 철학은 우리에게 명확한 교훈을 준다. 기업의 비즈니스 활동을 이해하고 그 그림자인 재무제표를 분석해 기업의 진정한 가치를 평가하는 능력이야말로 정보 비대칭이 만연한 투자 시장에서 생존하고 성공할 수 있는 핵심적인 전략이라는 것이다.

역사는 반복되는 법이다. 20여 년 전의 닷컴 버블은 2020년대 코로나 시기를 거치며 유동성 liquidity 이 풍부해진 상황에서 기술 기업의 시장가치가 실제 내재가치보다 크게 부풀려졌던 상황과 정확하게 맞아떨어진다. 코로나 시기 각국 중앙은행은 유례없는 유동성 공급 정책을 시행했는데, 당시에도 본질을 외면하고 유동성이나 미래에 대한 기대감과 희망에만 의지해 또다시 오판하는 투자자들이 많았다.

> **유동성**
> '현금화 가능성'을 의미하는 용어로, 유동성이 풍부하다는 것은 시중에 유통되는 현금이 많다는 뜻이다.

결론적으로 재무제표는 기업의 진정한 가치와 장기적 성장 가능성을 파악하게 해주는 최고의 도구다. 그 도구를 제대로 활용한다면 더욱 현명한 의사결정자로 성장할 수 있을 것이다.

 이 장의 핵심 포인트

- 기업의 현금흐름과 사업 비전을 파악하기 위해서는 다양한 정보가 필요하지만 현실적으로 외부인이 접할 수 있는 정보에는 한계가 있다. 재무제표는 이런 정보 격차를 해소하는 핵심 도구로, 기업의 본질적인 가치를 파악하는 데 필수적이다.
- 복잡한 보고서나 불투명한 정보 속에서도 재무제표를 통해 기업의 재무 건전성과 내재가치를 명확하게 이해하고 해석하는 능력은 투자자와 분석가에게 필수적이다. 재무제표 분석 능력을 갖추면 시장의 비이성적 과열 속에서도 냉정하게 판단할 수 있다.
- 재무제표 분석은 숫자 해석을 넘어 기업의 진정한 가치와 장기적 성장 가능성을 파악하게 해주는 강력한 도구다. 이를 통해 투자자들은 장기적인 관점에서 기업가치를 평가하고 시장의 변동성에 흔들리지 않는 현명한 투자 결정을 내릴 수 있다.

제3장

돈의 흐름을 남긴 기록, 회계의 여정

회계란 '모아서 계산하는 것'

단위가 개인이든 기업이든 국가든, 주체의 현금흐름을 정확히 이해하려면 그 흐름의 길이와 깊이를 측정하고 분석할 수 있어야 한다. 이런 분석을 가능하게 해주는 도구가 바로 회계다. '회계'는 다음과 같은 한자로 구성되어 있다.

- 會(모일 회): 사람이나 물건이 모인다는 의미로, 회의나 모임과 같은 상황에서 사용된다.
- 計(셀 계): 계산하거나 세는 것을 의미하며 계획·측정·평가 등의 개념을 포함한다.

'회계'는 곧 '모아서 계산한다'라는 뜻으로, 재무 관련 정보를 수집하고 정리한 뒤 계산하여 분석하는 과정을 의미한다. 그리고 회계 정보는 재무제표라는 결과물로 나타난다. 재무제표는 숫자를 통해 기업의 재정 상태와 손익현황, 현금흐름을 보여주는 가장 중요한 자료다. 따라서 현금흐름을 제대로 파악하려면 회계를 알아야 하고, 회계를 이해하려면 재무제표를 읽을 줄 알아야 한다. 이 연결고리를 이해하는 것이 비즈니스 세계에서 꼭 필요한 역량이다.

메디치 가문부터 월스트리트까지, 돈의 역사

뉴욕 월스트리트를 걷다 보면 르네상스 시대 피렌체의 팔라초Palazzo 양식을 차용한 건축물이 눈길을 끈다. 바로 뉴욕 연방준비은행이다. 이 건물은 아름다운 외관을 넘어 금융의 역사와 문화를 상징하며, 현금흐름의 중요성을 역사적으로 증명한 메디치Medici 가문의 정신을 계승한다는 의미를 담고 있다.

▶ 뉴욕 연방준비은행

팔라초 양식의 이 건축물은 돌로 지은 궁전 같지만 안에서는 돈이 흐른다.

메디치 가문은 금융업과 회계를 기반으로 유럽 전역에서 영향력을 떨쳤다. 메디치 가문의 수장인 코시모 데 메디치Cosimo de' Medici는 '현금흐름을 모르면 권력도 유지할 수 없다'라는 철학을 지니고 있었다. 그는 은행의 각 지점에서 발생하는 수익과 손실을 철저히 검토했으며, 그저 손익만 따져보는 것이 아니라 위험 관리와 현금흐름의 균형을 유지하는 데 집중했다. 실제로 메디치 가문은 특정 지점에서 손실이 발생하면 이를 신속하게 감지하고 자금을 재배치함으로써 위기를 효과적으로 관리했다. 이처럼 철저한 회계 시스템 덕분에 메디치 가문은 유럽 전역에서 은행 지점을 성공적으로 운영하며 지속적인 부를 축적할 수 있었다.

이탈리아 북부의 상인 사회 역시 체계적인 회계 교육을 통해 성장했다. 13세기 레오나르도 피보나치Leonardo Fibonacci는 아라비아숫자를 이용한 주판을 도입해 상인들을 대상으로 한 회계 교육을 정착시켰고, 이는 상업의 번창과 부의 축적을 불러왔다.

옛날 사람들은 돈을 어떻게 관리했을까

회계의 중요성은 이탈리아 르네상스 시대에만 국한된 것이 아니다. 회계는 훨씬 오래전부터 인류 사회의 핵심적인 운영 도구였으며, 이는 고대 철학과 경제 개념에서도 확인할 수 있다.

고대 그리스의 철학자 아리스토텔레스는 공공 재정을 관리하는 데 회계 정보의 중요성을 강조하며 경제학의 기초를 형성한 개념인 오이코노미아oikonomia를 도입했다. 이는 경제학economics의 어원이 됐으며 가정과 국가의 자원 관리라는 더 폭넓은 개념으로 발전했다.

고대 메소포타미아인들도 이미 회계의 중요성을 인식하고 있었다. 그들은 점토판에 거래와 재산을 기록함으로써 재산 관리와 교역의 기초를 마련했다. 이는 회계가 단순히 숫자를 다루는 도구가 아니라 사회와 국가의 운영에 필수적인 체계였음을 보여준다.

로마 제국의 초대 황제 아우구스투스Augustus는 회계를 더욱 발전시켰다. 그는 황제권을 확립하고 제국을 효과적으로 관리하기 위해 '라티오나리움'rationarium이라는 회계 장부를 철저히 활용했다. 이 장부에는 제국의 군사 지출, 황실 경비, 특정 지역에 대한 투자 등 모든 재정을 상세히 기록했으며 이를 기반으로 제국의 내정을 충실히 운영했다.

아우구스투스는 회계 기록에 그치지 않고 이를 공시의 도구로 활용했다. 그는 자신의 업적과 재정 운영 내용을 정리한 《아우구스투스 업적록》Res Gestae Divi Augusti을 제국 전역에 게시했다. 군사와 황실 경비부터 지역 투자 내역까지 모든 재정을 투명하게 공개함으로써 자신이 제국을 어떻게 관리하고 있는지를 국민에게 알리는 선전 도구로 활용했다. 현대적으로 보면 기업이 투자자에게 정보를 제공하는 'IR 활동'과 유사하다.

▶ 수메르 점토판

BC 3400~3000년에 제작되었을 것으로 추정되는 메소포타미아 수메르의 점토판에는 쿠심이라는 회계사의 거래 내역이 적혀 있다.

▶ 《아우구스투스 업적록》 일부

아우구스투스가 자신이 관리한 재정, 기부금, 건축 사업 등을 기록한 글. 구체적 수치와 업적이 담긴 고대 세계의 '공적 회계보고서'라고 할 수 있다.

로마의 역사가 푸블리우스 코르넬리우스 타키투스Publius Cornelius Tacitus는 저서 《연대기》Annales에서 아우구스투스가 회계 장부를 얼마나 중요하게 여겼는지 언급하며 그가 직접 장부를 작성했다고 기록했다. 아우구스투스 이후 로마 제국에서는 회계 장부를 공개하는 전통이 이어졌으며, 이는 재정 투명성과 신뢰를 구축하는 데 중요한 역할을 했다.

반면 중세 프랑스의 왕 루이 14세Louis XIV는 재정 상황을 투명하게 보여주는 회계 정보가 자신의 사치스러운 생활과 충돌하자 회계 보고를 중단시켰다. 이 때문에 국가의 돈이 어떻게 이동하는지를 파악할 수 없는 불투명한 상황이 만들어져 국가 재정이 급속히 악화됐다. 루이 14세의 결정은 회계 정보의 부재가 어떻게 국가 운영에 치명적인 결과를 초래할 수 있는지를 보여주는 대표적인 사례다. 이 일은 현금흐름을 투명하게 보여주고 회계 정보를 공개하는 것을 모두가 환영하지는 않는다는 점을 잘 보여준다. 그러나 의사결정 과정에서 재무적 시각을 갖는 것이 중요하다는 사실에는 변함이 없다.

현대인이 꼭 알아야 할 돈 감각

현대에도 재무 정보를 제대로 살피지 않고 감에 의존해 투자를 결정하는 사람이 드물지 않다. 미디어에서 특정 기업이나 산업의 인기가 높아진다는 뉴스를 접하면 기본적인 현금흐름이나 재무제표도 분석하지 않고 투자를 단행하는 이들이 있다. 심지어 이번에는 큰돈을 벌 수 있다고 확신하면서 투자의 달인이 된 것 같은 착각에 빠지기도 한다. 이는 마치 로또를 구입하고 당첨 번호를 확인하기 전까지 일시적인 행복감을 느끼는 것과도 비슷하다. 물론

감이 한두 번은 맞을 수도 있을 것이다. 하지만 꾸준히 좋은 투자를 하기 위해서는 자신의 판단을 냉정하게 검토하고 피드백을 확인하는 과정이 반드시 필요하다.

'회계는 기업의 언어'라는 말이 이제는 널리 받아들여지고 있다. 회계 정보가 기업의 실제 활동과 전략을 정확하게 나타내기 때문이다. 회계를 모르면서 기업을 파악하겠다는 것은 영어 한마디 못하면서 영어권 기업에 취업하려는 것과 같다.

애니메이션 〈드래곤볼〉의 '스카우터'처럼 회계는 기업의 전투력을 숫자로 보여준다. 스카우터가 상대의 힘을 객관적으로 측정해주듯이 회계 정보는 기업의 재무상태와 현금흐름 상황 등을 객관적으로 파악할 수 있게 해준다.

▶ **숫자로 파악하는 전투력**

〈드래곤볼〉에서 상대의 힘이 어느 수준인지를 측정해주는 스카우터처럼, 회계 정보는 기업의 전투력을 객관적으로 파악할 수 있게 해준다.

물론 회계 정보를 잘 활용한다고 해서 투자나 비즈니스 의사결정이 모두 성공하는 것은 아니다. 제공된 정보를 맹목적으로 받아들이는 것이 아니라 전문가적 의구심professional skepticism을 가지고 비판적으로 분석하는 능력을 갖춰야 한다. 회계감사에서 강조되는 전문가적 의구심이란 감사인이 모든 정보를 무조건 신뢰하지 않고 비판적으로 검토하며 증거를 평가하는 태도를 의미한다. 이 태도는 회계감사에서만 필요한 것이 아니다. 투자나 비즈니스 의사결정을 할 때도 숫자 뒤에 숨은 진짜 의미를 파악하고 신중하게 판단해야 한다.

이 장의 핵심 포인트

- 회계는 기업의 재무 정보를 체계적으로 수집하고 분석함으로써 기업의 '돈의 흐름'과 '가치'를 파악하는, 중요한 도구다.
- 역사적으로 회계의 중요성은 기업과 국가의 재정 관리 및 의사결정에 핵심적인 역할을 해왔다. 역사는 우리에게 재무 정보를 냉정히 활용할 때 부를 이루고 위기를 관리할 수 있음을 보여준다.
- 회계 정보를 바탕으로 한 비판적 사고와 전문가적 의구심은 비즈니스 의사결정 과정에서 중요한 역할을 한다.

제4장

재무제표, 어디서 어떻게 찾아볼까?

재무제표는 어디에 있는 거야?

어느 날 친구에게 전화가 왔다.

"투자 좀 해보려고 하는데, 재무제표는 어디서 찾아봐야 해?"

"지금까지는 뭘 보고 투자했는데?"

"그냥 뉴스 제목 보고, 유튜브 추천 영상 좀 보고…." 친구는 어색하게 웃더니 곧 다시 물었다. "아무튼 재무제표는 어디서 보는 건데?"

나는 전자공시시스템 DART, 기업 IR 자료, 포털 사이트 등을 통해 재무제표 찾는 방법을 하나하나 설명해줬다. 그리고 꼭 기억해야 하는 내용을 덧붙였다.

"신문 기사 한 줄 보고 투자를 결정하지 마. 그건 영화 포스터만 보고 결말을 예측하는 거랑 똑같아. 직접 공시 자료를 읽고 재무제표를 꼼꼼히 확인해야 해."

신문 기사에서 얻은 정보에만 의존해 투자해서는 안 된다. 신문 기사는 정보를 빠르게 제공하지만 맥락이나 상세한 재무 데이터를 담기에는 한계가 있다. 또한 기업이 배포하는 보도자료를 그대로 인용했을 가능성도 크다. 따라서 균형 잡힌 분석을 하려면 기업의 공시 자료와 공식 보고서를 직접 찾아봐야 한다. 재무제표는 기업의 재무상태를 파악하고 분석하는 데 핵심적인 자료다. 이를 효과적으로 활용하려면 기본적으로 이 자료를 어디서, 어떻게 찾을 수 있는지 알아야 한다.

전자공시시스템 DART 활용법

공식 보고서와 재무제표를 어디서 봐야 하냐는 질문에 가장 먼저 떠올려야 할 답은 전자공시시스템 'DART'(다트)다. DART는 금융감독원이 제공하는 기업 공시 정보를 열람할 수 있는 공식 플랫폼이다. 투자를 조금이라도 진지하게 고민해본 사람이라면 한 번쯤은 들어봤을 텐데 왜 이런 이름이 붙었는지, 또 어떤 의미인지는 잘 모를 것이다. DART는 'Data Analysis, Retrieval and Transfer'의 약어다. 기업의 공시 자료를 수집, 분석하고, 검색과 전달이 가능하도록 설계된 시스템이라는 뜻이다.

한국은 1990년대 후반부터 금융 시장의 투명성과 접근성을 높이기 위해 전자공시시스템 구축 사업을 본격적으로 추진했다. 당시에는 기업이 재무제표나 주요 경영 공시를 종이 문서로 제출하고, 이를 금융감독원이나 증권

거래소가 일일이 게시판에 올리는 과정을 거쳤기 때문에 확인하기가 상당히 불편했다. 정보 비대칭이 심각했고 정보 이용자들은 중요한 정보를 제때 얻지 못한 채 의사결정을 해야 했다.

이에 금융감독원은 미국 증권거래위원회Securities and Exchange Commission, SEC의 **에드거**EDGAR를 벤치마킹하여 2000년 11월에 DART를 공식 오픈했다.

DART는 종이 공시를 디지털화한 것을 넘어 시간과 장소에 구애받지 않고 누구나 기업 정보를 열람할 수 있는 환경을 만든 혁신적인 시스템이다. DART가 구축됨으로써 한국의 정보 이용자들은 세계 어느 나라보다 빠르고 편리하게 기업 공시 자료에 접근할 수 있게 됐다. 현재는 국내 상장기업은 물론 비상장 대형 기업, 외국 기업까지 DART를 통해 주요 경영 정보와 재무 정보를 확인할 수 있다. 공시 자료를 제출하지 않으면 과태료가 부과되는 등 제재도 함께 이루어지므로 신뢰성 역시 높다.

DART는 한국 자본 시장의 투명성과 신뢰를 상징하는 하나의 브랜드가 됐다. 기업 정보를 확인하려면 DART를 봐야 한다는 사실은 투자자들 사이에 상식이 됐으며 기자나 애널리스트, 심지어 일반 개인들도 능숙하게 DART를 활용하고 있다.

> **에드거**
> 미국 증권거래위원회가 운영하는 전자공시시스템. 정식 명칭은 EDGAR Electronic Data Gathering, Analysis, and Retrieval이다. 상장·등록기업의 10-K(연차), 10-Q(분기), 8-K(주요사항), S-1(등록), Form 3·4·5(임원·대주주 거래) 등이 제출·공개되며, 누구나 무료로 검색·열람할 수 있다. 웹 주소는 'www.sec.gov/edgar/search'다.

실전! DART에서 재무제표 보기

DART에서는 상장기업의 사업보고서, 감사보고서, 분기·반기보고서 등을 포함한 재무제표를 확인할 수 있다. 비상장사 또한 일정 규모 이상이 되면 사업보고서와 재무제표에 대한 감사보고서를 공시한다. DART는 기업 공시의 중심이고 정보 이용자들의 도서관이라고 할 수 있다.

① DART 홈페이지 접속하기

포털 사이트에서 '전자공시시스템' 또는 'DART'를 검색하거나 주소창에 'https://dart.fss.or.kr'을 입력해 접속한다.

▶ DART 메인 화면

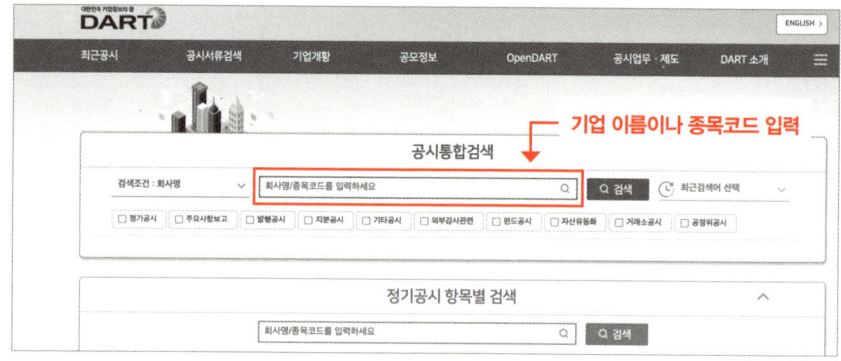

② 기업명 또는 종목코드로 검색하기

기업 이름이나 종목코드를 입력하고 검색 버튼을 클릭한다. 예를 들어 '삼성전자'를 입력하면 관련 공시 목록이 나타난다. 이때 주의할 점은 서비스명이나 브랜드명이 아닌 기업명을 정확하게 입력해야 한다는 것이다. 예를 들어 서비스명인 '배달의민족'이 아니라 기업명인 '우아한형제들'이라고 입력해야 한다.•

• 우아한형제들은 2025년 기준으로 상장기업이 아니지만 DART에서 감사보고서(2024.12)와 연결감사보고서(2024.12)를 확인할 수 있다.

③ 공시 유형 선택하기

검색 결과에서 '사업보고서', '감사보고서', '분기보고서' 등을 선택한다. 그리고 각 보고서 내 재무제표를 파악한다. 삼성전자처럼 공시 사항이 많은 기업이라면 '정기공시' 체크박스를 클릭한 후 검색한다. 정기공시 자료에는 재무제표가 필수로 들어가 있다.

▶ DART에서 '삼성전자'-'정기공시'를 검색한 사례

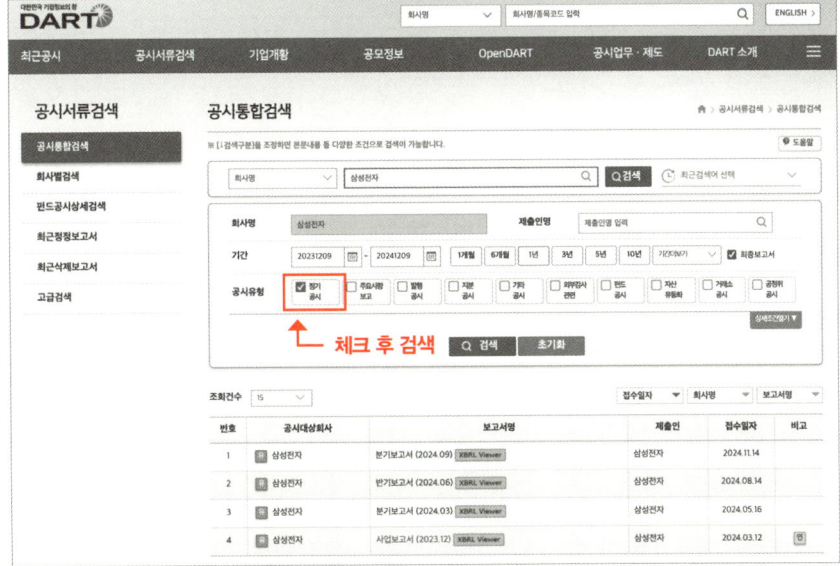

④ 보고서 열람 및 자료 다운로드

원하는 문서를 클릭한 후 PDF로 열람하거나 PDF 또는 XBRL 파일로 다운로드할 수 있다. 특히 XBRL은 재무 데이터를 구조화된 방식으로 제공하기 때문에 기업 간 비교가 훨씬 간편하다. 예를 들어 두 기업의 손익계산서를 비교하고 싶을 때 데이

XBRL
기업의 재무 정보나 경영 데이터를 전자적으로 보고하기 위한 국제 표준 언어로, 기업의 공시시스템에서 흔히 쓰인다.

▶ 검색한 문서 다운로드: PDF 또는 XBRL

터 분석 툴(예: Excel, Power BI)에서 XBRL 데이터를 불러와 같은 항목(예: 매출, 영업이익 등)을 손쉽게 비교할 수 있다.

DART에서 찾아낸 문서를 열람할 때는 키워드 검색 기능을 사용하면 편하다. 예를 들어 '재무제표' 또는 '손익계산서'와 같은 키워드를 입력하면 필요한 정보를 더 쉽게 찾을 수 있다. DART는 거대한 보물창고와도 같다. 수많은 기업의 공시 자료가 저장돼 있어서 필요한 정보를 찾아내는 과정이 보물지도를 따라가는 것과 비슷하다.

기업 IR 페이지에서 재무제표 찾기

IR 자료는 기업이 투자자들에게 제공하는 공식적인 재무 정보와 사업보고서를 의미한다. 연간보고서$_{annual\ report}$나 경영 성과 발표 자료가 이에 해당한다. 이런 자료들을 IR 페이지에 공개해두는데, IR 페이지는 기업과 투자자를 연결하는 소통 창구라 할 수 있다.

① 기업 홈페이지 방문

네이버나 구글 등 포털 사이트에서 기업명을 검색해 공식 홈페이지로 이동한다.

② IR 페이지 찾기

대부분의 기업 홈페이지에는 '투자자 정보'IR라는 메뉴가 있다. 이곳에서 연간보고서와 분기별 발표 자료를 확인할 수 있다.

▶ 삼성전자 투자자 정보 페이지

③ 재무 정보 확인

IR 페이지에는 다양한 그래프와 표 등으로 실적 자료가 공개돼 있다. 재무제표, 매출 성과, 시장 전략 등이 PDF 또는 엑셀 파일로 제공된다. 경영진이 직접 성과를 설명하는 영상이나 음성이 제공되기도 한다.

구글 등 검색 엔진을 활용해 '기업명 + IR'로 검색하면 해당 기업의 IR 페이지를 더 빠르게 찾을 수 있다. 예를 들어 애플Apple의 IR 자료를 찾고 싶다면 'Apple Investor Relations'로 검색하면 된다.

▶ 테슬라 2025년 1분기 실적 발표

테슬라는 분기 실적을 음성으로 제공하며, 일론 머스크Elon Musk가 직접 주요 성과와 전망을 설명한다. 투자자들에게 숫자만 보여주는 것이 아니라 스토리까지 들려주는 방식으로 소통하고 있다.

▶ 애플의 IR 페이지

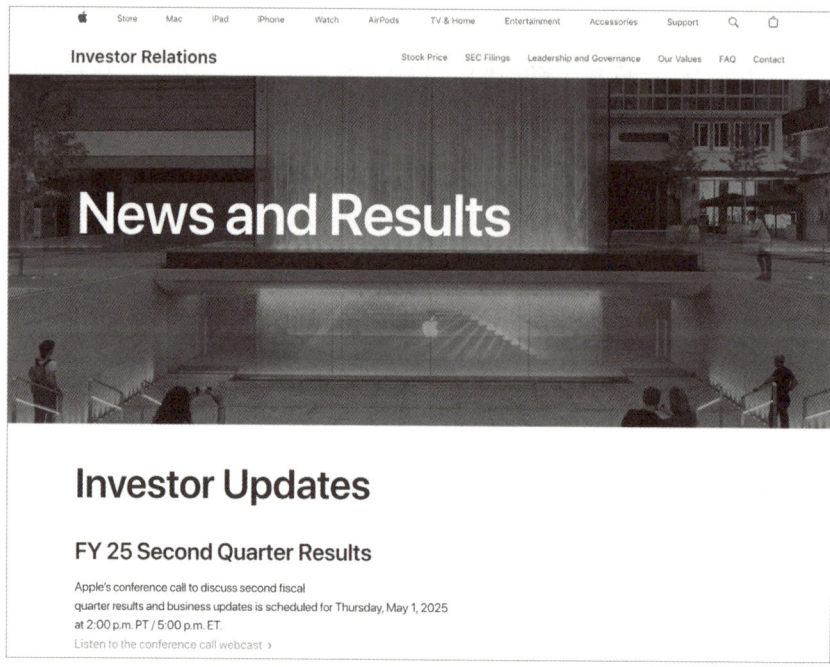

마치 애플 스토어처럼 깔끔하고 직관적으로 구성되어 있어 보고서를 찾기가 매우 쉽다. 여기에 애플의 창의적인 발표 자료가 추가되어 보고서 자체도 하나의 디자인 작품처럼 느껴진다.

네이버, 야후, 블룸버그 등 포털 사이트 활용법

기업의 재무제표를 어렵게 찾으려고 애쓸 필요 없다. 요즘은 포털 사이트만 잘 활용해도 주요 재무 정보를 손쉽게 확인할 수 있다. 대표적으로 네이버페이 증권과 야후 파이낸스를 소개한다.

네이버페이 증권

국내 상장사의 재무제표를 간편하게 확인하고 싶다면 가장 먼저 떠올려야 할 플랫폼이 네이버페이 증권이다. 친숙한 사용자 인터페이스 덕분에 누구나 직관적으로 사용할 수 있으며 필요한 정보에 빠르게 접근할 수 있다. 해외 상장사의 정보도 제공하지만 국내 상장사만큼 상세하지는 않다.

① 네이버페이 증권 접속

웹 주소 'https://finance.naver.com'으로 바로 들어가거나 포털 사이트 검색창에 '네이버페이 증권'을 입력해 접속한다.

② 기업명 검색

메인 화면 상단의 검색창에 원하는 기업명을 입력한다. 예를 들어 '삼성전자'를 입력하면 삼성전자의 주식 정보 페이지로 이동할 수 있다.

③ 재무 정보 확인

'종목 분석' 메뉴로 이동한 뒤 '기업현황' 또는 '재무분석' 탭을 클릭하면 손익계산서, 재무상태표, 현금흐름표 등 주요 재무제표를 열람할 수 있다.

▶ 네이버페이 증권의 삼성전자 주식 정보 페이지

▶ 네이버페이 증권에서 제공하는 재무 정보의 예

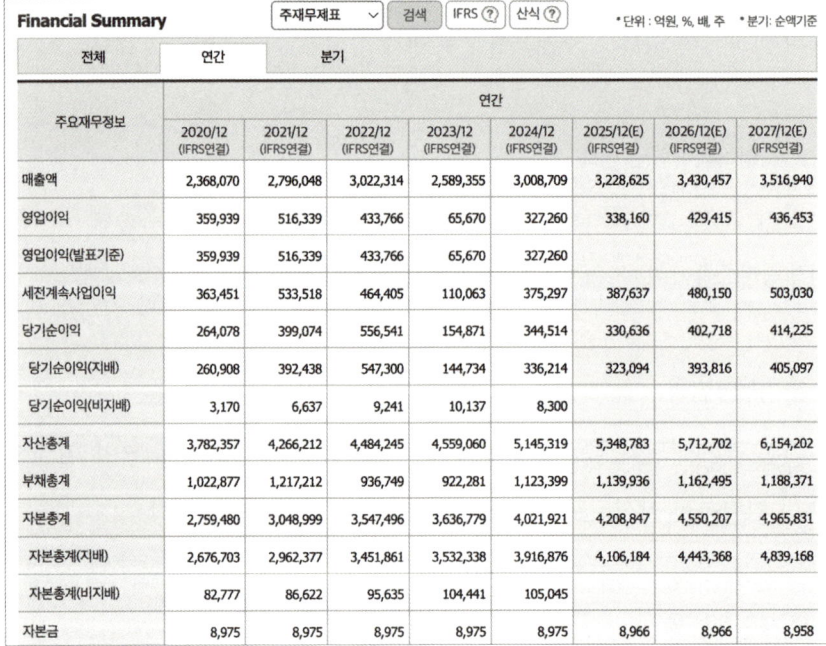

네이버페이 증권은 특히 국내 투자자에게 필수적인 기본 자료를 간편하게 제공해주므로 초보 투자자들에게도 매우 유용하다.

야후 파이낸스: 글로벌 기업 재무 정보의 보고

'야후'라는 이름은 국내에서 다소 잊힌 듯하지만 야후 파이낸스Yahoo Finance만큼은 여전히 건재하다. 특히 글로벌 상장기업의 재무제표를 찾고자 할 때 야후 파이낸스는 반드시 참고해야 할 플랫폼이다.

① 야후 파이낸스 접속

웹 주소 'https://finance.yahoo.com'으로 접속하거나 포털 사이트에서 '야후 파이낸스'를 검색해 들어간다.

② 기업명 또는 티커 검색

야후 파이낸스 메인 화면의 검색창에 기업명 또는 **주식 티커**ticker symbol를 입력한다. 예를 들어 애플은 'AAPL'을 입력하면 된다.

> **주식 티커**
> 국내에서는 상장회사를 여섯 자리 종목번호(예: 삼성전자 005930)로 구별하지만 해외에서는 회사 이름을 상징하는 티커로 식별한다. 예컨대 테슬라Tesla는 TSLA, 코스트코Costco는 COST처럼 알파벳으로 표시한다.

▶ 야후 파이낸스에서 티커로 종목 검색하기

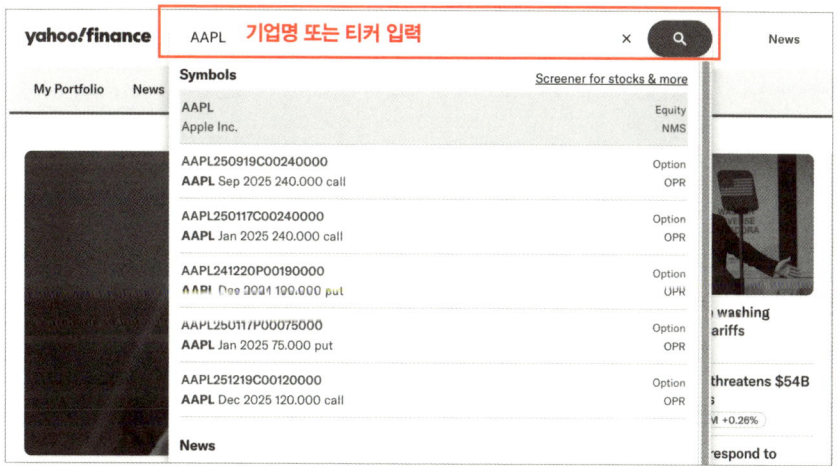

애플이라는 기업을 검색하려면 티커 'AAPL'을 입력한다.

③ 재무 정보 확인

기업 페이지의 'Financials' 탭에서 손익계산서, 재무상태표, 현금흐름표를 각각 열람할 수 있다. 야후 파이낸스는 1년 치 데이터만이 아니라 여러 해의 재무 데이터를 제공하므로 기업의 재무 추세를 파악하는 데 유리하다. 또한 주요 재무 지표를 시각화하거나 차트화하는 기능도 제공하므로 글로벌 투자에 관심 있는 사람이라면 적극적으로 활용하길 권한다.

▶ 야후 파이낸스에서 제공하는 재무 정보의 예

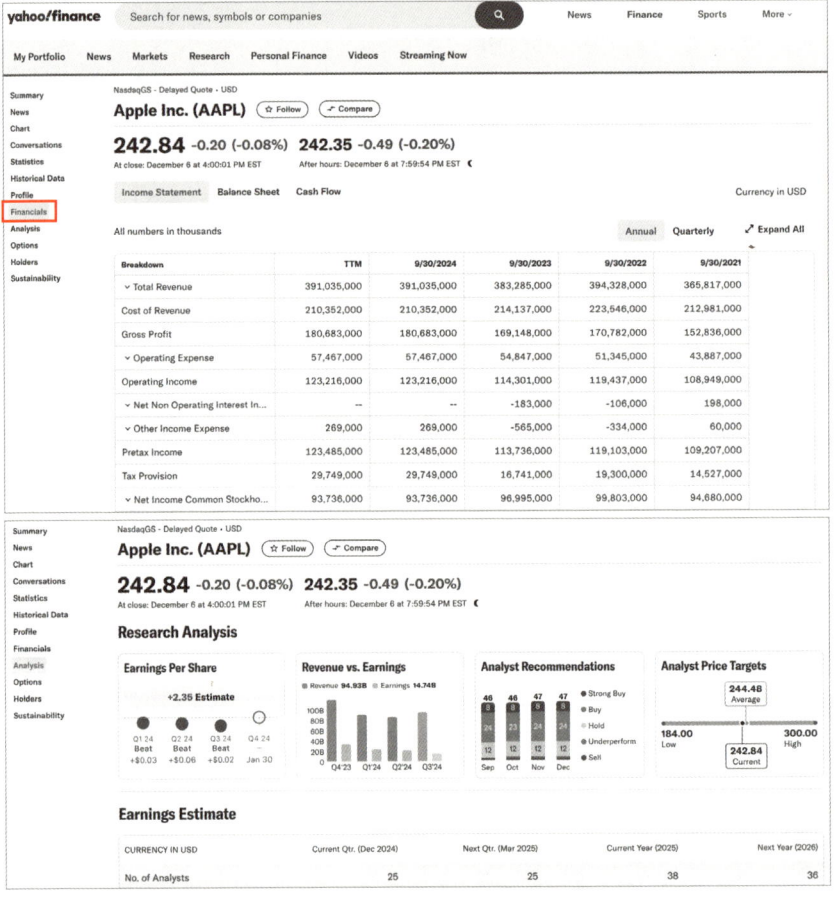

야후 파이낸스는 글로벌 상장기업의 재무제표를 찾을 때 반드시 참고해야 하는 플랫폼이다.

기타 유용한 플랫폼: 블룸버그

'블룸버그'Bloomberg라고 하면 금융 엘리트들만 접근할 수 있는 비싼 터미널을 떠올리기 쉽다. 실제로 블룸버그 터미널은 월 수백만 원을 내야 사용할 수 있는 고급 데이터 서비스다. 하지만 일반 투자자도 무료로 활용할 수 있는 꽤 유용한 방법이 있다.

- 블룸버그 무료 웹사이트: 블룸버그 공식 웹사이트(https://www.bloomberg.com)에서 세계 경제, 기업 뉴스, 주요 시장 이슈를 무료로 제공한다. 다만 무료 기사 열람에는 월별 제한이 있다(보통 5~10개).
- 블룸버그 모바일 앱: 블룸버그는 모바일 앱도 제공한다. 설치만 하면 로그인 없이도 시장 속보와 몇몇 주요 뉴스를 볼 수 있다. 간단한 시장 흐름 파악용으로는 꽤 쓸 만하다. 하지만 심층 데이터나 세부 재무제표까지 보려면 유료 회원으로 가입해야 한다.
- 블룸버그 유튜브 채널: 블룸버그 유튜브는 CEO 인터뷰, 글로벌 시장 브리

▶ 블룸버그 유튜브 채널

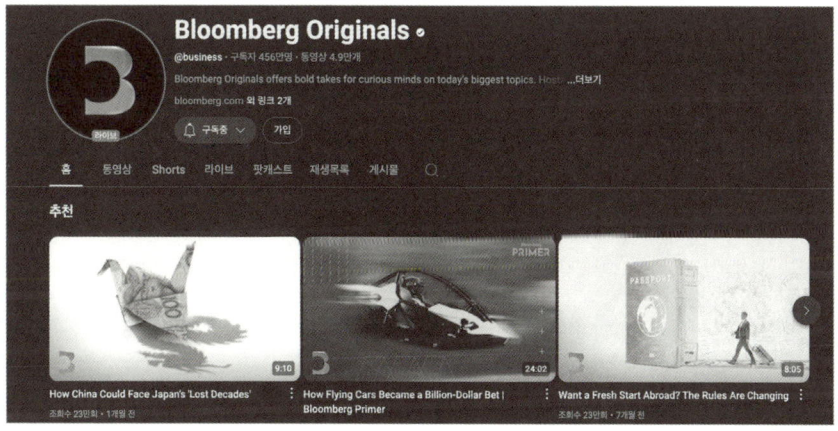

블룸버그 터미널은 비싸지만 블룸버그 유튜브는 공짜다.

핑, 주요 이슈 해설 등을 무료로 제공한다. 특히 긴급 속보나 글로벌 투자 트렌드를 빠르게 파악하고 싶을 때 매우 유용하다. 뉴스를 '읽는 것'보다 '듣고 보는 것'이 편한 사람에게는 최고의 선택이다.

생성형 AI, 재무정보 탐색의 강력한 도구

챗GPT와 같은 생성형 AI는 재무제표 탐색과 분석 과정에서 강력한 조력자로 자리 잡고 있다. 예전에는 DART나 기업 IR 페이지를 일일이 뒤져야만 원하는 자료를 찾을 수 있었지만, 이제는 AI에게 단 한 줄만 물어봐도 빠른 길잡이를 얻을 수 있다.

예를 들어 "삼성전자 최근 3년간 영업활동 현금흐름 추이를 알려줘."라고 질문하면, AI는 방대한 보고서 속 수치를 요약해 보여주거나 비교 분석의 관점을 제시한다. 또 "애플의 잉여현금흐름 패턴은 어때?"라고 물으면, 공개된 글로벌 데이터베이스를 기반으로 큰 흐름을 짚어준다. 물론 AI가 원천 데이터를 직접 검증해주는 것은 아니다. 숫자 하나하나의 정확성은 반드시 DART, 기업 IR 자료, 공식 보고서에서 확인해야 한다. 하지만 AI의 진짜 가치는 따로 있다. 수백 쪽짜리 보고서 속에서 어디를 먼저 봐야 하는지를 알려주고 핵심을 요약해주는 능력이다.

나 역시 실무에서 이런 방식을 적극적으로 활용한다. DART에서 여러 회사의 사업보고서 등을 PDF로 내려 받아 AI에 업로드한 뒤, 방대한 자료를 정리하고 주요 재무제표의 흐름을 간단히 요약하게 하는 것이다. 그렇게 하면 큰 그림을 빠르게 파악할 수 있고, 보고서를 처음부터 끝까지 읽기 전에 초점을 어디에 맞춰야 할지 감을 잡을 수 있다.

다만, 중요한 원칙이 있다. AI가 요약해준 결과를 그대로 믿지 말고 반드시 사업보고서 등의 원문을 직접 확인하는 것이다. AI는 보조 연구원처럼 핵심을 정리해줄 뿐, 최종 검증은 사람의 몫이다. 이 과정을 통해 '빠른 탐색'과 '정확한 확인'을 동시에 할 수 있다.

앞으로는 재무제표를 찾고 활용할 때 DART나 IR 자료 외에도 생성형 AI라는 새로운 도구를 더하는 '멀티 채널 전략'이 필요하다. 원 데이터를 직접 확인하는 기본기를 지키면서도 AI를 보조 도구로 활용한다면 훨씬 더 빠르고 입체적으로 기업의 실체를 파악할 수 있을 것이다.

이처럼 다양한 경로를 통해 재무제표를 찾고 활용하는 방법을 익히면 기업의 재무 정보를 깊이 들여다볼 수 있다. 정보 탐색은 그저 귀찮고 반복적인 작업이 아니다. 재무 데이터를 찾아가는 과정은 숫자 뒤에 숨겨진 기업의 진짜 이야기를 발견하는 여정이다. 재무제표 한 줄, 지표 하나가 그 기업의 과거와 현재 그리고 미래를 비추는 단서가 된다. 다양한 도구를 손에 쥐고 정보를 엮어 나만의 통찰을 쌓아가자.

이 장의 핵심 포인트

- 재무제표는 전자공시시스템 DART, 기업 IR 페이지, 네이버페이 증권, 야후 파이낸스 등 다양한 플랫폼에서 확인할 수 있다.
- 신문 기사에서 얻은 정보에만 의존하지 말고 공식 보고서와 공시 자료를 통해 맥락과 상세 데이터를 확인하는 것이 중요하다.
- 블룸버그와 같은 유료 서비스는 심층 분석에 유용하지만, 무료 자료부터 충분히 활용하다가 필요 시 고려해보기를 추천한다.
- 챗GPT와 같은 생성형 AI를 활용하면 방대한 재무 데이터를 빠르게 요약·정리할 수 있지만, 반드시 원 출처(DART, IR 자료 등)를 교차 확인해야 한다.

제5장

페라리가 알려준 투자의 기회

다큐멘터리에서 찾은 비즈니스 아이디어

나는 다큐멘터리를 좋아해서 기회가 될 때마다 찾아본다. 어느 날 넷플릭스Netflix를 둘러보다가 우연히 마주한 섬네일을 보고 본능적으로 클릭했다. 레이스 도중 피트스톱에서 정비를 받는 순간을 포착한 컷인데 매우 강렬했다. 응축된 긴장감과 속도감이 화면 밖으로 튀어나오는 듯했다. 바로 〈본능의 질주〉Formula 1: Drive to Survive였다.

이 시리즈는 모터스포츠의 최고봉인 포뮬러 1F1의 세계를 생생하게 담아낸다. 10개 팀, 20명의 드라이버가 시즌 내내 세계 곳곳의 트랙을 누비며 치열한 경쟁을 펼친다. 드라이버뿐 아니라 정비팀, 개발 엔지니어, 마케팅 담

▶ 넷플릭스 〈본능의 질주〉 시즌 5의 한 장면

당자까지 수백 명이 한 팀을 이루어 하나의 시즌을 완성해간다. 나는 원래 F1에 대해 아는 것이 거의 없었지만 이 다큐멘터리를 통해 경기 방식과 팀 운영의 뒷이야기를 접하면서 점점 빠져들었다.

페라리팀을 통해 기업을 탐구하다

자연스럽게 응원하는 팀도 생겼다. 바로 이탈리아 전통을 품은 '페라리팀'이다. 그러다 보니 팀을 넘어 페라리Ferrari라는 기업 자체에 대한 궁금증이 커졌다. 처음에는 '이탈리아 기업이니까 재무 정보를 쉽게 찾아볼 수 없겠지'라고 생각했다. 그런데 막상 검색해보니 예상과 달랐다. 페라리는 이탈리아 밀라노 증권거래소뿐 아니라 뉴욕증권거래소NYSE에도 상장된 글로벌 기업이었다. 그 덕에 앞서 설명한 야후 파이낸스 같은 플랫폼을 통해 재무 정보, 주가 흐름, 기업활동 등을 손쉽게 찾아볼 수 있었다.

'RACE'라는 티커에 담긴 상징

페라리의 티커는 'RACE'다. '질주 본능', 페라리의 성격을 이보다 잘 드러

> **베타계수**
>
> 개별 주식 또는 펀드의 수익률이 시장 전체 수익률에 얼마나 민감하게 반응하는지를 나타내는 지표. 예컨대 주가지수가 1% 변동할 때 특정 종목의 수익률이 2% 변동한다면 베타계수는 2가 된다. 베타계수가 1이라면 시장 평균과 같은 비율로 움직인다는 뜻이며 베타계수가 1보다 크면 시장 평균보다 더 큰 변동성을, 1보다 작으면 더 적은 변동성을 나타낸다.

내는 단어가 또 있을까? 야후 파이낸스를 통해 페라리의 시가총액, 주당 가치, 변동성(**베타계수**$_{\text{beta coefficient, β}}$)을 먼저 확인했다. 이어서 손익계산서, 재무상태표, 현금흐름표를 꼼꼼히 들여다봤다. 매출 성장성, 이익률(수익성), 자산 회전율(활동성), 부채비율(안정성) 등을 분석하며 이 기업의 체질을 살폈다. 특히 영업활동, 투자활동, 재무활동의 현금흐름을 분석하면서 실제 돈의 흐름을 읽어냈다(각각의 분석 방법은 제4부에서 자세히 다룬다).

▶ 페라리의 재무 정보

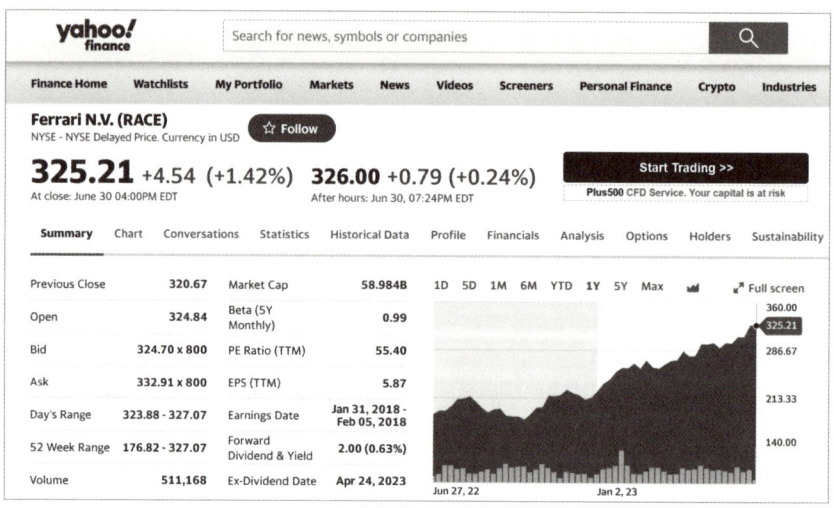

야후 파이낸스에서 티커 'RACE'로 검색하면 된다.

그리고 중요한 질문에 이르렀다. '이 현금흐름이 앞으로도 지속될 것인가?' 내가 내린 결론은 '그렇다'였다. 현재 시장가치보다 미래의 시장가치가 더 크리라는 확신이 섰다. 이를 바탕으로 나는 페라리 자동차 대신 페라리

주식을 매수했다. 가격은 1주당 325달러. 쇼룸에서 차를 받은 것은 아니지만, 뉴욕증권거래소에서 '출고'를 받은 셈이다. 물론 아직 페라리 차량을 구입할 정도는 아니지만 언젠가 이 주식을 팔아 주가 그래프 대신 페라리 계기판 RPM을 올리는 날을 은근히 기대하고 있다(집필 중이던 2025년 7월 주가가 500달러를 넘어섰다).

기업 분석, 일상에서 출발하자

관심 있는 서비스나 제품이 있을 때 그 기업의 정보를 직접 찾아보는 것은 아주 좋은 습관이다. 예를 들어 스타벅스에서 매일 커피를 마신다면 **한국 스타벅스**나 미국 스타벅스의 재무제표를 들여다보자. 테슬라 차량을 소유하고 있다면 테슬라의 IR 자료를 찾아보고, 코스트코 멤버십 회원이라면 코스트코의 매출과 이익 구조를 확인해보자. 나 역시 이 책을 집필하면서 출판사 비즈니스북스와 책이 유통되는 교보문고, 예스24의 재무제표와 기업 정보를 찾아봤다. 우리가 일상적으로 이용하는 브랜드에 대해서도 비즈니스 관점에서 들여다보면 새로운 인사이트를 얻을 수 있다.

> **한국 스타벅스**
> 한국에서의 현재 법인명은 (주)에스씨케이컴퍼니이다. 원래는 (주)스타벅스커피코리아로, 1997년부터 2021년까지 이마트(기업 분할 전에는 신세계)와 미국 스타벅스커피인터내셔널이 각각 50%를 보유한 합작법인 형태로 운영되었다. 그러다 2021년 12월, 이마트가 미국 스타벅스의 지분을 추가 인수하면서 법인명이 변경되었고, 현재는 이마트의 종속기업으로 편입되어 실적이 이마트 연결 재무제표에 반영된다.

재무제표로 비즈니스 모델 읽기

기업과 사업의 활동을 아우르는 단어가 바로 '비즈니스'다. 그리고 우리는 이 거대한 비즈니스 세계 안에서 살아가고 있다. 중요한 것은 그것을 '나와는 별개'로 보지 않는 관점이다. 비즈니스를 이해하는 첫걸음은 정보 탐색과 분석이다. 언론 기사나 유튜브도 유용하지만 더 깊이 통찰하기 위해서는 기업이 직접 제공하는 공식 IR 자료를 살펴야 한다.

나는 페라리의 시장가치를 야후 파이낸스에서 간단히 파악한 뒤 공식 홈페이지의 IR 섹션에서 연차보고서를 다운로드해 읽었다.

▶ 페라리의 IR 섹션

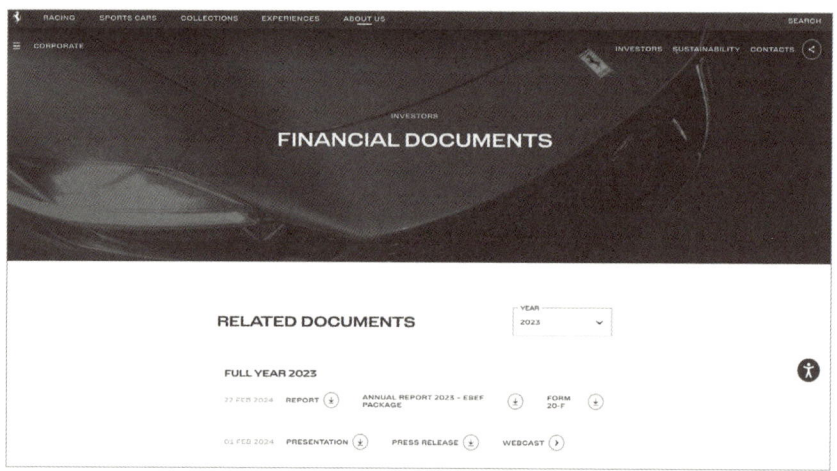

페라리의 공식 IR 자료를 비롯해 재무 정보를 확인할 수 있다.

IR 자료에서 가장 기본이 되는 것은 재무 정보다. 2023년에 발표된 페라리의 사업보고서를 확인해보니 2022년 매출액이 51억 유로(약 7조 3,000억 원)에 달했다. 특히 당시 기준 3년간의 매출 추이를 살펴봤는데 코로나 시기를 지나면서도 눈에 띄는 성장률을 기록했음을 알 수 있었다. 더 놀라운 점은 2022년 기준 영업이익률이 24.1%에 달했다는 것이다. 같은 기간 메르세데스-벤츠Mercedes-Benz의 영업이익률은 11.8%, 현대차는 6.9%에 불과했다. 즉, 페라리는 자동차 제조사를 넘어 고수익 구조를 가진 럭셔리 브랜드라는

▶ 페라리의 사업보고서

For the year ended December 31, 2020 our costs as a percentage of net revenues and our EBIT and EBIT margin were negatively impacted by the COVID-19 pandemic, which caused a seven-week production and delivery suspension in the first half of 2020 (during which we decided to pay all employees throughout the whole suspension period and not accede to any government aid programs) as well as changes to the format of the Formula 1 2020 World Championship.

(€ million, except percentages)	2022	Percentage of net revenues	2021	Percentage of net revenues	2020	Percentage of net revenues
Net revenues — 매출액	5,095	100.0%	4,271	100.0%	3,460	100.0%
Cost of sales	2,649	52.0%	2,081	48.7%	1,686	48.7%
Selling, general and administrative costs	428	8.4%	348	8.1%	336	9.7%
Research and development costs	776	15.2%	768	18.0%	707	20.4%
Other expenses, net	21	0.4%	6	0.2%	19	0.6%
Result from investments	6	0.1%	7	0.2%	4	0.1%
EBIT — 영업이익	1,227	24.1%	1,075	25.2%	716	20.7%
Net financial expenses	49	1.0%	33	0.8%	49	1.4%
Profit before taxes	1,178	23.1%	1,042	24.4%	667	19.3%
Income tax expense	239	4.7%	209	4.9%	58	1.7%
Net profit	939	18.4%	833	19.5%	609	17.6%

매출액, 영업이익 등의 추이를 살펴볼 수 있다.

사실을 수치로도 확인할 수 있었다.

사업보고서에는 매출 정보가 합계 금액뿐 아니라 지역별 판매 비중과 차량 대수 기준으로도 제공됐다. 예를 들어 2022년 한 해 동안 페라리는 총 1만 3,221대를 판매했다. 이를 전체 매출액으로 나눠보면 판매된 차량 1대당 약 5억 6,000만 원의 매출을 올린 셈이다. 단순히 자동차 1대를 판매하는 것이 아니라 브랜드 가치와 희소성이 반영된 가격이라는 점이 더욱 흥미로웠다.

사업보고서를 깊이 들여다보니 페라리는 차량 판매 외에도 라이선스 수익, 엔진 판매 수익 등을 확보하고 있었다. 특히 F1 고객팀에 페라리 엔진을 공급하며 매출을 다각화하고 있었다.

여기서 궁금해졌다. 페라리의 엔진을 구매하는 고객은 누구일까? 바로 앞서 이야기한 F1의 다른 팀들이다. F1에서 페라리 엔진을 사용하는 팀들은 '페라리 고객팀'이라고 불린다. 2024년 기준으로는 하스Haas와 알파 로메

▶ 지역별 차량 판매 대수

The following table sets forth our shipments[1] by geographic location:

(Number of cars and % of total cars)	2022	%	2021	%	2020	%
EMEA						
Germany	1,439	10.9%	1,252	11.2%	995	10.9%
UK	997	7.5%	996	8.9%	971	10.6%
Italy	708	5.4%	668	6.0%	574	6.3%
Switzerland	497	3.8%	481	4.3%	456	5.0%
France	473	3.6%	473	4.2%	463	5.1%
Middle East[2]	439	3.3%	334	3.0%	304	3.3%
Other EMEA[3]	1,405	10.6%	1,288	11.6%	1,055	11.6%
Total EMEA	5,958	45.1%	5,492	49.2%	4,818	52.8%
Americas[4]	3,447	26.1%	2,831	25.4%	2,325	25.5%
Mainland China, Hong Kong and Taiwan	1,552	11.7%	899	8.1%	456	5.0%
Rest of APAC[5]	2,264	17.1%	1,933	17.3%	1,520	16.7%
Total	13,221	100.0%	11,155	100.0%	9,119	100.0%

▶ 매출 유형

Net revenues
The following table sets forth an analysis of our net revenues for each of the years ended December 31, 2022, 2021 and 2020:

	For the years ended December 31,						Increase/(Decrease)			
(€ million, except percentages)	2022	Percentage of net revenues	2021	Percentage of net revenues	2020	Percentage of net revenues	2022 vs. 2021		2021 vs. 2020	
Cars and spare parts [1]	4,341	85.2%	3,573	83.7%	2,835	81.9%	768	21.5%	738	26.0%
Sponsorship, commercial and brand [2]	479	9.4%	431	10.1%	390	11.3%	48	11.1%	41	10.5%
Engines [3]	155	3.0%	189	4.4%	151	4.4%	(34)	(18.0%)	38	25.7%
Other [4]	120	2.4%	78	1.8%	84	2.4%	42	54.2%	(6)	(7.4%)
Total net revenues	5,095	100.0%	4,271	100.0%	3,460	100.0%	824	19.3%	811	23.4%

(1) Includes net revenues generated from shipments of our cars, any personalization generated on these cars, as well as sales of spare parts.
(2) Includes net revenues earned by our Formula 1 racing team through sponsorship agreements and our share of the Formula 1 World Championship commercial revenues, as well as net revenues generated through the Ferrari brand, including merchandising, licensing and royalty income.
(3) Includes net revenues generated from the sale of engines to Maserati for use in their cars and from the rental of engines to other Formula 1 racing teams.
(4) Primarily relates to financial services activities, management of the Mugello racetrack and other sports-related activities.

세부적으로 들여다보면 지역별 판매 비중과 차량 대수 기준 정보를 확인할 수 있다.

오Alfa Romeo가 있다.

 이 사실을 알고 나니 인상 깊게 본 다큐멘터리 속 한 장면이 떠올랐다. 페라리 팀의 마티아 비노토Mattia Binotto 감독과 하스팀의 귄터 슈타이너Günther Steiner 감독이 유독 사이좋게 나오는 에피소드가 있는데, 페라리가 하스팀에 엔진을 공급하는 등 이해관계가 얽혀 있기 때문으로 보인다. 다큐멘터리 속 한 장면에도 스포츠와 비즈니스가 교차하는 복잡한 연결고리가 숨어 있음을 알 수 있었다.

▶ 다큐멘터리 〈본능의 질주〉의 한 장면

하스팀의 귄터 슈타이너 감독(좌)과 페라리팀의 마티아 비노토 감독(우). 페라리가 하스팀에 엔진을 공급하는 비즈니스 관계에서 다져진 우정이다.

유럽에서 가장 가치 있는 자동차 회사는?

페라리의 재무 정보와 시장가치를 확인한 후 문득 궁금한 점이 생겼다. '유럽 자동차 회사 중 시가총액 1위는 어디일까?' 당시 F1에서 압도적인 경기력을 보여주던 메르세데스-벤츠가 아닐까 예상했지만, 정답은 뜻밖에도 포르셰Porsche였다.

2022년 9월, 독일 주식 시장에 상장한 포르셰는 상장과 동시에 큰 주목을 받았다. BMW와 메르세데스-벤츠는 물론 모회사인 폭스바겐Volkswagen 그룹까지도 시가총액에서 앞질렀다. 당시 포르셰는 전 세계를 통틀어 테슬라, 토요타Toyota에 이어 시가총액 3위의 자동차 회사로 등극했다. 그저 잘나가는 스포츠카 브랜드가 아니라 시장에서 독립적인 가치를 인정받았다는 점에서 인상적이었다.

하지만 2023년에 3위였던 포르셰는 2025년에는 페라리와 메르세데스-벤츠에 추월당했고, 시가총액 순위는 더 밀려 9위가 됐다. 심지어 전기차를 출시하며 이 대열에 합류한 샤오미Xiaomi에도 추월당했다.

마치 레이스처럼 자동차 시장에서도 순위가 뒤바뀌는 치열한 경쟁이 펼쳐지고 있다. 흥미로운 점은 2025년 기준 페라리가 글로벌 자동차 기업 중 시가총액 5위에 오르면서도 판매량은 상위 10개 업체 중 가장 적다는 것이다. 페라리는 대량 생산 방식이 아니라 초고가 전략과 맞춤형 옵션 제공을

▶ 2025년 5월 기준 글로벌 자동차 기업 시가총액 순위

Rank	Name	Market Cap	Price	Today	Price (30 days)	Country
1	Tesla TSLA	$917.81 B	$284.75	-9.80%		USA
2	Toyota TM	$245.28 B	$188.21	-0.86%		Japan
3	Xiaomi XIACF	$158.05 B	$6.20	+2.05%		China
4	BYD 002594.SZ	$152.76 B	$50.89	-1.32%		China
5	Ferrari RACE	$82.11 B	$460.80	-0.87%		Italy
6	Mercedes-Benz MBG.DE	$59.82 B	$62.13	-1.45%		Germany
7	Volkswagen VOW3.DE	$56.84 B	$111.26	-1.31%		Germany
8	BMW BMW.DE	$53.77 B	$86.86	-2.03%		Germany
9	Porsche P911.DE	$48.55 B	$53.29	-0.24%		Germany
10	General Motors GM	$45.52 B	$47.71	-0.49%		USA
∧1 11	Honda HMC	$43.76 B	$30.21	-0.23%		Japan

포르쉐는 2023년 3위에서 2025년 9위로 밀려났다. 숫자가 말해준다. '많이' 파는 게 아니라 '가치'를 팔아야 한다.
(출처: companiesmarketcap.com)

통해 압도적인 이익률을 유지하고 있다. 이는 일반적인 자동차 제조사와는 전혀 다른 접근 방식이다.

   페라리를 보고 있으면 일반 자동차 브랜드가 아니라 LVMH_{Louis Vuitton, Moët & Chandon, Hennessy}(루이뷔통, 모엣 & 샹동, 헤네시) 같은 하이엔드 럭셔리 기업에 더 가깝다는 느낌이 든다. 페라리는 '얼마나 많이 파느냐'가 아니라 '누구에게 어떤 가치를 제공하느냐'를 고민하는 브랜드다. 이런 전략 덕분에 페라리는 수십만 대를 판매하는 대형 자동차 브랜드와는 다른 방식으로 시장에서 독보적인 포지션을 유지하고 있다.

숫자로 기업의 본질 꿰뚫어 보기

재무제표 분석은 매출과 이익의 숫자를 보는 것이 아니다. 그 숫자에 담긴 사업 전략, 브랜드 가치, 시장의 변화를 읽어내는 일이다. 페라리 사례로 확인했듯이 재무제표의 숫자에는 각 기업이 어떤 전략으로 성장하고 살아남는지가 고스란히 담겨 있다.

   재무제표 분석은 어디서부터 시작해야 할까? 일순위는 자신이 관심을 가지는 기업이다. 이미 익숙한 기업이라면 재무제표의 숫자들이 단순한 데이터가 아니라 그 기업의 실제 모습과 연결되어 자연스럽게 이해된다. 매출과 이익률이 어떻게 형성되는지, 어떤 요소가 기업을 성장시키거나 위협하는지 맥락을 파악하기 쉬워진다. 이처럼 흥미를 가진 상태에서 분석하면 숫자에서 기업의 이야기와 전략이 보이기 시작한다. 재무제표 분석은 숫자를 읽는 것이 아니라 그 안에서 기업의 본질을 발견하는 여정이다.

이 장의 핵심 포인트

- 관심 있는 기업의 정보를 IR 자료와 재무제표를 통해 분석하면 매출, 수익성, 안정성 등의 경영 상태와 비즈니스 모델을 깊이 이해할 수 있다.
- 이를 통해 과거 성과를 바탕으로 미래가치를 예측하고 근거가 뒷받침되는 의사결정을 할 수 있다.
- 기업 분석은 숫자를 읽는 것이 아니라 해당 기업이 시장에서 어떤 위치에 있으며 어떤 의미를 가지는지 이해하는 과정이다.

제6장

재무제표 분석, 이것만은 꼭 알아두자

매출과 자산의 외형만 보다가 놓친 것

한 투자사의 신입 담당자 이야기다. 오랜 준비 끝에 첫 번째 투자 대상 기업을 발견한 그는 자산 규모와 매출 성장세를 앞세워 당당히 투자심사 회의에 나섰다.

"자산이 탄탄하고 매출도 꾸준히 증가하고 있습니다. 저희가 투자하기에 아주 적합한 회사입니다."

자신감 넘치는 발표였다. 하지만 심사위원 중 한 명이 조용히 질문을 던졌다.

"자산이 많다고 하셨는데, 그 자산 중 현금으로 바로 전환 가능한 비율은 어느 정도입니까?"

신입 담당자는 순간 말을 잃었다. 자산총액은 외워왔지만 그 안에 현금성 자산이 얼마나 되는지는 살펴보지 못했던 것이다. 이어 또 다른 심사위원이 물었다.

"매출이 늘어난다니 좋긴 한데, 그에 따른 비용 구조는 안정적입니까? 이익은 충분히 남나요?"

그는 선뜻 답하지 못했다. 매출의 성장이라는 겉모습에만 집중한 나머지 수익성과 현금흐름이라는 내실을 미처 들여다보지 못했기 때문이다. 회의는 조용히 끝났고 투자 건은 보류됐다.

이 짧은 사례는 재무제표 분석에서 놓치기 쉬운 것이 무엇인지를 명확히 보여준다. '자산'이 많을 수도 있다. 하지만 그 자산이 현금처럼 바로 사용할 수 있는 유동자산인지, 아니면 설비 등 장기간 보유·활용되는 비유동자산인지에 따라 기업의 재무 유연성과 현금흐름 구조는 크게 달라진다. 물론 비유동자산이 많다고 해서 반드시 부정적인 것은 아니다. 생산설비, 매장, 물류 인프라처럼 기업의 핵심 경쟁력을 뒷받침하는 경우에는 오히려 장기적 성장을 가능하게 하는 기반이 된다. 중요한 것은 자산의 성격과 그에 따른 현금흐름 창출 능력을 구분해 보는 것이다.

'매출' 역시 늘어날 수 있다. 그러나 그 매출이 얼마나 많은 현금을 실제로 만들어내는지가 기업의 진짜 건강 상태를 말해준다. 재무제표는 겉으로 나타나는 '크기'를 보여주는데, 그 안에서 이뤄지는 흐름의 '속도'와 '질'을 함께 읽어야 한다. 겉만 보고 판단하는 순간 기업의 진짜 얼굴은 숨겨진다.

지금부터 소개할 재무제표 분석 가이드는 이런 관점을 다룬다. 그저 수치를 나열하는 것이 아니라 숫자에 담긴 기업의 본질을 이해하고 제대로 평가하는 방법을 배우게 될 것이다. 이 신입 담당자와 같은 당황스러운 상황을 피하고 명확하고 자신 있게 답변할 수 있도록 기초를 함께 쌓아보자.

재무제표 종류와 분석 포인트

기업은 끊임없이 돈을 벌고, 쓰고, 투자하고, 빚을 갚는다. 이 복잡한 돈의 흐름을 숫자와 표로 정리한 것이 재무제표다. 하지만 재무제표는 단순한 숫자 나열표가 아니다. 그 숫자들에는 기업의 생존, 성장, 위기, 전략까지 모든 것이 담겨 있다. 재무제표 분석의 핵심은 '장부상의 이익'이 아니라 '현금이 실제로 돌고 있는가'를 읽어내는 것이다.

재무제표	내용
재무상태표	• 특정 시점의 재무상태를 나타내는 재무제표 • 기업이 소유하고 있는 경제적 자원(자산), 그 경제적 자원에 대한 의무(부채) 및 소유주지분(자본)에 관한 정보를 제공함
손익계산서	• 일정 기간 기업의 재무 성과에 대한 정보를 보고하는 재무제표 • 기업의 재무 성과는 수익에서 비용을 차감하여 산출된 이익의 크기로 측정됨
자본변동표	• 특정 시점 기업의 자본 규모와 일정 기간 기업 실체의 자본 변동에 관한 정보를 제공하는 재무제표
현금흐름표	• 일정 기간 기업의 현금 유입과 유출에 대한 정보를 제공하는 재무제표 • 일정 기간의 영업활동, 투자활동, 재무활동을 통한 현금흐름 정보가 나타남
주석	• 재무제표에 표시된 항목을 구체적으로 설명하거나 세분화한 정보를 제공함

다만 오해하지 말아야 할 점이 있다. 단일 재무제표만으로는 결코 기업을 온전히 이해할 수 없다는 것이다. 5가지 재무제표는 각각 다음을 말해준다.

- 재무상태표 Balance Sheet: 자산, 부채, 자본으로 구성된 재무상태의 '스냅사진'을 보여준다.

▶ 재무제표의 종류와 상호 연계성

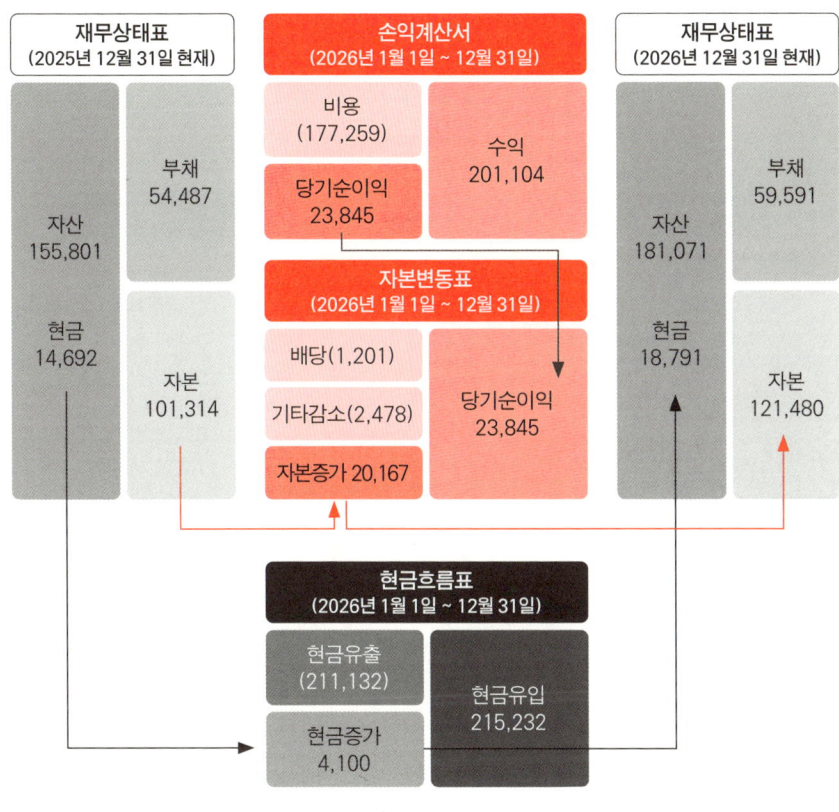

- 손익계산서 Income Statement: 일정 기간의 '성과의 하이라이트'를 보여준다.
- 현금흐름표 Statement of Cash Flow: '돈의 실제 흐름'을 활동별로 추적한다.
- 자본변동표 Statement of Changes in Equity: 자본활동과 변동 내역을 보여준다.
- 주석 Notes: 이상의 모든 숫자 뒤에 숨은 '맥락과 배경'을 설명한다.

이 재무제표들을 따로따로 읽는 것이 아니라 서로 연결해서 흐름을 파악해야만 기업의 본질이 보인다.

재무제표는 따로따로 보면 안 된다

▶ 기업의 경영활동과 재무제표의 연계성

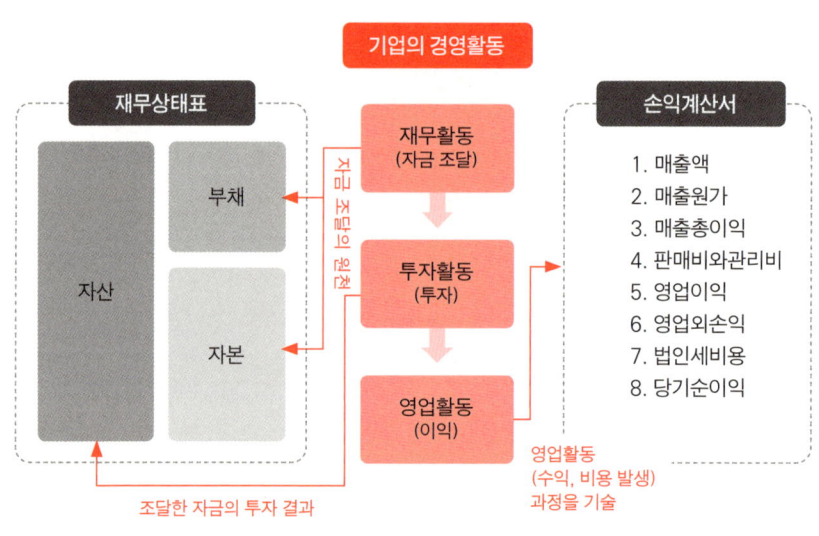

　재무상태표와 손익계산서는 기업의 재무상태와 성과를 서로 다른 관점에서 보여주지만 긴밀히 연계되어 있는 보고서다. 재무상태표는 특정 시점에 기업이 보유한 자산, 부채, 자본의 구성을 스냅사진처럼 포착하여 '지금 이 순간'의 재무상태를 요약한 것이다. 그에 비해 손익계산서는 일정 기간의 수익, 비용, 이익의 변화를 동영상 하이라이트처럼 보여준다. 스포츠 중계에 비유하자면 재무상태표는 경기 종료 후 표시되는 최종 스코어와 같으며, 손익계산서는 경기의 주요 장면을 담은 하이라이트 영상과 같다. 손익계산서에서 산출된 이익(또는 손실)은 재무상태표의 자본 항목에 누적되어 반영되므로 두 보고서는 독립적이면서도 상호 연결되어 있다. 따라서 이 둘을 함께 봐야 기업의 재무 전반을 이해할 수 있다.

예를 들어 한 식음료 기업의 재무 자료를 살펴보니, 재무상태표상 부채비율이 안정적으로 유지되고 있었다. 겉으로 보기에는 재무 건전성이 양호해 보였다. 그러나 손익계산서를 확인해보니 최근 2년간 당기순이익이 급감하는 추세를 보이고 있었다. 이익의 하락세가 지속된다면 영업활동에서 창출되는 내부자금이 줄어들어 차입금 상환 능력이 떨어지고, 결국 시간이 지나면서 재무상태표의 건전성 자체가 흔들릴 수 있다. 따라서 단순히 현재 시점의 부채비율이나 자본 구조만 보는 것이 아니라, 기업의 성과가 향후에도 재무 건전성을 뒷받침할 수 있는지를 함께 검토해야 한다.

 이 장의 핵심 포인트

- 매출이나 자산 규모 등 외형만으로 평가하면 잘못된 판단을 내리기 쉽다. 겉으로 보이는 '크기'만이 아니라 흐름의 '속도'와 '질'을 함께 읽어야 한다.
- 재무제표 분석의 핵심은 '장부상의 이익'이 아니라 '현금이 실제로 돌고 있는가'를 읽어내는 것이다.
- 재무상태표는 특정 시점에 기업이 보유한 자산, 부채, 자본의 구성을 보여주는 데 비해 손익계산서는 일정 기간의 수익, 비용, 이익의 변화를 보여준다. 따라서 이 둘을 함께 봐야 제대로 분석할 수 있다.

제7장

재무제표, 5개의 렌즈로 보는 기업의 세계

재무상태표: 지금 이 회사 체력은 어떤가

재무상태표는 특정 시점에 기업이 보유한 자산, 갚거나 이행해야 할 의무인 부채 그리고 그 차액으로서의 순자산인 자본을 보여준다. 기업의 재무 구조를 한눈에 파악할 수 있지만, 여기에도 함정은 있다. 바로 '자산이 많다고 안전한가?', '부채가 적다고 무조건 좋은가?' 하는 점이다.

재무상태표를 분석할 때 중점을 두어야 하는 사항은 다음과 같다.

- 자산 구성 분석: 단순 총액보다 유동자산(현금, 매출채권)과 비유동자산(토지, 공장, 기계 등)의 비율을 따져야 한다. 현금화하기까지 시간이 어느 정도 걸

리는지 파악해야 유동성 위험 여부를 판단할 수 있다.
- 부채의 성격 파악: 단기부채(1년 이내 상환) 비중이 크면 유동성 압박이 강할 수 있다. 그리고 장기부채(장기차입금)는 이자 부담과 만기 구조를 함께 고려해야 한다. 또한 차입성 부채와 외상대금 같은 영업용 부채의 구분도 중요하다.
- 자본의 질 확인: 자본이 늘었다면, 경영 성과가 좋아 이익잉여금이 쌓여서인지 아니면 **유상증자**를 해서 주주가 투자하여 나타난 결과인지 파악해야 한다.

> **유상증자**
> 투자자로부터 돈을 받고 주식을 발행해 납입자본을 늘리는 것.

▶ 사례: 한 건설 회사가 5,000억 원 규모의 자산을 보유하고 있다고 자랑했다. 그러나 내부 사정을 들여다보니 70%가 미분양 부동산이었다. 당장 유동성이 필요한데 자산을 팔기도 어렵고 부채 만기만 다가오고 있었다. 자칫 도산할 위험까지 불거지는 상황에서 겉으로 보이는 자산 규모는 힘을 발휘하지 못했다.

손익계산서: 수익과 비용의 줄다리기

손익계산서는 일정 기간 기업이 벌어들인 수익과 지출한 비용 그리고 남긴 이익을 단계별로 보여준다. 기업의 수익성과 경영 효율성을 평가하는 핵심 보고서다. 하지만 최상단의 '매출액'만 보거나 최종 결과인 '순이익'만 봐서는 안 된다.

손익계산서를 분석할 때는 다음에 집중해야 한다.

- 매출의 질 확인: 매출이 성장하고 있다면, 그 매출이 '진짜 돈'으로 연결되는지(현금화 가능성)를 늘 확인해야 한다.
- 비용 구조 점검: 비용이 매출 증가율보다 빠르게 늘어난다면 위험 신호다. 특히 인건비, 판촉비, 감가상각비, 연구개발비 같은 주요 비용 항목을 따로 체크해야 한다.
- 영업이익 중심 분석: 일회성 이익(예: 자산 매각 이익)이나 외환차익 같은 비영업 항목(대외 변수에 따른 결과)을 제거한 순수 영업이익을 중심으로 봐야 한다.

▶ 사례: 한 온라인 플랫폼 기업이 매출 40% 증가를 발표했다. 하지만 같은 기간 SNS 광고비가 50% 넘게 늘어 영업이익률이 절반 이하로 떨어졌고, 시장에서는 '성장 기업'이 아닌 '구조적인 고비용 기업'으로 평가했다.

▶ 이익의 생성 구조

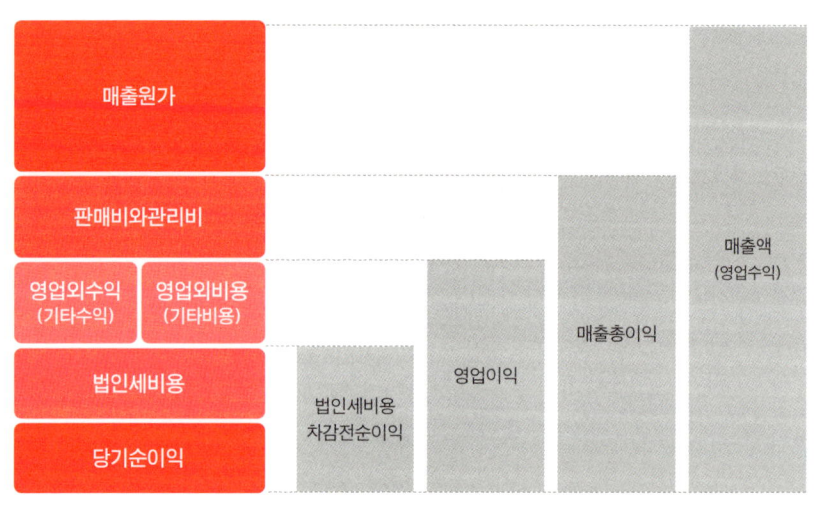

현금흐름표: 벌어들이고, 키우고, 조달하는 돈의 순환

현금흐름표는 기업의 영업(운영)활동, 투자활동, 재무활동에서 발생한 현금의 유입과 유출을 나타내 현금 운용 능력과 유동성을 평가할 수 있게 해준다. 즉, 기업의 '현금 생성과 사용 흐름'을 추적한다. 손익계산서상 이익이 나더라도 실제로 현금이 돌지 않으면 기업은 생존할 수 없다. 현금흐름표는 다음과 같은 3가지 흐름으로 구성된다.

- 영업활동 현금흐름 operating cash flow: 본업을 통해 벌어들인 실제 현금으로 기업 운영의 생명줄
- 투자활동 현금흐름 investing cash flow: 유형자산 취득, 투자자산 매입·매각 등 자산과 관련된 자금흐름
- 재무활동 현금흐름 financing cash flow: 차입금 조달·상환, 주식 발행, 배당금 지급 등 자본 관련 자금흐름

현금흐름표를 분석할 때는 다음 사항에 중점을 두어야 한다.

- 영업활동 현금흐름이 안정적으로 플러스(+)를 유지하고 있는지 반드시 확인해야 한다.
- 투자활동 현금흐름이 영업활동 현금흐름 대비 마이너스(−)라면 공격적으로 투자하고 있음을 의미한다.
- 재무활동 현금흐름이 플러스라면 외부 차입이 늘고 있는 것이고, 마이너스라면 부채 상환이나 배당금 지급이 많아진 것이다.

▶ 사례: 한 글로벌 커머스 스타트업이 3년 연속 흑자를 기록했다. 하지만 영업활동 현금흐름은 적자를 지속했다. 매출이 외상으로 이루어져 실제 현금이 돌지 않았기 때문이다. 결국 투자자들이 현금흐름을 문제 삼아 추가 투자를 거부했고 기업은 구조조정 후 헐값에 매각됐다.

자본변동표: 나이테처럼 새겨진 자본의 흔적

자본변동표는 일정 기간 자본이 어떻게 변했는지를 상세히 보여준다.

- 이익잉여금 증가: 기업이 벌어들인 이익이 쌓이는 과정
- 유상증자: 새로운 주주 자본 투자 유입
- 배당금 지급: 주주에게 현금 배분 또는 주식 배당
- 자사주 매입: 주가 부양 또는 주주 가치 제고

자본변동표를 분석할 때 중점을 두어야 하는 사항은 다음과 같다.

- 자본이 증가했다면 영업이익으로 벌어들인 것인지 아니면 외부 투자에 의존한 결과인지 구분해야 한다.
- 지나친 배당금 지급은 장기 투자 여력을 약화시킬 수 있다.

▶ 사례: 위기설이 돌던 한 중견 기업의 자본 총계가 크게 증가했다. 자본변동표를 보니 영업활동을 통해 누적된 이익이 아니라 대규모 유상증자의 결과였다. 즉, 기업 내부의 이익 창출과 현금흐름 개선이 아닌 외부자금 조

달에 의존한 자본 성장으로, 단기적으로는 자본이 늘었지만 장기적으로는 주주지분 희석과 실적 개선 수행이라는 숙제를 여전히 가지고 있었다.

주석: 숫자 뒤에 숨은 맥락

주석은 재무제표를 이해하는 데 빼놓을 수 없는 해설서다. 회계 정책, 항목별 상세 설명, 잠재적 리스크(우발 요인), 자산 및 매출 상세 구성 내역 등이 모두 주석에 담겨 있다.

주석에서는 다음 사항을 중점적으로 봐야 한다.

- 자산의 구성이나 부채의 만기 구조 등 중요한 정보를 주석에만 기재하는 사례도 많다.
- 감가상각 정책, 재고 평가 방법, 충당부채 설정 기준 같은 회계 정책 변경 여부를 반드시 점검해야 한다.

▶ 사례 1: 한 항공사가 대규모 유형자산 증가를 보고했다. 주석을 보니 IFRS16 International Financial Reporting Standards 16 회계기준 변경에 따라 리스 항공기를 자산으로 기록했기 때문이었다. 즉, 항공기 보유 대수가 실제로 증가한 것이 아니라 회계처리 방식이 바뀐 결과였다. 주석을 읽지 않았다면 완전히 오해할 뻔한 사례다.

> **IFRS16(리스)**
> '신 리스 회계'라고도 하며, 운용리스와 금융리스를 구분하여 회계처리하던 기존 기준을 개정하여 모든 리스를 자산과 부채로 인식하도록 규정한 국제회계기준. 이에 따라 자산과 부채가 동시에 증가하게 됐다.

▶ 사례 2: 한 호텔 체인 회사의 주석에서 '건물에 대한 감가상각 기간을 기존 40년에서 30년으로 변경했다'라는 정보가 제공됐다. 이에 따라 매년 기존보다 더 많은 감가상각비가 비용으로 처리되면서 손익에 부정적인 영향을 미쳤다. 회계처리 방식이 바뀌면 실제 자산 가치에 영향이 미쳐 재무 정보에도 변화가 일어남을 보여준 사례다.

5가지를 함께 봐야 전체 그림이 보인다

지금까지 살펴본 내용을 요약하자면 각 재무제표는 다음을 보여준다.

- 재무상태표: 지금의 잔액
- 손익계산서: 기간의 성과
- 현금흐름표: 생존력
- 자본변동표: 자본의 질
- 주석: 숫자 너머의 진실과 배경

앞서도 강조했듯이, 재무제표는 개별적으로 분석하기보다는 상호 연계하여 유기적으로 파악해야 한다. 예를 들어 손익계산서에서 매출이 급증했더라도 현금흐름표에서 영업활동 현금흐름이 감소했다면, 매출 대부분이 외상으로 이루어졌거나 재고자산이 증가했을 가능성을 시사한다. 이럴 때는 재무상태표에서 외상매출금이나 재고자산 항목의 변동을 확인하여 실제로 외상거래가 늘었거나 재고가 쌓였는지 구체적으로 확인해야 한다.

또한 재무상태표에서 부채비율이 높아졌다면, 이는 기업이 차입금을 통해 자금을 조달했거나 유동성 문제가 발생할 수 있음을 시사한다. 부채비율 상승의 원인이 무엇인지 확인하려면 현금흐름표의 재무활동 현금흐름에서 차입이 증가했는지 또는 현금 유출이 많아져 차입이 불가피한 상황인지 파악해야 한다.

자본변동표는 일정 기간 동안 주주 자본의 변동을 보여주므로 주주 투자나 배당의 흐름을 파악하는 데 유용하다. 예를 들어 손익계산서에서 당기순이익이 높게 나타났더라도 자본변동표에서 배당금이 그 이상 과도하게 지급됐다면, 기업이 투자보다는 주주 배당에 수익을 집중적으로 사용하고 있음을 시사한다. 기업의 전략이 장기적 성장보다는 단기적 배당에 집중된다고 해석할 수 있다. 또한 자본변동표에서 증자가 이루어졌다면 해당 자본이 재무상태표에서 어떤 자산 항목으로 연결되는지, 예를 들어 설비투자를 위한 고정자산의 증가인지 등을 연계해 분석해야 한다.

주석은 재무제표상의 각 항목에 대해 추가적인 정보를 제공한다. 예를 들어 재무상태표에서 자산 항목이 크게 증가했다면, 재고가 증가해서인지 아니면 대규모의 설비투자에 따른 것인지를 주석에서 확인할 수 있다. 또한 감가상각비가 증가했다면, 주석에서 감가상각 방법이 변경됐는지 확인함으로써 이익에 미친 영향을 더 명확히 이해할 수 있다. 이는 기업의 자산 가치와 수익성을 분석하는 데 중요하다.

이처럼 재무제표 간의 상호 연관성을 통해 기업의 수익성뿐 아니라 안정성, 유동성, 장기 성장 가능성을 종합적으로 평가해야 한다. 개별 항목의 변화가 서로 어떤 영향을 주고받는지를 이해해야만 기업의 재무상태와 장기 전략을 깊이 있게 파악할 수 있다.

이 장의 핵심 포인트

- 재무상태표는 특정 시점의 자산·부채·자본의 상태를, 손익계산서는 수익성과 비용 구조를, 현금흐름표는 경영활동별 현금 유출입을, 자본변동표는 자본의 변동 사항을 보여준다. 그리고 주석은 재무제표 항목의 세부 설명을 제공한다.
- 5가지 재무제표는 상호 연계하여 유기적으로 파악해야 한다. 재무상태표와 현금흐름표를 함께 분석하면 자산과 부채의 성격을 확인할 수 있다. 자본변동표와 손익계산서를 함께 분석하면 기업의 전략이 어떤 방향으로 나아가는지 유추해볼 수 있다.
- 주석을 꼼꼼히 참고하면 재무제표상에 나타난 수치 이면의 이야기를 읽어낼 수 있다.

제8장

비율 너머에서 발견하는 기업의 진짜 가치

재무제표 분석의 4가지 핵심 축

기업을 제대로 이해하기 위해서는 숫자를 보는 데 그쳐서는 안 된다. 숫자가 들려주는 기업의 안정성, 수익성, 활동성, 성장성을 읽어내야 한다.

- 안정성: 기업이 외부 충격에도 견딜 만한 체력을 가졌는지 본다. 부채비율, 유동비율처럼 재무 구조의 튼튼함을 가늠하는 지표들이 여기에 속한다.
- 수익성: 기업이 매출을 통해 얼마나 이익을 남기는지를 본다. 단순히 매출이 큰 것이 아니라 남기는 이익이 충분해야 사업을 지속할 수 있다.
- 활동성: 기업이 보유한 자산을 얼마나 효율적으로 활용하는지를 평가한다.

자산이 놀지 않고 매출로 빠르게 전환되는지 확인하는 과정이다.

- 성장성: 오늘보다 내일, 내일보다 내년에 사업을 얼마나 더 확장할 수 있는지를 본다. 성장하는 기업은 늘 새로운 흐름을 만들어낸다.

이 4가지 축은 서로 연결되어 있다. 예를 들어 아무리 매출이 크고 빠르게 성장하는 기업이라도 수익성이 낮으면 지속 가능하지 않다. 반대로, 수익성이 높아도 안정성과 활동성이 뒷받침되지 않으면 외부 환경 변화에 취약해진다. 이 모든 축을 관통하는 것이 현금의 흐름이다. 현금이 건강하게 순환하지 않는 기업은 안정성도, 수익성도, 성장성도 의미를 잃는다.

기업 상태를 파악하는 5가지 핵심 비율
: 수익성, 유동성, 안정성, 활동성, 성장성

▶ 재무비율 분석의 핵심 분류

수익성비율	유동성비율	안정성비율	활동성비율	성장성비율
매출총이익률	유동비율	부채비율	고정자산 회전율	매출액 성장율
순이익률	당좌비율	자산대비부채비율	재고자산 회전율	영업이익 성장율
영업이익률	현금비율	부채상환능력비율	매출채권 회전율	총자산 성장율
투하자본수익률 (ROIC)	영업활동 현금흐름비율	이자보상배율	운전자본 회전율	유형자산 성장율
총자산수익률 (ROA)			매입채무 회전율	
자기자본이익률 (ROE)			현금전환주기	

재무비율을 분석함으로써 기업의 재무 건전성과 수익 창출 능력을 다각도로 평가할 수 있다.

재무제표는 숫자의 나열처럼 보이지만 약간의 작업을 거치면 기업의 수익성, 안정성, 성장 가능성 등을 평가할 다양한 비율을 뽑아낼 수 있다. 각각의 비율은 기업의 서로 다른 측면을 보여주며, 이를 종합적으로 분석함으로써 기업의 전반적인 건강 상태를 파악할 수 있다. 다음의 5가지 비율을 활용해 기업의 재무상태를 더 명확히 이해해보자.

수익성비율: 수익 창출 능력

기업이 얼마나 효율적으로 이익을 창출하는지를 보여준다. 대표적인 수익성비율로는 영업이익률과 자기자본이익률(return on equity, ROE)이 있다.

▶ 사례: 영업이익률이 업계 평균보다 높다면 비용 관리가 우수하고 영업활동에서 높은 이익을 창출할 수 있음을 나타낸다. 그리고 ROE가 높다면 주주들의 투자 대비 수익률이 좋다는 의미이므로 주주들에게서도 긍정적 평가를 받을 가능성이 크다.

유동성비율(단기 안정성): 단기부채 상환 능력

기업이 단기적으로 얼마나 안정적으로 부채를 상환할 수 있는지를 보여준다. 대표적인 유동성비율로는 유동비율과 당좌비율이 있다.

▶ 사례: 유동비율이 200%라면 기업이 보유한 유동자산(1년 이내에 현금화가 가능한 자산)으로 당장 갚아야 할 유동부채의 2배를 상환할 수 있음을 의미한다. 반면 유동비율이 낮다면 자산이 부족해 단기부채 상환에 어려움을 겪을 수 있다. 당좌비율은 재고자산을 제외한 유동비율로, 현금성자산 및 매출채권 회수를 통해 유동부채를 얼마나 충당할 수 있는지 평가할 때 유용하다.

안정성비율(장기 안정성): 부채 사용 정도

기업이 얼마나 많은 부채를 활용하고 있는지를 나타내며 장기적으로 재무 건전성을 평가하는 중요한 지표다. 부채비율과 이자보상배율이 대표적이다.

▶ 사례: 부채비율이 높다면 성장 자금을 차입에 의존한다고 해석할 수 있다. 자금 조달에는 유리하지만 경제 상황이 악화되면 높은 이자 부담이 문제가 될 수 있다. 또한 이자보상배율이 낮다면 영업이익이 이자를 충분히 커버하지 못해 장기적으로 재정적 압박을 받을 가능성이 커진다.

활동성(생산성)비율: 자산의 효율적 활용 정도

기업이 자산을 얼마나 효율적으로 사용하여 수익을 창출하는지 평가하는 지표다. 총자산 회전율, 재고자산 회전율, 현금전환 회전율 등이 있다.

▶ 사례: 높은 총자산 회전율은 보유한 자산을 적극적으로 활용해 매출을 창출하고 있음을 의미한다. 높은 재고자산 회전율은 재고가 빠르게 소진되고 판매가 원활히 이루어지고 있음을 나타낸다. 반면 낮은 현금전환 회전율은 현금이 자산에서 현금으로 전환되기까지 오랜 시간이 걸린다는 뜻으로, 자금 운용의 효율성을 개선할 필요가 있다.

성장성비율: 성장 속도와 가능성

기업의 성장 속도와 미래 성장 가능성을 평가하는 지표로 매출, 이익, 자산, 배당금 등의 증가율을 기반으로 분석한다.

▶ 사례: 플랫폼 비즈니스를 하는 스타트업의 매출 증가율이 최근 5년간 연평균 20%에 달한다면, 빠르게 성장하는 시장에 잘 대응하고 있다고 해석할 수 있다. 그러나 성장성비율이 높더라도 수익성비율이 낮다면, 외형 성

장에 치중하느라 실제 이익은 미미할 수 있으므로 유기적으로 분석할 필요가 있다.

　기업을 제대로 이해하려면 이 5가지 비율 또한 연결하여 분석해야 한다. 수익성비율이 높아도 유동성비율이 낮다면 단기 자금 운용에 문제가 발생할 수 있다. 또한 성장성비율과 레버리지비율이 동시에 높다면 부채 부담이 증가하여 장기적인 재무 안정성에 위험을 초래할 수 있다. 따라서 이들 비율을 종합적으로 살펴보며 기업의 재무상태와 성장 전략을 전반적으로 평가하는 것이 중요하다.

기간별 분석과 기간 내 분석

재무제표 분석에서 기간별 분석과 기간 내 분석은 중요한 접근법이다. 두 방법은 기간에 따라 다른 시각에서 기업을 바라보며, 기업의 과거 성과뿐만 아니라 현재 상황을 더 명확하게 이해하는 데 도움을 준다.
　기간별 분석과 기간 내 분석을 활용하면 기업의 성과와 재무상태를 다양한 각도에서 평가할 수 있으며, 이를 통해 재무제표를 더 깊이 분석할 수 있다. 두 분석 방법을 적절히 병행하여 사용하면 기업의 현재 위치를 파악하는 것뿐만 아니라 장기적인 성장 가능성과 재무 리스크까지 포괄적으로 이해할 수 있다.

▶ 기간별 분석 vs. 기간 내 분석

구분	기간별 분석	기간 내 분석
의미	같은 기업의 과거와 현재를 비교	같은 시점에 여러 기업과 비교
목적	시간 흐름에 따른 성장성, 변화 추이 분석	업계 내 상대적 위치와 경쟁력 파악
대상	동일 기업의 여러 기간(연도, 분기)	동종 업계 다른 기업들
적용 사례	A사의 2025년과 2026년 매출 성장률 비교	A사와 B사의 2026년 매출총이익률 비교
핵심 질문	'우리는 과거보다 얼마나 성장했는가?'	'우리는 경쟁사보다 얼마나 잘하고 있는가?'

기간별 분석의 의미와 활용 방법

기간별 분석은 여러 회계 기간에 걸쳐 시간의 흐름에 따라 특정 재무 항목들이 어떻게 변화해왔는지를 분석하는 방식이다. 기업의 재무상태와 성과의 추세를 파악하는 것이 핵심 목적이다. 기업의 장기적인 성과를 평가하는 데 매우 유용하며, 추세를 기반으로 미래의 성과를 예측할 수 있는 근거를 제공한다. 활용 방법은 다음과 같다.

- 수평 분석horizontal analysis: 기준 연도를 설정하고 이후 연도의 재무 데이터를 기준 연도와 비교하여 변화의 정도를 백분율로 계산하는 방법이다. 이를 통해 매출액, 순이익, 자산 등의 재무 항목이 얼마나 증가 또는 감소했는지 쉽게 파악할 수 있다.

  ▶ 사례: 매출액이 2025년에 100억 원이고 2026년에 120억 원이라면, 2025년 대비 2026년 매출액 성장률은 20%다.

- 추세 분석trend analysis: 여러 회계 기간의 데이터를 바탕으로 특정 항목의 장기적 추세를 분석하는 방법이다. 일정 기간의 성장률을 계산해 미래의 매출, 이익 등을 예측할 수 있다.

  ▶ 사례: 5년 동안 매출이 연평균 10%씩 증가했다면, 앞으로도 비슷한 증가율을 유지할 가능성이 있는지 분석한다.

기간별 분석을 통해 장기적인 트렌드를 파악하여 기업의 지속가능성을 평가하고, 과거 성과를 바탕으로 미래 성과를 예측할 수 있다. 다만 단기적인 변동 요인을 놓칠 수 있으며, 비정상적인 이벤트(예: 자연재해, 일회성 비용) 탓에 왜곡된 데이터가 포함될 수 있다는 점은 주의해야 한다.

YoY와 QoQ

기업의 실적 발표 자료를 보면 YoY와 QoQ가 자주 등장한다. 이 용어는 기간별 분석에서 기간의 기준이 연 단위인지, 분기 단위인지를 나타낸다.

- YoYyear-over-year: 전년 동기 대비 실적을 비교하는 방법이다. 올해 특정 시점의 실적을 작년 같은 시점의 실적과 비교하여 평가하는 방식으로, 주로 장기적인 성과 변화를 분석하는 데 사용한다. 예를 들어 2026년 3분기 매출을 2025년 3분기 매출과 비교하는 방식이다. 계절적 요인의 영향을 배제하고 매출이 증가했는지 또는 감소했는지를 판단할 수 있다.

- QoQquarter-over-quarter: 직전 분기 대비 실적을 비교하는 방법이다. 같은 해의 두 분기 실적을 비교하여 기업이 단기적으로 얼마나 성과를 내고 있는지 평가하는 데 사용한다. 단기적인 변화를 빠르게 파악할 수 있다는 장점이 있어 매출이나 이익의 계절적 변동 또는 경영 성과의 급격한 변화를 분석하

▶ **YoY와 QoQ의 의미**

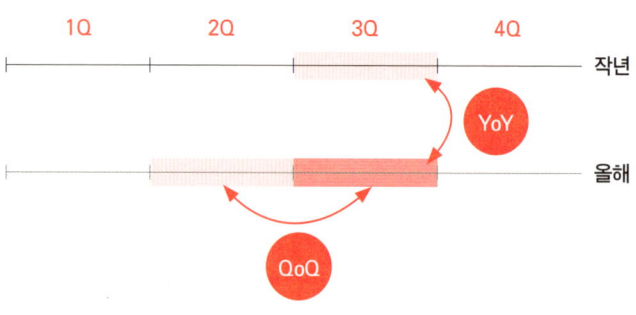

YoY는 '해마다', QoQ는 '분기마다' 체크하는 기업 건강지표다. 매출이 늘었다고 방심할 수 없다. 작년 같은 기간과 비교하고(YoY), 지난 분기와 비교해(QoQ) 판단해야 진짜 흐름이 보인다.

는 데 도움이 된다. 예를 들어 2026년 2분기의 실적을 2026년 1분기와 비교함으로써 분기별 성장의 정도를 파악할 수 있다.

기간 내 분석의 의미와 활용 방법

기간 내 분석은 횡단면 분석이라고도 한다. 단일 회계 기간을 기준으로 주로 동일한 산업 내에서 경쟁 기업 또는 산업 평균과 비교해 기업의 경쟁력과 시장에서의 상대적 위치를 평가한다. 활용 방법은 다음과 같다.

- 수직 분석 vertical analysis: 재무제표 항목들이 매출액, 자산총액 등 총계에서 차지하는 비율을 분석하는 방법이다. 예를 들어 손익계산서상의 매출액을 기준으로 각 비용 항목이 차지하는 비율을 분석하여 비용 구조의 효율성을 평가할 수 있다.

  ▶ 사례: 매출액 대비 매출원가 비율을 계산함으로써 기업이 매출에서 어느 정도를 원가로 지출하는지 파악할 수 있다.

▶ 매출 100%를 기준으로 실적 구조를 읽는 방법 (단위: 조 원)

	2023 4분기	2024 3분기	매출 비중	2024 4분기	매출 비중	2023 회계연도	매출 비중	2024 회계연도	매출 비중
매출액	67.8	79.1	100.0%	75.8	100.0%	258.7	100.0%	300.9	100.0%
매출원가	46.1	49.1	62.1%	47.3	62.4%	180.4	69.7%	186.6	62.0%
매출총이익	21.7	30.0	37.9%	28.5	37.6%	78.5	30.3%	114.3	38.0%
판관비	18.8	20.8	26.3%	22.0	29.1%	72.0	27.8%	81.6	27.1%
연구개발비	7.5	8.9	11.2%	10.3	13.5%	28.3	10.9%	35.0	11.6%
영업이익	2.8	9.2	11.6%	6.5	8.6%	6.6	2.5%	32.7	10.9%
기타영업외수익/비용	(0.3)	0.2	–	0.04	–	0.1	–	0.3	–
지분법손익	0.2	0.2	–	0.2	–	0.9	–	0.8	–
금융손익	0.8	0.8	–	1.2	–	3.5	–	3.7	–
법인세차감전이익	3.5	10.3	13.0%	7.9	10.4%	11.0	4.3%	37.5	12.5%
법인세비용	(2.8)	0.2	–	0.2	–	(4.5)	–	3.1	–
순이익	6.3	10.1	12.8%	7.8	10.2%	15.5	6.0%	34.5	11.5%
지배기업 소유주 지분 순이익	6.0	9.8	12.4%	7.6	10.0%	14.5	5.6%	33.6	11.2%
주당순이익(원)	887	1,440	–	1,116	–	2,131	–	4,950	–

삼성전자 실적의 '기간 내 분석'을 하면 매출총이익, 판관비, 연구개발비, 영업이익 등이 매출 대비 각각 어느 정도를 차지하는지 알 수 있다. 매출 규모만 보는 것이 아니라 실적이 어떻게 구성되고 어느 부분에서 효율성이 강화됐는지를 비율로 읽어야 기업의 체질 변화를 제대로 이해할 수 있다. (출처: 삼성전자 IR 자료)

- 비율 분석 ratio analysis: 기업의 재무제표상 비율들을 계산하여 경쟁사나 산업 평균과 비교하는 방법이다. 수익성, 유동성, 레버리지 등 다양한 관점에서 기업을 평가하는 데 유용하다.

    ▶ 사례: 유동비율을 계산하여 기업이 단기적인 부채를 갚을 수 있는 능력이 경쟁사에 비해 얼마나 우수한지 평가할 수 있다.

기간 내 분석은 특정 시점에 경쟁사와의 비교를 통해 기업의 상대적 경쟁력을 파악할 수 있다는 장점이 있지만, 단일 기간에만 초점을 맞추기 때문에 장기적인 성과나 추세를 파악하기 어렵다는 단점도 있다. 또한 산업 전반적으로 상황이 악화됐을 때는 상대적 성과가 우수해 보일지라도 절대적 성과는 좋지 않을 수도 있다.

숫자로 나타나지 않는 가치들도 중요하다

재무제표의 숫자들은 기업의 재무 건전성, 성장 전망, 운영 효율성에 대해 중요한 시사점을 제공한다. 이 숫자들을 통해 기업의 전략적 위치와 산업 내 경쟁력을 분석할 수 있다. 또한 주주의 이익과 기업의 장기적 가치를 평가하는 데도 필수적이다.

재무제표 분석은 숫자에만 국한되지 않는다. 재무제표에 보고되지 않는 중요한 자산들, 예를 들어 브랜드 가치, 기업 문화, 고객 충성도 등도 기업 가치에 큰 영향을 미친다. 이런 비재무적 요소들을 인식하고 이해하는 것 또한 재무제표 분석에서 중요한 부분이다.

▶ 재무제표를 넘어 기업의 지속가능성까지 읽는 시대

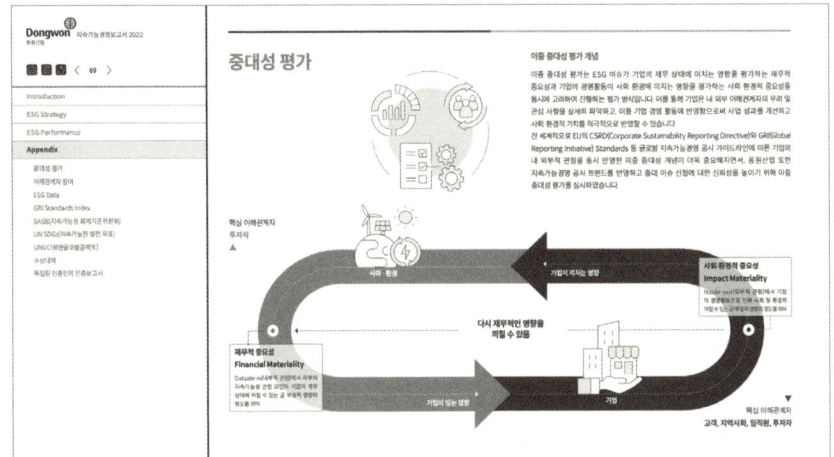

전통적인 재무적 관점 financial materiality 뿐만 아니라 사회·환경적 영향 impact materiality까지 통합적으로 분석하는 '이중 중대성 평가' double materiality가 중요해지고 있다. 이제 재무제표를 읽는다는 것은 숫자 해석을 넘어 기업이 외부에 미치는 영향, 그로 인한 장기적 리스크와 기회를 함께 읽는 것을 의미한다. (출처: 동원그룹 2022 지속가능경영보고서)

 이 장의 핵심 포인트

- 재무비율을 통해 수익성(수익 창출 능력), 유동성(부채 상환 능력), 안정성(부채 사용 정도), 활동성(자산 활용 정도), 성장성(성장 속도와 가능성)을 평가한다.
- 기간별 분석은 한 기업의 과거 실적을 통해 장기적 추세를 평가하는 방법이고, 기간 내 분석은 특정 시점을 기준으로 경쟁사와 비교하여 기업의 현재 재무상태와 성과를 평가하는 방법이다.
- 브랜드 가치, 기업 문화, 고객 충성도 등 수치로 드러나지 않는 비재무적 자산도 기업가치에서 큰 비중을 차지하는 만큼 숫자를 넘어서는 재무제표 분석이 필요하다.

제 2 부

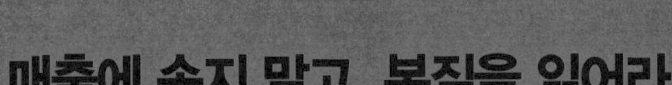

매출에 속지 말고, 본질을 읽어라

겉으로 보이는 성장의 함정을 넘어

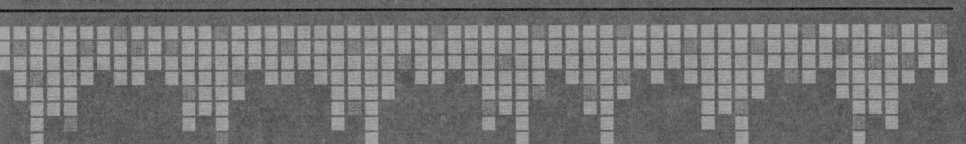

제9장

매출액, 정말 믿어도 되는 숫자일까?

가장 많이 쓰이는 재무 지표, 매출액

나는 회계나 재무에 관심이 있는 사람들을 만나면 종종 이런 질문을 던진다.

"재무제표를 볼 때 어떤 표를 제일 먼저 보세요?"

대답은 대체로 비슷하다.

"손익계산서요."

예상했던 답변이다. 그리고 그 이유도 잘 알고 있다. 손익계산서는 직관적이다. 수익, 비용, 이익이라는 단어들 자체가 익숙하고 쉽게 이해되기 때문이다. 그래서인지 신문 기사나 기업 실적 발표 자료에서도 손익계산서에 나오는 정보를 중심으로 다루곤 한다. 접근하기 쉽고, 한눈에 들어오는 매력적인 표인 셈이다.

하지만 손익계산서만 본다면 재무제표의 일부만 들여다보는 것이다. 재무제표는 하나의 표가 아니라 기업의 재무적 상태와 활동을 다각도로 보여주는 다양한 표의 집합이다. 예를 들어 자산, 부채, 자본 내역을 보여주는 재무상태표가 있다. 이는 회사의 재무적 기반을 이해하는 데 필수적이다. 그 밖에 주주들이 관심을 가지는 배당이나 자본의 변화를 기록한 자본변동표, 기업의 경영활동에 따라 현금이 어디서 들어오고 어디로 나갔는지를 알려주는 현금흐름표 그리고 이 모든 표에 다 담지 못한 정보를 설명해주는 주석도 재무제표를 구성하는 중요한 부분이다. 재무제표를 분석한다는 것은 이 모든 정보를 균형 있게 살펴보고 그 의미를 파악해 의사결정에 활용하는 과정 그 자체다. 단지 하나의 표에 머물러서는 안 된다.

다시 처음 질문으로 돌아가 보자. 손익계산서를 가장 먼저 본다는 답을 들으면 나는 이렇게 질문을 이어간다.

"손익계산서에서 어떤 정보를 가장 먼저 보시나요?"

이때도 대답은 대부분 비슷하다.

"매출액이요."

어쩌면 당연한 것인지도 모르겠다. 매출액은 기업의 기본적인 성과를 보여주는 중요한 지표 중 하나이기 때문이다.

이상의 문답을 바탕으로 이렇게 말할 수 있다. 재무제표 중 손익계산서를 가장 먼저 보고 손익계산서에서 매출액을 가장 먼저 확인한다면, 재무 정보에서 가장 자주 활용하는 것은 '매출액'일 것이다. 따라서 손익계산서를 먼저 본다면 매출액부터 출발해 차근차근 살펴보는 것이 순서다. 기업의 시작과 끝을 연결하는 핵심 정보인 만큼 매출액에서 출발해 다른 정보로 시선을 넓혀가는 것, 그것이 재무제표를 분석하는 정석이다.

그래서 보통의 재무제표 분석 책이라면 재무제표의 순서(재무상태표부터 나옴)와 계정과목 순서(자산, 부채, 자본)에 따라 자산부터 시작하겠지만, 이 책에서는 가장 많이 활용되는 매출액을 먼저 이야기하려고 한다. 매출액을 잘 공부해야 하는 이유는 가장 기본적인 재무 정보라는 점도 있지만 그만큼 오해의 여지가 많은 정보이기 때문이기도 하다.

매출과 수익, 이익은 어떻게 다른가

매출액과 수익

우선 매출액과 수익에 대해 알아보자. 수익은 매출액보다 넓은 의미의 개념이며, 수익 중에서 사업의 목적에 맞게 벌어들인 것을 **매출액**이라고 부른다. 예를 들어 현대자동차에서 차량을 판매해 벌어들인 수익은 매출액이지만, 이자를 받아 발생한 수익이나 환율의 변동에 따라 발생한 환차익은 영업과는 상관없는 '영업외수익'으로 별도 분류한다. 이를 포괄하여 '수익'이라고 부른다. 수익은 하고자 하는 사업(영업)의 목적에 따라서 크게 분류된다. 매출액을 영업 관련 수익, 다른 말로 '영업수익'으로 부르는 이유이기도 하다. 이런 기본적인 분류가 왜 중요하냐고 물을지도 모르지만, 손익계산서의 구성요소를 이해하는 데 이 분류 방식은 핵심적이다. 혼동을 피하기 위해서라도 정확히 알고 있어야 한다.

여기서 잠시 매출액에 대해 조금 더 자세히 설명하자면, 영업수익인 매출액은 영어로 'revenue', 'sales', 'turnover' 등 다양한 용어로 불린다. 이 중

> **매출액**
> 기업이 일정 기간 상품이나 제품을 판매하거나 용역 등을 제공하여 얻은 수익을 의미한다. 기업의 외부 이해관계자(투자자, 채권자 등)에게 경영 성과를 보여주는 핵심 지표다.

'revenue'는 기업이 모든 활동을 통해 벌어들이는 경제적 이익을 의미하는 포괄적인 개념이다. 즉, 상품이나 서비스의 판매뿐 아니라 이자수익이나 임대수익 등 여러 영업·비영업 활동에서 발생하는 수익까지 모두 포함할 수 있다.

그에 비해 'sales'는 주로 상품과 서비스의 판매를 통해 발생한 매출액에 좀 더 초점을 맞춘 용어다. 매장이나 온라인 등에서 실제로 상품을 판매하거나 고객에게 서비스를 제공해서 받은 금액이 바로 'sales'에 해당한다. 'sales'는 다시 반품이나 할인, 리베이트 등을 차감하기 전 금액인 'gross sales(총매출)'와 이를 반영한 실제 순매출액인 'net sales(순매출)'로 구분해서 사용한다.

여기에 더해 영국과 유럽에서는 'turnover'라는 용어가 많이 쓰인다. 영국식 영어로 '매출액'을 뜻하는데, 미국식 'sales' 또는 'revenue'와 사실상 같은

▶ 삼성전자의 사업보고서상 손익계산서

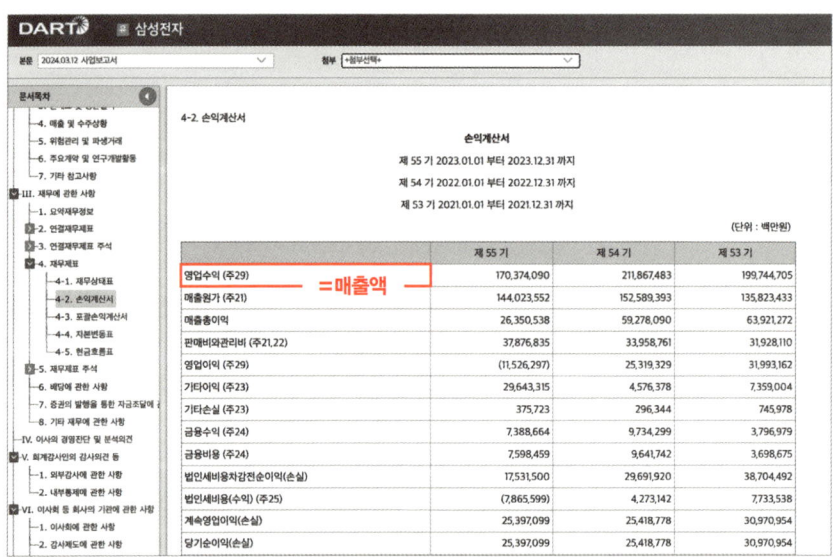

'매출액'을 '영업수익'으로 기록함을 알 수 있다.

98

의미다. 영국 기업의 재무제표에서 'turnover'가 손익계산서 상단에 표기되어 있다면 매출액으로 이해할 수 있다.

손익계산서에서 가장 상단에 'revenue', 'sales', 'turnover' 중 어떤 용어가 쓰이더라도 통상적으로 모두 매출액을 의미하며 실질적으로 동일하게 해석한다. 다만 미국이나 한국에서는 'turnover'가 재고자산 회전율inventory turnover, 직원 이직률employee turnover 등 다른 뜻으로도 쓰이므로 문맥에 따라 이해해야 한다.

매출(수익)과 이익

사실 수익에 대한 앞서의 분류보다 더 근본적인 오해가 혼동을 불러일으키기도 한다. 매출액에 대한 흔한 오해 중 하나는 매출(수익)과 이익을 혼동하거나 용어를 혼용하는 것이다. 매출액은 기업이 상품이나 서비스의 판매로 얻은 총수입을 의미하며, 이익은 이 매출액에서 모든 운영비용과 이자, 세금 등을 제외한 금액을 말한다.

몇 년 전에 한 엔터테인먼트 회사에서 소속사와 아티스트 사이에 분쟁이 있었는데 '수익 배분'이냐 '이익 배분'이냐의 문제였다. 활동 초기에는 그동안 투자한 금액을 충당해야 하니 정산이 이뤄지지 않다가 고생 끝에 국내와 해외 활동까지 활발해지면서 투자금을 회수하고 처음 정산을 받게 됐다. 그런데 문제가 생겼다. 아티스트들이 생각했던 금액보다 훨씬 적은 액수가 입금된 것이다. 하지만 소속사 입장에서는 계약서에 따라 배분했다고 주장했다.

원인을 따져보니 아티스트들 입장에서의 배분은 수익 배분으로, 수익은 매출을 의미하니 매출총액에서 배분 비율(당시 8:2)에 따라 배분된다고 생각했다. 하지만 소속사에서는 계약서상 배분은 '이익'이 기준이라며 음반 제작비 등 모든 활동비와 소속사가 부담할 세금까지도 제하고 배분했다. 심지어 소속사 입장에서는 이익이라는 단어 중 법인세까지 공제되어 그들에게 가장 유리한 '당기순이익'을 기준으로 내세웠다.

언론에 아티스트들의 가족까지 나서서 부당함을 주장하는 인터뷰가 보도되면서 사회적인 이슈가 됐고, 아티스트들은 소속사와 협의 끝에 계약에 따라 활동을 재개했지만 얼마 지나지 않아 팀이 해체되고 말았다.

수익과 이익의 해석 차이가 분쟁을 가져온 사례로, 기업과 이해관계자 간의 투명한 소통이 얼마나 중요한지 보여주는 사례이기도 하다. 재무적 해석이 엇갈리고 의사소통이 제대로 이루어지지 않으면 비즈니스 파트너십이 위협받을 수 있다. 다시 정리하면, 수익은 총액gross이고 이익은 순액net이라는 점을 기억해야 한다.

매출 증가가 항상 좋은 것은 아니다

또 다른 오해는 '우상향하는 높은 매출이 항상 좋다'라는 것이다. 높은 매출이 기업의 성공을 나타내는 지표가 될 수는 있지만, 매출이 높아짐에 따라 상대적으로 큰 운영비용이 발생해 실제로는 이익이 줄어들거나 손실을 볼 수도 있다. 따라서 매출액뿐 아니라 이익 정보를 함께 고려해야 한다. 당연한 이야기 아니냐고 하는 사람도 있겠지만, 우상향하는 매출 정보에 현혹되는 이들이 의외로 많다. 매출액을 놓고 판단할 때는 이익 정보를 함께 보는 습관을 가져야 한다.

역사적으로 볼 때 시장이 확대될 때마다 벤처 투자 붐이 반복되곤 했다. 이런 시기에는 스타트업이 우후죽순처럼 등장하는데, 이들의 매출액 증가에만 포커스가 맞춰져 성장성이 과대평가되는 일도 흔하다. 스타트업으로서는 투자 유치가 원활하니 당연히 좋을 것이다. 하지만 경기 순환에 따라

인플레이션이 발생하고 고금리 시기가 닥치면 투자 시장 또한 급격하게 냉각된다. 비용 관리보다는 매출 상승과 시장 확대 전략을 펼치던 스타트업들은 후속 투자가 불발돼 큰 어려움을 겪을 수밖에 없다. 높은 매출이 오히려 발목을 잡을 수 있다는 얘기다.

매출액 심층 분석: 당근마켓과 농심 사례

당근마켓

널리 알려져 있고 우리가 일상적으로 이용하는 서비스를 제공하는 기업 또한 예외가 아니다. 매출액이 증가하면서 또는 매출액을 증가시키기 위해 더 많은 비용이 들어가는 성장 위주의 비즈니스 모델이라면, 성숙 단계에 진입하지 못해 수익성을 확보하기 어려운 상황에 빠지기도 한다.

지역 기반으로 중고 거래를 할 수 있도록 연결해주는 플랫폼인 당근마켓의 예를 들어보겠다. 당근마켓은 플랫폼 기업 특성상 초기에 많은 사용자를 확보하기 위해 대규모 지출이 필요했고, 벤처캐피털을 비롯한 많은 금융기관과 투자자들에게 투자를 받아 사업을 성장시켰다. 이에 부응하듯 2023년 1,277억 원의 매출액을 기록했다. 2022년에 495억 원이었으니 매출액 기준 2배 이상 성장한 것이다.

이런 성과의 대부분은 광고 매출에서 비롯됐다. 즉 1,277억 원의 매출액 중 99%인 1,267억 원이 지역 기반 광고 서비스에서 발생했다. 매출 수익원의 다각화가 이뤄지지 못했음을 알 수 있다.

당근마켓을 통해 수많은 거래가 이뤄지지만, 현재의 비즈니스 모델과 고객 경험상 거래에 따른 수수료를 이용자에게 직접 받기는 어려워 보인다.

▶ 당근마켓의 연결감사보고서상 영업수익

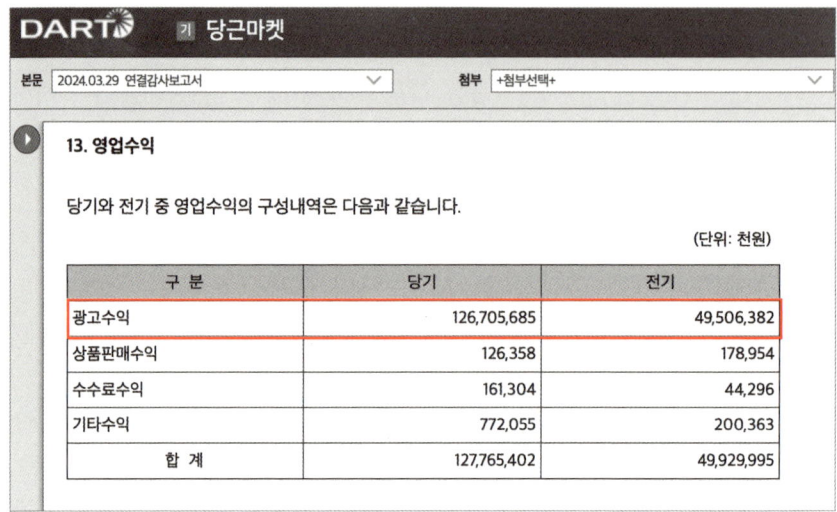

당근마켓은 2025년 8월 기준 상장은 되지 않았지만 DART에서 사업보고서(2024.12)와 분기보고서(2025.3)를 확인할 수 있다. 연결재무제표 '주석'을 보면 매출의 대부분이 광고수익임이 확인된다.

그 대신 중개 시 발생할 수 있는 송금 사고 등을 예방하는 차원에서 '당근페이'라는 결제 시스템을 사용하게 하고, 이에 따른 수수료를 받는 방법이 있다. 하지만 대부분 거래가 계좌이체나 현장에서 현금을 주고받는 방식으로 이뤄지기 때문에 아직은 활성화되지 않았다. 실제로 자회사인 당근페이를 보면 2023년 기준 매출액(영업수익)이 약 23억 원이지만 당기순손실이 약 78억 원이어서 현재까지는 투자 단계의 손실을 감내하고 있음을 알 수 있다.

다음으로 영업비용을 보자. 2023년 당근마켓의 영업비용은 1,288억 원으로 영업수익(매출액)보다 크다. 즉 아직은 영업손실을 기록하고 있다. 영업비용 중 종업원급여와 복리후생비가 큰 비중을 차지하며, 전기와 비교할 때 증가했음을 알 수 있다. 엔지니어를 비롯해 우수한 인력을 확보하는 데 투자비용을 늘렸기 때문인 것으로 파악된다. 서비스 인프라 투자와 관련된 지급수수료도 크게 증가했다.

▶ 당근마켓의 연결감사보고서상 종속회사의 요약 재무정보

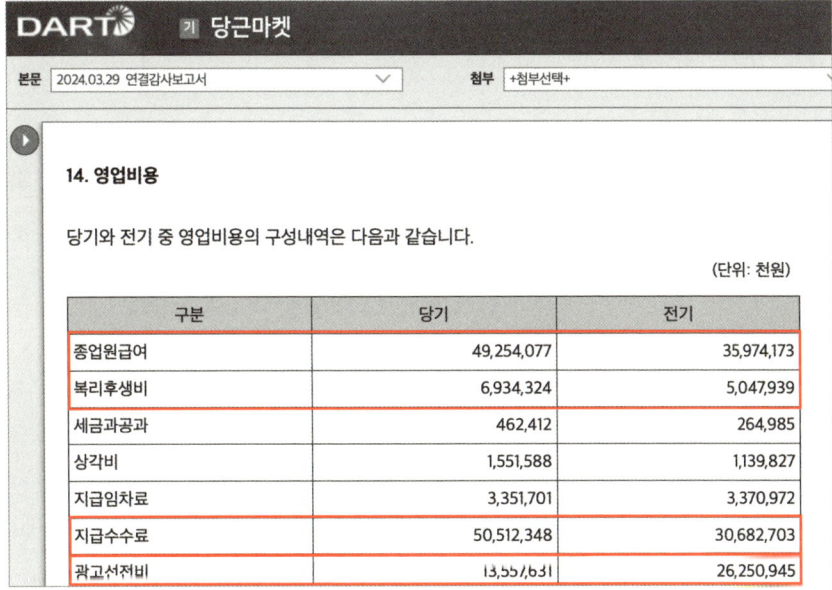

당근페이는 아직까지 투자 단계여서 손실을 감내하고 있음을 알 수 있다.

▶ 당근마켓의 연결감사보고서상 영업비용

구분	당기	전기
종업원급여	49,254,077	35,974,173
복리후생비	6,934,324	5,047,939
세금과공과	462,412	264,985
상각비	1,551,588	1,139,827
지급임차료	3,351,701	3,370,972
지급수수료	50,512,348	30,682,703
광고선전비	13,557,631	26,250,945

당근마켓의 영업비용은 종업원급여와 운영을 위한 지급수수료가 큰 비중을 차지한다.

플랫폼 비즈니스에서 마케팅 비용은 매우 중요하다. 당근마켓의 광고선전비는 지속적으로 확대되다가 2022년 262억 원을 정점으로 2023년에는

반으로 줄어 135억 원을 기록했다. 이미 브랜드가 확고히 자리를 잡았기에 광고에 의존해서 인지도를 높이지 않아도 된다는 점이 작용한 것으로 보인다. 시장에 두드러진 경쟁사가 없을 때 볼 수 있는 현상이다.

이런 재무 수치를 통해 우리는 당근마켓이 어떤 영역에 투자하고, 어떻게 성장하고 있는지를 이해할 수 있다. 매출 증가는 주로 광고 수익에서 비롯됐고, 영업비용의 증가는 인력과 서비스 인프라에 대한 투자가 주된 원인이었다.

매출액이 증가한다고 해서 곧바로 이익이 증가하는 것은 아님을 알아야 한다. 매출을 증가시키기 위해 비용을 늘려야 할 수도 있으며, 이는 단기적으로는 수익에 부정적인 영향을 미칠 수 있다. 그럼에도 초기에 많은 사용자를 확보해야 하는 플랫폼 기업은 어쩔 수 없는 것 아니냐고 생각할 수 있지만, 투자 시장에 한파가 닥치면 그동안 구축해온 기반이 흔들릴 수도 있다는 점을 염두에 두어야 한다.

당근마켓은 2022년까지 매출액이 상승하면서 영업손실이 더욱 커졌지만, 2023년에는 광고 수익에 더욱 집중하여 매출액 규모를 키우면서 영업손실을 대폭 줄이는 데 성공했다.

그즈음 당근마켓은 **흑자 전환**했다는 보도자료를 냈다. 173억 원의 영업이익이 발생했다는 내용이다.

하지만 이는 '당근마켓'이라는 한 회사의 실적만 이야기한 것이다. 주 사업을 하는 모회사의 실적이므로 긍정적인 것은 사실이지만, 자회사(종속회사)는 아직 대규모 영업손실을 기록하고 있으므로 연결 기준 실적으로는 적자다. 그 점을 정확히 구분해 얘기했어야 하지만, 대규모 투자를 받고 성장하는

> **흑자 전환**
> 손실에서 이익으로 바뀌었다는 뜻. 예전에 회계 장부에서 손실이 나면 붉은 글씨로 기록한 데서 '적자'赤字라는 표현이 생겨났고 '흑자'黑字(검은 글씨, 이익)라는 표현도 여기서 비롯됐다. 이익에서 손실로 바뀔 때는 '적자 전환'이라고 한다.

당근마켓으로서는 흑자 전환이 매우 큰 의미를 가지므로 이렇게 보도자료를 내보냈을 것이다. 재무제표를 직접 찾아볼 수 있는 정보 이용자라면 이 정도는 판단할 수 있었을 것이다. 기업들이 이렇게 정보를 전략적으로 제공하는 사례는 드물지 않다.

▶ 당근마켓의 연결감사보고서상 연결손익계산서

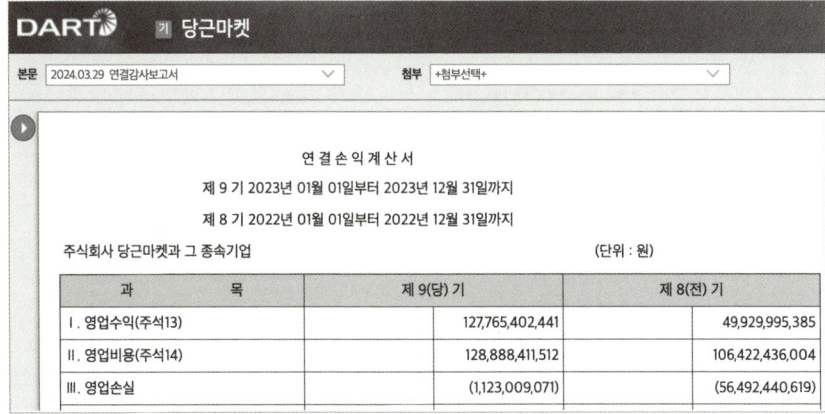

2022년 대비 2023년에는 광고 수익에 더욱 집중해 매출액 규모를 키우면서 영업손실을 대폭 줄였다.

▶ 당근마켓이 발표한 2023년 실적(당근마켓 별도 기준)

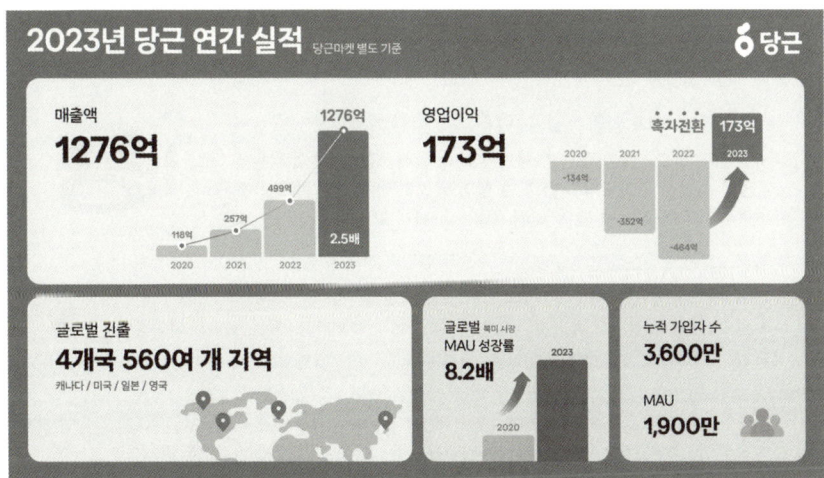

농심

농심은 당근마켓과 달리 영업손실을 대대적으로 알렸다. 농심 같은 상장사는 연결 기준 손익으로 공시를 하는 것이 보통이고, 보도자료 또한 연결 기준으로 배포한다.

2022년 상반기 우크라이나-러시아 전쟁 등의 여파로 원재료 가격이 크게 올라 매출액은 증가했지만 이익이 크게 하락했다. 연결 기준으로는 여전히 흑자였지만, 그 영향 탓에 별도 기준으로는 영업손실까지 발생했다. 이때 농심은 IMF 기간인 1998년 실적까지 소환하면서 '24년 만에 적자'라고 강조했다.

그리고 바로 다음 주에 라면 가격 인상을 단행했다. 원재료 가격이 상승했을 때 이를 제품 가격에 전가하는 것은 흔히 있는 일이지만, 라면은 소비자 물가 지수의 바로미터로 여겨지기 때문에 가격 전가가 쉽지 않다. 그래서 실적이 좋지 않다고 미리 대대적으로 알려 제품 가격 인상의 타당성을 확보하고자 한 것으로 보인다.

▶ 농심 영업손실 공개의 속내는?

> 딜라이트닷넷 · 2022.08.16.
>
> **농심**, 2분기 국내 **영업손실** 30억원...**24년** 만에 적자
> 특히 2분기 별도기준(해외법인 제외한 국내 실적) **영업손실** 30억원을 기록, 전체 수익성 악화로 이어졌다. **농심**이 **영업**이익 적자를 기록한 것은 1998년 2분기 이후 **24년** 만이다. 분기별로 나눠서 보면, 1분기 매출액은 ...
>
> **농심**, 2분기 **영업손실** 30억...**24년** 만에 분기 **영업**익 적자 이데일리 · 2022.08.16. · 네이버뉴스
> **농심**, **24년** 만에 적자...2분기 **영업손실** 30억원 글로벌경제 · 2022.08.16.
> **농심**, **24년** 만에 적자 기록...2분기 **영업**이익 75.4%↓ 시사저널 · 2022.08.16. · 네이버뉴스
> **농심**, 2분기 국내 시장 **영업**손 30억원...**24년** 만에 ... 조선비즈 PiCK · 2022.08.16. · 네이버뉴스

농심은 24년 만의 영업손실을 과감히 공개하며 자사가 구조적 비용 부담을 안고 있다는 사실을 시장에 인식시켰다. 이는 장기적 수익성 회복을 위한 가격 조정(가격 인상) 필요성을 사전에 정당화하려는 신호로 읽힌다.

▶ 농심, 영업손실 공개 직후 가격 인상

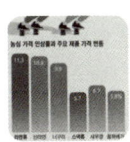

조선일보 · B2면 1단 · 2022.08.24. · 네이버뉴스

신라면 **가격**도 오른다.. **농심** 1년 만에 라면 **가격 인상**
농심의 대표 제품 신라면은 10.9%, 너구리는 9.9% **인상**된다. **농심**은 작년 **8월** 주요 라면 **가격**을 평균 6.8% **인상**했으며, 작년과 올해 **인상**분을 합치면 **농심**의 라면 제품 평균 **인상률**은 18.86%에 이른다. **농심**이 1년여 만...

'24년만에 분기 적자' **농심**, 1년만에 라면 **가격** 또 11% **인상** 뉴스퀘스트 · 2022.08.24.
농심, 추석 이후 라면·과자 **가격 인상**...연쇄 **인상** 우려 SBS · 2022.08.24. · 네이버뉴스
신라면 너마저...**농심**, 라면과 스낵류 **가격 인상**한다 우먼타임스 · 2022.08.24.
농심, 신라면 **가격 인상** 소식에 '강세' 오피니언뉴스 · 2022.08.24.

실제로 농심은 영업손실 공개 직후 자사 제품의 가격을 인상한다고 밝혔다.

계산대 금액이 매출은 아니다

사실 매출액 자체를 제대로 볼 줄 모르는 이들도 적지 않다. 사업을 처음 시작하는 자영업자들이 흔히 하는 실수 또한 매출액에 대한 오해에서 출발한다. 자영업자가 프랜차이즈 점포를 인수하려고 할 때 중개 업체는 흔히 "이 점포의 한 달 POS(포스) 매출액은 이 정도입니다."라는 말을 먼저 꺼낸다. 그 숫자를 보고 '이 정도면 해볼 만하다'라고 판단하는 것도 당연한 일이다. 하지만 몇 달 후 부가가치세를 납부하기 위해 작성된 손익계산서를 받아 들고는 POS 매출액과 실제 매출액이 다르다는 것을 발견하며 혼란에 빠지곤 한다. POS에 찍힌 금액은 결제된 액수일 뿐 매출액 자체가 아니라는 점을 몰랐기 때문이다.

사람들이 POS 단말기에 찍힌 금액을 매출로 착각하는 데는 이유가 있다.

> **POS**
> Point of Sale의 약자로, 매장에서 상품이나 서비스의 판매가 이루어지는 시점에 결제, 영수증 발행, 매출 기록, 재고 관리 등을 처리하는 단말기와 소프트웨어를 포함한 시스템을 말한다. 주로 편의점, 마트, 음식점 등에서 사용되며, 판매 자료를 실시간으로 수집·관리해 재무 및 경영 분석에 활용한다.

▶ POS 매출액과 실제 매출액은 다르다

눈앞에 보이는 숫자는 언제나 명확하고 간단하다. 하지만 손님이 음식점이나 카페에서 결제한 금액은 그 자체로 매출액이 아니다. 그 금액에는 10%의 부가가치세(매출세액)가 포함되어 있으며 약 3%의 카드수수료가 들어가 있다. 만약 배달 주문이 많은 점포라면 배달수수료 역시 매출액에서 차감해야 한다.

매출액은 사업의 중요한 척도다. 하지만 중요한 것과 단순한 것을 혼동해서는 안 된다. 많은 사람이 '일단 매출만 올리면 문제는 해결된다'라고 생각하지만 매출액만으로 사업의 성공을 보장할 수는 없다. 매출액은 이익, 비용 등 다른 재무 지표와 균형을 이루며 해석해야만 진정한 의미를 파악할 수 있다. 앞서 봤듯이, 매출액 상승이 곧바로 이익 증가로 이어지는 것은 아니기 때문이다.

결론적으로 매출액은 사업의 시작점이자 하나의 단서일 뿐이다. 이를 통해 이익, 비용 그리고 기업의 구조적 흐름을 읽어내는 것이 중요하다. 매출액을 좇는 데만 몰두하지 말고 그 너머에 있는 진짜 이야기를 들여다봐야 한다. 숫자 하나가 모든 것을 말해주지는 않으며, 그 숫자를 제대로 읽는 사람만이 숫자 너머의 숲을 볼 수 있다. 그것이 바로 매출액을 비롯해 재무 정보를 대하는 현명한 자세다.

이 장의 핵심 포인트

- 재무제표를 분석할 때 많은 이가 가장 먼저 손익계산서를 본다. 직관적이고 이해하기 쉽기 때문이다.
- 재무제표에는 손익계산서 외에도 재무상태표, 자본변동표, 현금흐름표 등 다양한 정보가 있다. 균형 잡힌 분석을 하기 위해서는 이 모든 정보를 종합적으로 봐야 한다.
- 매출액이 재무 정보 분석에서 자주 활용되는 주요 지표이긴 하지만, 매출액만을 고려하면 재무상태를 전체적으로 이해할 수 없다. 특히 매출액과 이익을 혼동해서는 안 되며, 매출 증가가 반드시 긍정적인 결과를 의미하지는 않는다는 점을 기억하자.

제10장

거래액 vs. 매출액, 헷갈리지 말자

플랫폼 비즈니스에서 거래액이란

카카오페이의 TPV

판교에 있는 카카오페이의 워크숍에 참여한 적이 있다. 카카오페이 경영진과 기업 공시 정보를 같이 보며 이야기를 나누던 중 흥미로운 사실을 발견했다. 그들에게 매출액은 단순히 최종 결과물이 아니었다. 그들은 그 배경에 깔린 TPV라는 지표를 특히 중요하게 생각하고 있었다. 카카오페이를 통해 결제된 총금액이 매출의 핵심 기반이라는 점에서다.

TPV는 'total payment volume'의 약자로, 결제총액을 의미한다. 카카오페이 플랫폼을 통해 처리된 모든 결제 금액을 합산한 수치를 말하며, 이는 일반적으로 해당 플랫폼의 성장성과 수익성을 가늠하는 중요한 지표 중 하나다. 카카오페이는 이 지표를 내부적 관리 지표로만 활용하는 것이 아니라 회사의 실적 자료 중 손익 정보와 함께 IR 자료로 제공함으로써 외부의 이해관계자들과도 공유하고 있다.

▶ 카카오페이 사옥 입구

카카오페이 브랜드를 상징하는 대표 캐릭터 라이언이 방문객을 맞이한다.

카카오페이를 사용하는 대부분의 이용자는 결제 금액 전체가 카카오페이의 매출로 집계되지 않는다는 사실을 쉽게 알 수 있다. 카카오페이는 결제 수단을 제공하는 플랫폼으로, 결제 금액 중 일정 비율의 수수료만 매출로 인식한다.

IR 자료를 살펴보면 2023년 카카오페이의 매출액$_{revenue}$은 6,154억 원으로 집계됐다. 그런데 같은 기간 연간 거래액, 즉 TPV는 무려 140조 9,000억 원에 달한다. 여기서 카카오페이는 TPV 외에 또 하나의 중요한 지표를

▶ 카카오페이 TPV 지표 공개

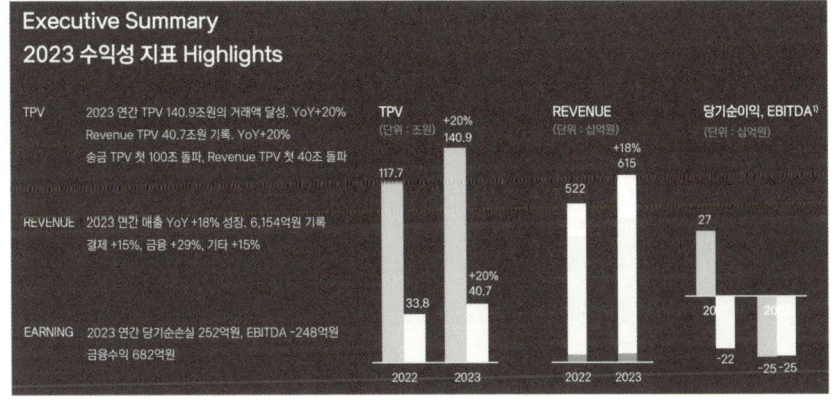

제2부 매출에 속지 말고, 본질을 읽어라 111

제시하는데, 바로 매출기여거래액revenue TPV이다. 2023년 기준 revenue TPV는 40조 7,000억 원으로 집계됐는데, 카카오페이를 통해 처리된 거래액 중에서 실제 회사의 수익 창출에 기여한 금액을 의미한다. TPV는 전체 결제 거래액을 의미하며 revenue TPV는 이 중에서 수수료를 부과할 수 있는 거래액, 다시 말해 실제 매출로 연결되는 거래액을 지칭한다. 그러므로 revenue TPV는 카카오페이의 경제적 성과를 이해하는 데 핵심적인 요소다.

카카오페이의 실적을 정확히 파악하려면 결제수수료가 어떻게 매출로 기록되는지 이해해야 한다. 또한 거래액과 매출액을 혼동해 기업의 매출을 과대평가하지 않도록 주의해야 한다. 정보 제공자가 의도적으로 거래액을 매출액처럼 과장해서 표현하는 경우도 있으므로 이를 확실히 구분해야 한다.

네이버의 GMV

TPV가 거래액 중 결제액payment에 중점을 둔 지표라면, 이와 비슷하지만 거래량volume에 초점을 맞춘 지표도 있다. 바로 GMVgross merchandise volume다. TPV와 마찬가지로 '거래액'으로 불리기도 하지만 주로 상품 거래에서 사용되는 지표다.

예를 들어 네이버의 실적 발표 자료를 보면 커머스(상품 거래) 분야의 분기별 매출액을 표기할 때 그 위에 GMV(거래액)를 함께 명시하는 것을 확인할 수 있다.

플랫폼 회사에서 언급하는 GMV나 TPV와 같은 거래액은 재무제표 분석에서 중요한 비재무적 지표로 간주된다. 회사가 운영하는 플랫폼의 거래 활동 규모와 시장에서의 활성도를 반영하기 때문이다.

거래액은 회계기준에 따라 정의된 재무 지표는 아니다. 따라서 회사의 재무 분석을 할 때는 거래액뿐 아니라 수익, 비용, 순이익 등 재무제표상의 핵

▶ 네이버의 실적 발표 자료 중 분기별 매출

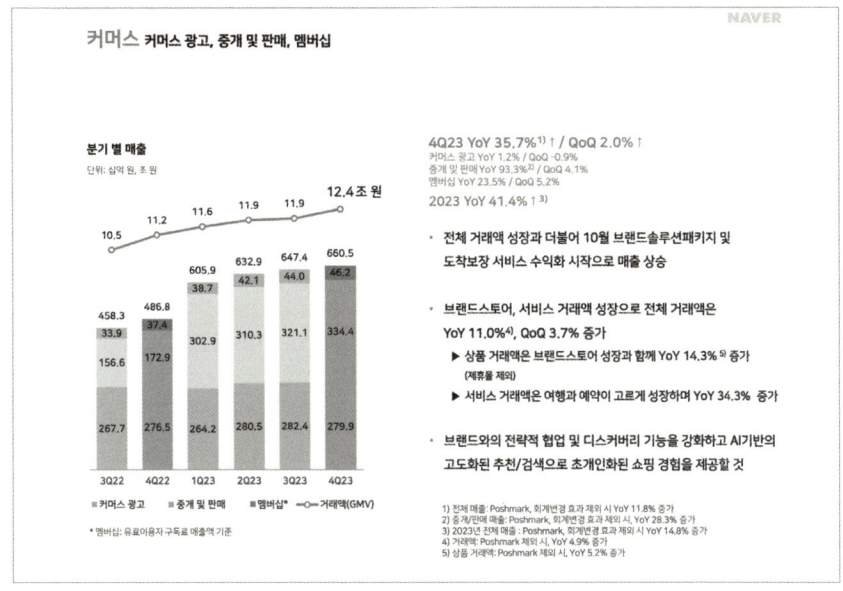

심 지표들도 함께 고려해야 한다. 거래액이 플랫폼의 활동 규모를 보여주는 지표라면, 재무제표는 회사의 실제 수익성과 재무 건전성을 평가하는 데 필요한 데이터를 통일성 있는 기준에 맞춰 제공한다. 이 둘을 균형 있게 분석하는 것이 중요하다.

우아한형제들 사례로 보는 거래액과 매출의 차이

이를 더 잘 이해하기 위해 배달 플랫폼 배달의민족을 운영하는 우아한형제들의 사례를 살펴보자. 이 회사의 매출이 몇천억 원 수준일 것으로 예상하는 사람이 많을 것이다. 그러나 실제로는 자회사까지 합해서 2023년 기준 3조 4,000억 원이 넘는 매출을 기록했으며, 2024년에는 무려 4조 3,000억 원을 달성했다. 배달 시장의 성장과 함께 지속적으로 인상적인 상승세를 보여주고 있다.

우아한형제들의 매출 증가는 배달 건수의 증가를 넘어 플랫폼 수익 모델의 다각화와 운영 효율성 개선을 보여주는 지표이다. 이는 거래액이 플랫폼의 활동 규모를 나타내는 지표일 뿐 아니라 재무적 성과와도 연결되어 있음을 보여준다.

우아한형제들은 배민 앱에서 이루어진 결제를 매출로 어떻게 인식할까? 오늘 주문한 치킨 2만 원이 과연 우아한형제들의 매출액으로 잡힐까? 앞서 설명한 대로 거래액과 수수료 기준의 차이가 있다. 매출액이 3조 4,000억 원을 넘는다는 사실만으로 결제액 전체를 매출로 인식한다고 생각하기 쉽지

▶ 우아한형제들 실적 추이 (단위: 원)

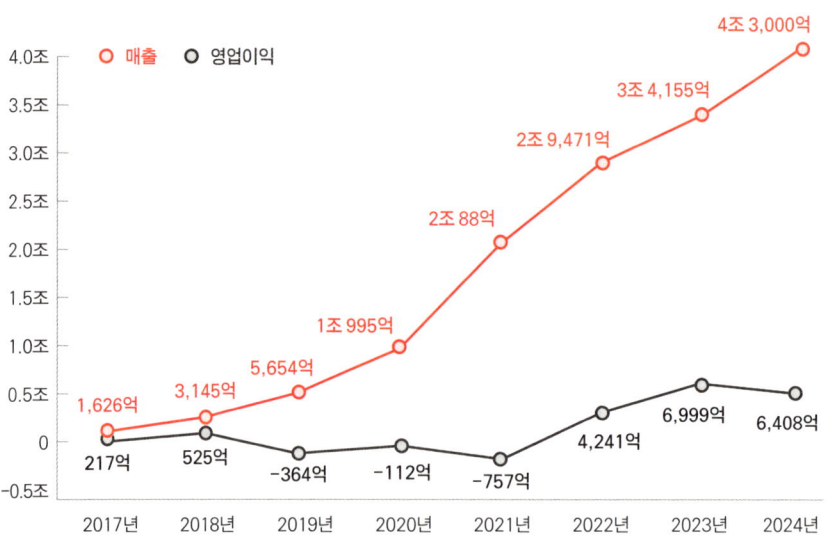

2019년부터는 연결 포괄손익계산서 기준으로 집계. (출처: 우아한형제들, DART)

만, 실제로는 그렇지 않다. 우아한형제들 역시 결제액 전체를 매출로 인식하지 않는다. 그 대신 중개 서비스와 광고 서비스에서 발생한 수수료를 매출로 인식한다. 카카오페이와 유사한 수수료 기반 매출 구조를 가지고 있음을 보여준다.

우아한형제들의 거래액은 어느 정도일까? 카카오페이나 네이버와 달리 우아한형제들은 비상장회사이기 때문에 거래액과 같은 비재무적 지표를 적극적으로 공개할 의무나 필요성이 상대적으로 작다. 하지만 경쟁사인 요기요와 투자 유치를 위한 시장 경쟁이 치열했던 시기에는 거래액을 공개한 적이 있다.

예를 들어 우아한형제들은 2020년 매출 1조 원을 돌파했을 당시 거래액이 약 15조 원이라고 발표했다. 이를 바탕으로 상황을 추정해보면, 2024년 기준 매출이 4조 3,000억 원인 우아한형제들의 거래액은 약 65조 원에 달할 것으로 추산할 수 있다.

이처럼 거래액은 플랫폼이 처리한 전체 금액을 보여주는 비재무적 지표

▶ 배달의민족 연간 거래액 (단위: 조 원)

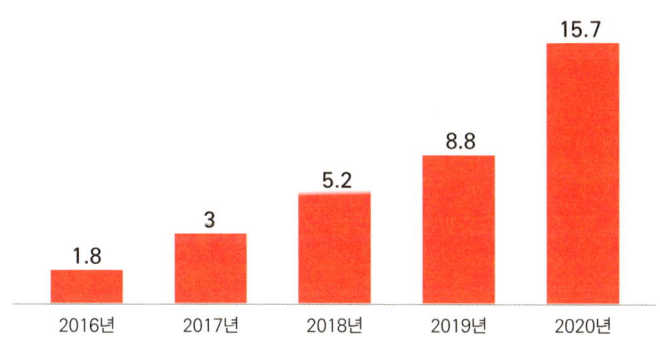

(출처: 우아한형제들)

이지만, 이 중 수수료로 수익화된 부분만 매출에 반영된다. 여기서도 알 수 있듯이, 플랫폼 비즈니스를 분석할 때는 거래액과 매출의 차이를 이해하는 것이 무엇보다 중요하다.

지속 가능한 비즈니스 모델인가

지금까지 여러 사례를 통해 재무제표를 분석할 때는 숫자의 크기에만 주목하는 것이 아니라 그 매출이 어떻게 발생하는지, 회사의 비즈니스 모델이 무엇인지를 깊이 이해하는 것이 중요함을 강조했다. 재무제표 뒤에 숨겨진 실제 가치와 성장 잠재력을 파악하는 데 필수적인 요소다.

특히 플랫폼 기반 비즈니스 모델을 가진 기업의 경우 거래액이 높다는 것은 더 많은 사용자와 거래자가 플랫폼을 신뢰하고 이용한다는 것을 의미하므로 장기적인 성장 전략을 수립하는 데 중요한 지표가 될 수 있다. 다만, 그 거래가 실제 매출로 연결되는지도 파악해야 한다. 구슬이 서 말이라도 꿰어야 보배라고 하지 않았던가. 거래액이 아무리 커도 그것을 실제 수익으로 전환하지 못한다면 그 숫자는 공허한 환상에 불과하다.

GMV든 TPV든, 플랫폼에서 거래가 활발하게 이루어진다고 자랑할 수는 있겠지만 중요한 것은 거래의 규모가 아니다. 실질적으로 얼마의 매출을 창출하고, 그 매출이 지속 가능한 수익 구조로 이어지느냐가 중요하다. 이 질문에 답할 수 없다면 거래액이 아무리 커도 허상일 뿐이다. 따라서 우리는 눈에 보이는 숫자만으로 평가할 것이 아니라 그 거래액이 어떻게 실질적인 수익으로 전환되는지, 비즈니스 모델이 지속 가능한지를 따져봐야 한다.

이 장의 핵심 포인트

- TPV, GMV 등으로 표시되는 거래액은 플랫폼에서 처리한 전체 결제 규모를 나타낸다. 하지만 실제 매출은 수수료 기반으로 이루어지므로 이를 구분하는 것이 중요하다.
- 거래 규모가 아무리 커도 수익으로 전환되지 않으면 재무적 성과에 큰 영향을 주지 않기 때문에 거래액만으로 판단하면 기업의 성과를 과대평가할 위험이 있다.
- 플랫폼의 성과를 평가할 때는 거래액과 함께 수익으로 이어지는 구조, 즉 매출 전환율과 지속 가능한 수익 모델을 종합적으로 분석해야 한다.

제11장

매장은 이디야가 더 많은데 매출은 스타벅스가 더 높은 이유

프랜차이즈 사업의 2가지 매출 구조

어느 늦은 오후 스타벅스에서 노트북으로 작업을 하고 있는데 옆 테이블의 대화가 우연히 들렸다.

"이디야가 매장 수는 훨씬 많잖아. 그런데 왜 스타벅스 매출이 더 높지?"

"글쎄, 스타벅스 커피가 더 비싸서 그런 것 아닐까?"

틀린 말은 아니지만 그것은 진짜 이유가 아니다.

이디야와 스타벅스는 모두 커피를 판매하지만 매출이 만들어지는 방식은 완전히 다르다. 스타벅스는 매장을 직접 운영하며 모든 수익과 비용을 감당한다. 매장에서 일어나는 모든 거래가 회사의 매출로 이어진다. 반면 이디야는 가맹점 시스템이다. 매장은 독립적인 가맹점주가 운영하고, 본사는 원두와 물품을 공급하며 수익을 얻는다. 같은 커피를 팔아도 매출이라는 숫자에는 이런 차이가 숨겨져 있다. 스타벅스는 매장의 모든 위험을 떠안고, 이디야는 그 위험을 가맹점주가 분담한다. 그래서 숫자만 보고 판단하면 헷갈리기 쉽다. 매출액은 그저 숫자에 불과한 것이 아니다. 그 안에는 기업의 구조와 전략, 보이지 않는 위험이 담겨 있다.

거래액과 매출액을 구분하는 플랫폼 비즈니스가 그랬듯이, 비즈니스 구조를 주의 깊게 보고 분석해야 하는 곳이 또 있다. 바로 프랜차이즈 사업을 하는 기업의 매출액이다. 프랜차이즈 사업의 수익 창출 방식은 두 갈래로 나뉜다. 하나는 직영 매출이다. 회사가 직접 운영하는 매장에서 발생하는 모든 매출이 회사의 재무제표에 반영된다. 따라서 매장의 성패는 전적으로 회사의 몫이다. 다른 하나는 가맹 매출이다. 가맹점은 독립된 사업자로, 프랜차이즈 브랜드의 이름을 사용하고 운영에 필요한 교육과 지원을 받는 대가로 본사에 일정한 비용을 지불한다. 하지만 가맹점 매장에서 발생하는 매출은 가맹점주의 소유다. 본사는 가맹점에 원재료나 상품을 공급해 거둔 수익 또는 브랜드 사용료 등의 서비스 수익을 통해 매출을 올린다.

한국 프랜차이즈 시장의 특이점은 이 가맹 매출이 대부분 브랜드 사용료보다는 상품 유통에서 발생한다는 것이다. 본사가 가맹점에 독점적으로 물품을 공급하면서 매출을 올리는 방식이다.

스타벅스와 이디야의 격차는 어디서 왔나

프랜차이즈 사업의 매출 구조는 기업이 선택한 운영 방식에 따라 크게 달라진다. 직영 매출과 가맹 매출이라는 2가지 수익 구조는 매출 인식 방식과 위험 부담이라는 근본적인 차이를 만들어낸다. 이를 이해하기 위해 다시 한번 이디야와 스타벅스의 차이를 살펴보자.

커피 프랜차이즈 업계 1위 이디야는 2024년 기준 매장 수 3,000개를 넘어섰으며, 주로 가맹점을 통해 매출을 올린다. 본사는 가맹점에 원두와 기타 물품을 공급하며 매출을 올리는데, 이런 방식으로 발생한 연 매출액이 약 2,420억 원이다(참고로 2023년 매출액은 약 2,756억 원으로 2023년 대비 감소했다).

한편 스타벅스(에스씨케이컴퍼니)는 2024년 말 기준 2,009개의 매장을 운영하며 직영점으로 관리한다. 매출액은 약 3조 1,000억 원으로, 매장 수는 적지만 매출액은 이디야보다 10배 이상 많다.

이 차이는 단순히 커피 가격이나 매장 크기에서 발생하는 게 아니다. 본질적으로는 두 회사가 매출을 창출하는 방식과 거래에서 발생하는 위험을 누가 부담하느냐에 따른 구조적 차이다. 이디야는 가맹점에 제품을 공급하여 수익을 얻고, 매장 운영의 리스크는 가맹점주가 떠안는다. 반면 스타벅스는 직영점을 운영하며 매장의 모든 수익과 비용 그리고 운영 리스크를 본사가 직접 감당한다.

이런 매출 구조의 차이를 명확히 이해하지 않으면 잘못된 판단을 내리기 쉽다. 특히 일부 프랜차이즈 기업은 가맹점 매출 전체를 본사 매출로 과장해 노출하기도 한다. 이는 투자자와 가맹점주 후보들에게 기업의 손익 상태를 실제보다 더 긍정적으로 보이게 하는 행위다. 프랜차이즈 사업에서는 본사와 가맹점의 매출을 명확히 구분해야 한다. 직영 매출과 가맹 매출을 한데 묶어서 보고하면 외부 이해관계자들에게 혼란을 줄 뿐 아니라 기업의 신뢰도에도 치명적인 영향을 미칠 수 있다.

▶ 이디야의 감사보고서상 손익계산서

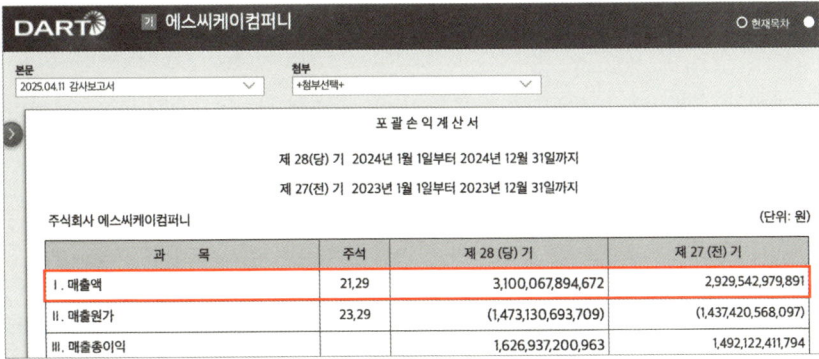

▶ 에스씨케이컴퍼니의 감사보고서상 손익계산서

　　더불어 매출액을 인식할 때 가장 중요한 기준은 거래에서 발생하는 '위험부담'이다. 회계의 수익 인식 기준에 따르면 매출액은 기업이 거래로부터 발생하는 위험을 부담하는 부분만 인식할 수 있다. 이는 제품이나 서비스의 판매로 경제적 혜택이 기업에 확실히 이전되고 관련 비용이 신뢰성 있게 측정될 수 있을 때만 수익으로 기록할 수 있다는 원칙에 기반한다. 여기서 '위험의 부담'은 소유권의 이전, 손실 위험 그리고 제품에 대한 통제권 등을 포함한다.

스타벅스는 직영점을 통해 각 매장의 운영 위험을 모두 감수하며, 이에 따라 매장에서 발생하는 모든 거래를 매출로 인식한다. 반면 이디야는 가맹점에서 발생하는 매출 자체는 가맹점주의 소유로 보고, 본사는 제품 유통에 따른 매출만 기록한다.

유통 플랫폼 기업의 매출 인식: 쿠팡 사례

앞선 원칙은 프랜차이즈뿐 아니라 플랫폼 사업에도 동일하게 적용된다. 플랫폼 기업이 거래의 모든 위험을 부담한다면 그 거래에서 발생한 매출 전체를 인식할 수 있다. 그러나 중개 역할만 한다면 수수료수익만 매출이 된다.

쿠팡의 예를 보자. '상품매출액'은 전체 거래에 대해서 모든 위험을 부담하므로 매출 전체를 인식하고, 중개 역할은 '수수료매출액'으로 인식한다.

▶ 쿠팡의 감사보고서상 (첨부)재무제표

(1) 회사는 수익과 관련해 손익계산서에 다음 금액을 인식하였습니다(단위: 백만원).

구분	당기	전기
수익의 구분		
총 수익	30,664,003	25,768,487
고객과의 계약에서 생기는 수익	30,664,003	25,768,487
상품매출액	27,197,130	23,389,774
수수료매출액	2,327,579	1,727,238
기타매출액(*)	1,139,294	651,475

(*) 기타원천으로부터의 수익이 포함되어 있습니다(주석10.2,12 참조).

'23. 고객과의 계약에서 생기는 수익 및 관련 계약자산과 계약부채'에서 확인할 수 있다.

참고로 '기타매출액'은 수취한 월회비를 의미한다.

쿠팡의 비즈니스 모델과 연결하면 이 구분이 물류와 배송 속도 같은 일차적인 차원의 문제가 아님을 알 수 있다. 소비자에게 익숙한 로켓배송과 마켓플레이스라는 두 모델은 겉으로는 비슷해 보이지만 재무제표 분석 관점에서는 매우 다른 이야기를 들려준다.

로켓배송은 쿠팡이 제품을 직접 매입하고 재고를 보유하며 고객에게 배송하는 방식이다. 이 모델에서 쿠팡은 제품 구매부터 보관, 배송까지 모든 과정을 책임지며 그에 따른 손실 위험과 비용을 부담한다. 따라서 고객에게 판매된 제품의 전체 금액이 매출로 인식된다. 이는 쿠팡의 총매출에서 상당한 비중을 차지하며 회사가 구축한 물류 네트워크와 대규모 투자로 뒷받침된다.

반면 마켓플레이스는 판매자와 구매자를 연결하는 플랫폼 역할에 중점을 둔다. 여기서 쿠팡은 판매자가 플랫폼을 통해 상품을 노출하고 거래를 성사시키는 과정을 지원하며, 이에 대한 수수료를 수익으로 얻는다. 판매된 제품의 금액 전체가 아니라 플랫폼 사용료와 거래수수료만 매출로 기록한다. 이 두 모델은 거래에서 발생하는 위험을 누가 부담하는지에 따라 구분되는, 본질적으로 다른 구조다.

로켓배송은 높은 매출을 기록하지만 동시에 재고 관리와 배송에 드는 비용 부담이 크다. 이런 비용이 매출총이익률에 영향을 미치므로 수익성 측면에서 도전 과제를 안긴다. 반면 마켓플레이스는 매출 규모는 상대적으로 작아도 위험 부담이 적고 비용 구조가 효율적이어서 전체적인 이익률을 높이는 데 기여한다. 이런 차이가 있기 때문에 수익성과 비용 구조를 깊이 이해해야 한다.

쿠팡의 사례는 매출 분석에서 기업이 선택한 사업 모델과 위험 관리 전략

▶ 쿠팡의 사업자 · 상품 승인 페이지

판매를 시작했더라도 수익 인식 방식은 다를 수 있다. 사업은 매출총액을, 위탁은 수수료만을 수익으로 인식한다.

을 이해하는 것이 얼마나 중요한지를 잘 보여준다. 매출이라는 숫자 뒤에는 거래의 본질과 기업이 감수하는 위험이 숨겨져 있다. 쿠팡의 로켓배송과 마켓플레이스 모델은 이를 극명하게 보여주는 예이며, 매출 크기만으로 기업의 성과를 평가하는 것이 얼마나 피상적인 접근 태도인지 알 수 있다. 재무제표를 읽을 때는 거래의 위험을 얼마나 부담하고 있는지, 매출이 발생하는 과정에서 기업이 어떤 역할을 하는지를 반드시 살펴야 한다.

이 장의 핵심 포인트

- 프랜차이즈와 플랫폼 사업에 대해서는 각 사업의 특성에 맞게 매출을 명확히 구분하고 분석하는 것이 중요하다.
- 매출 인식은 사업의 형태와 거래에서 발생하는 위험 부담에 따라 달라지며, 이런 차이를 이해하지 못하면 재무적 위험에 처할 수 있다.
- 올바른 재무 분석을 위해서는 각 사업 모델이 어떤 방식으로 매출을 인식하는지, 그에 따른 재무 성과가 어떻게 나타나는지를 정확히 이해해야 한다.

제12장

기업의 진짜 실력을 보여주는 순매출

총매출과 순매출의 차이

비즈니스 대화를 하다 보면 자주 듣게 되는 용어 중 하나가 '수익'이다. 대화의 흐름상 '수익에서 비용을 뺀 이익'을 의미하는 듯하다. 하지만 여기서 중요한 점을 짚고 넘어가야 한다. 제9장에서 짚었듯이, 회계 용어상 'net sales'는 사람들이 흔히 생각하는 이익이 아니다. 'gross sales'(총매출)에서 매출 차감 요소를 뺀 금액, 즉 '실제 매출액'을 의미한다.

회사가 제품이나 서비스를 통해 발생시킨 전체 매출액이 총매출이지만 실제 재무제표에 기록되는 것은 소비자 반품 returns, 유통 업체 할인 wholesale discounts, 다양한 판매수수료 commissions, 프로모션 및 리베이트 promotions and rebates 등을 차감한 순매출이다. 따라서 순수익은 보다 현실적이고 신뢰성 있는 매출액을 나타낸다.

대표적인 사례로 애플의 손익계산서를 보자. 가장 상단에 표시된 항목이 바로 순수익, 즉 순매출인데 총매출에서 여러 매출 차감 요소를 반영한 결과다. 여기에 총매출은 나와 있지 않다.

▶ 애플의 손익계산서 일부

Apple Inc.
CONSOLIDATED STATEMENTS OF OPERATIONS
(In millions, except number of shares, which are reflected in thousands, and per-share amounts)

	Years ended		
	September 28, 2024	September 30, 2023	September 24, 2022
Net sales:			
Products 제품에서 발생한 순매출	$ 294,866	$ 298,085	$ 316,199
Services 서비스에서 발생한 순매출	96,169	85,200	78,129
Total net sales 전체 순매출	391,035	383,285	394,328

예를 들어 애플이 한 해 동안 3,000억 달러어치의 제품을 판매했다고 가정하면, 이 액수가 바로 총매출이다. 그런데 사업 과정에서는 다음과 같은 매출 차감 요소들이 발생한다.

- 반품: 제품 결함이나 변심으로 인한 소비자 반품이 50억 달러 발생했다면, 총매출 3,000억 달러에서 이를 차감해 2,950억 달러가 된다.
- 유통 업체 할인: 대형 유통 업체에 공급할 때 50억 달러 규모의 할인 조건을 제시했다면, 매출은 2,900억 달러로 줄어든다.
- 프로모션 및 리베이트: 소비자 대상 리베이트로 20억 달러가 지급됐다면, 매출은 2,880억 달러로 줄어든다.

애플이 재무제표에 기록하는 매출액은 공급 실적 3,000억 달러가 아니라 이상의 매출 차감 요소를 모두 반영한 순매출액이다. 차감 요소가 앞서 제시한 항목 외에 더 없다면 2,880억 달러로 확정해 최종적으로 손익계산서에 기록한다. 이 금액이 애플의 실질적인 매출액이다.

매출에서 빼는 항목들로 알 수 있는 것

순매출은 말 그대로 기업이 시장에서 실제로 확보한 '순수 매출'을 의미한다. 여기에는 고객 반품률, 유통 채널 협상력, 프로모션 전략 등 기업의 영업 방식과 시장 내 경쟁력이 반영되어 있다. 따라서 재무제표를 분석할 때는 순매출을 산출하는 매출 차감 요소를 하나하나 세심하게 들여다봐야 한다. 그 항목들이 실제 매출에 어떤 영향을 미쳤는지 살펴야 기업의 실질적인 수익 구조와 시장 반응, 매출의 질까지 파악할 수 있기 때문이다.

문제는 공식 재무제표에 매출 차감 요소를 구체적인 항목별로 명시하지 않는 기업이 많다는 것이다. 특히 일반적인 손익계산서상에서는 총매출을 공개하지 않고 순매출만 바로 기록하는 것이 일반적이다. 앞서 애플 손익계산서에서 봤듯이 순매출은 보이지만, 총매출과 매출 차감 요소들은 구체적으로 드러나지 않는다. 이처럼 매출 차감 요소를 완전히 투명하게 공개하는 기업이 드물다 해도 사업보고서 주석, 매출총이익률 추이, 반품 충당부채 같은 간접 신호들을 통해 매출의 질을 파악할 수 있다.

한편 정보를 세세히 공개하는 기업도 있는데, 농심의 손익계산서를 살펴보면 매출액이 산정되는 과정을 비교적 명확히 알 수 있다.

'매출에누리등'이 매출 차감 요소를 의미하는 항목이다. 매출에누리는 유통 업체나 고객에게 제공하는 각종 할인과 리베이트 등을 포함하는 개념으

▶ 농심의 감사보고서상 손익계산서

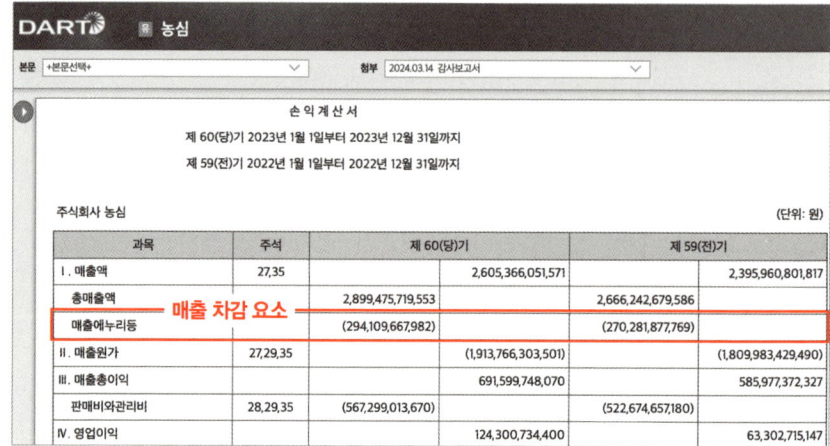

로, 실제 농심이 회수하는 금액을 비교적 현실적으로 보여준다. 예를 들어 농심이 대형 편의점 체인에 라면을 대량 공급하면서 10% 할인을 제공한다고 가정해보자. 이럴 때 총매출에는 공급 가격이 모두 반영되지만 농심이 실질적으로 수취하는 금액은 10% 할인이 적용된 금액으로, 이것이 순매출로 잡힌다. 농심의 손익계산서에서 'I. 매출액'이 바로 순매출을 의미한다.

또한 농심의 사업보고서를 살펴보면 주요 거래처 유형과 각각이 차지하는 매출비중이 구체적으로 제시되어 있는데, 거래처별로 계약 조건이나 할

▶ 농심의 감사보고서상 사업의 내용 중 '판매경로 및 판매방법 등'

1) 판매경로 및 주요 매출처

경로구분	주요 거래처 유형	매출비중	비고
대리점	특약점 등	15.5%	
신유통	대형마트, 슈퍼체인, CVS	46.7%	
온라인	전자상거래	13.2%	
기타	농협, 직거래슈퍼, 백화점, 연쇄점 등	24.6%	

인율이 다르리라는 점을 유추할 수 있다.

분식회계를 막는 순매출의 역할

총매출에서 다양한 매출 차감 요소를 반영해 순매출을 계산하는 이유는 실질적인 수익을 더 정확하게 보여주기 위해서다. 총매출은 모든 판매액을 포함한 값으로 회사의 성과가 부풀려질 여지가 있다. 그에 비해 순매출은 불확실한 금액이나 회수되지 않은 금액을 제외함으로써 기업이 실제로 확보한 매출을 보여준다.

기업은 대규모로 물건을 구매하는 유통 업체에 할인을 제공하거나 소비자에게 리베이트와 같은 프로모션을 통해 가격 조정을 할 수 있다. 또한 제품의 시장점유율을 높이기 위해 다양한 판촉활동을 전개한다. 이런 차감 요소를 반영해 순매출을 기록하는 것은 **분식회계**粉飾會計를 방지하는 중요한 장치 중 하나이기도 하다.

> **분식회계**
> 회계 정보에 분장 또는 화장한다는 의미로, 성과가 실제보다 좋아 보이도록 정보를 고의로 조작하는 행위를 말한다.

분식회계의 대표적인 방식 중 하나는 반품이나 미회수 금액을 매출에 그대로 포함시켜 매출액을 부풀리는 것이다. 예를 들어 기업이 유통 업체에 10억 달러어치를 납품했지만 그중 일부가 반품될 가능성이 크다면, 이 반품 가능성을 반영해야 한다. 실제로 회수할 수 없는 금액까지 매출에 포함시키면 재무제표상 수익이 왜곡돼 투자자와 경영진에게 잘못된 정보를 제공할 수 있기 때문이다.

회계감사에서도 매출 차감 요소들이 제대로 반영됐는지를 엄격히 파악한다. 예를 들어 삼성전자의 감사보고서를 보면 '핵심감사사항'에 '1. 재화의 판매장려활동에 대한 매출차감'이라고 적혀 있는데, 이것이 바로 그 내용이다. 감사인도 이 부분을 핵심적으로 들여다봤다고 기록되어 있다.

▶ 삼성전자의 감사보고서상 감사 대상 종속기업의 감사사항

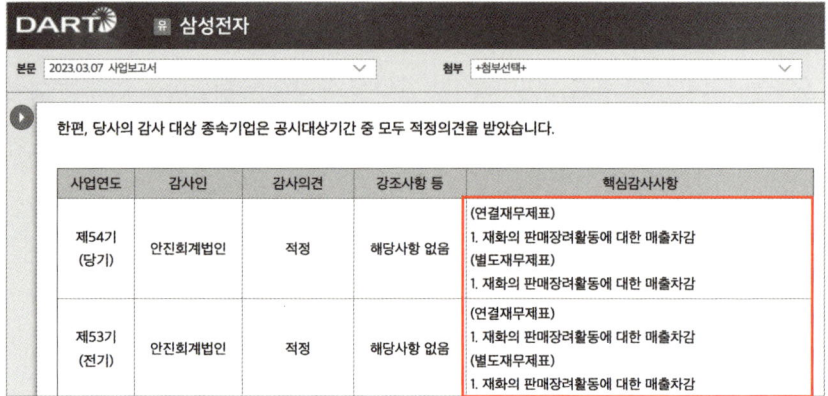

순매출은 총매출에 여러 차감 요소를 반영한 실질적 매출액으로, 기업의 수익성과 재무 건전성을 투명하게 보여주는 지표다.

 이 장의 핵심 포인트

- 순매출은 총매출에서 반품·할인·리베이트 등의 매출 차감 요소를 뺀 금액으로, 회사가 만들어낸 실질적인 매출액을 보여준다.
- 차감 과정을 통해 매출의 신뢰성을 높이고, 분식회계를 예방하며, 투자자에게 기업의 수익성을 투명하게 전달할 수 있다.
- 실질적인 매출액만을 재무제표에 기록하는 것은 기업의 재무 건전성과 수익성 평가에서 매우 중요한 역할을 한다.

제13장

매출의 흐름과 가치사슬

매출은 어떤 경로로 흘러갈까?

최근 한 투자자와 이런 대화를 나눈 적이 있다.

"K-뷰티가 다시 뜬다는데, 특허받은 원료를 제조하는 회사에 투자하면 어떨까요?"

"아, 그렇군요. 그런데 화장품 산업의 매출 흐름에서 원료 제조사의 비중은 생각보다 크지 않습니다."

"정말요?"

"K-뷰티 열풍이 돌아와도 소비자가 선택하는 건 눈에 보이고 손에 닿는 브랜드와 제품입니다. 즉, 소비자와 가까운 브랜드사나 유통 업체가 매출

흐름에서 더 큰 기회를 잡을 가능성이 크죠. 원료가 아무리 좋아도 그 가치를 소비자에게 직접 전달하는 건 브랜드의 몫이니까요."

매출은 여러 단계를 거치며 흘러간다. 각 단계에서 발생하는 매출은 재무제표에 기록되며, 회사는 이 매출을 바탕으로 사업 성과를 평가한다. 이런 흐름과 재무제표 반영 방식을 이해하는 것은 투자뿐 아니라 사업을 운영할 때도 매우 중요하다. 단계별로 발생하는 마진 구조를 파악하고, 이를 기반으로 사업 전략을 세워 수익성을 높일 수 있기 때문이다.

매출이 흘러가는 과정을 이해하기 위해 원재료부터 최종 소비자에 이르기까지 화장품 산업의 단계를 살펴보자. 먼저, 화장품의 원재료를 생산하는 회사가 있다. 이 회사는 한국콜마와 같은 화장품 제조 업체에 원재료를 공급하며 이를 매출로 기록한다. 한국콜마는 OEM 방식으로 다양한 화장품 브랜드의 주문을 받아 제품을 만들고, 이 완제품을 브랜드 회사에 납품한다. 여기서 한국콜마의 매출이 발생한다.

▶ 물류 창고의 사례

완성된 제품과 부품이 보관된 물류 창고. 제조는 브랜드를 만들고, 브랜드는 유통을 통해 시장과 연결된다. 모든 비즈니스는 이처럼 생산된 제품 하나나에서 출발한다.

그다음, 화장품 브랜드 회사는 한국콜마에서 받은 제품을 직접 소비자에게 판매할 수도 있고 올리브영과 같은 유통 업체에 공급할 수도 있다. 올리브영 같은 회사에 제품을 공급하면 그 금액이 브랜드 회사의 매출로 기록된다. 마지막으로 올리브영은 이 제품을 소비자에게 판매하고 그 금액이 올리브영의 매출로 기록된다.

이 흐름을 재무제표 분석의 관점에서 보면 각 단계에서 기록된 매출은 각 회사의 비용 구조와 수익성을 파악하는 데 중요한 정보가 된다. 예를 들어 원재료 제조 업체의 매출 총이익과 제조원가 비율, 한국콜마의 제조 마진, 화장품 브랜드의 마케팅 비용까지 고려한 마진, 유통 업체의 최종 소비자 마진 등이 각 단계의 비용 효율성과 경쟁력을 보여준다.

▶ 올리브영 매장

올리브영은 다양한 브랜드 제품을 한곳에 모아 판매하는 대표적인 뷰티 유통 채널이다. 제조된 제품이 브랜드를 통해 시장에 나오고 최종적으로 소비자와 만나는 과정에서 유통 채널은 중요한 다리 역할을 한다.

또한 반품 가능성, 재고자산 회전율, 유통기한과 같은 요소에 더해 회사 간 갑을 관계(힘이 어디가 더 강한지)까지 파악할 필요가 있다. 이를 통해 각 회사의 재무 리스크 여부, 현금흐름에 미치는 영향도 분석할 수 있다. 이런 분석은 매출 측면의 성과를 넘어 각 단계에서의 리스크와 기회 요소를 확인하는 데 중요한 역할을 한다. 따라서 재무제표를 분석할 때는 매출의 흐름과 단계별 비용 및 이익 구조를 면밀히 검토해야 하며, 그럼으로써 궁극적으로 기업의 재무 건전성과 성장 가능성을 평가할 수 있다.

매출 흐름: 제조사 → 유통사 → 소비자

매출의 흐름을 볼 때 삼성전자 같은 글로벌 제조 업체는 유통의 끝단에 있다고 생각하기 쉽다. 하지만 실제로는 그렇지 않다. 삼성전자는 제조뿐 아니라 유통 구조 안에서도 중요한 매출 흐름상의 과정을 겪는다.

▶ 베스트바이 매장

미국의 대형 유통 업체 베스트바이. 삼성전자 등 공급사의 재고 부담과 매출 인식 이슈가 공존한다.

이해하기 쉬운 예를 소개하겠다. 삼성전자는 미국의 대형 전자제품 유통 업체인 베스트바이Best Buy에 가전제품을 대량으로 납품한다. 삼성전자는 베스트바이에 제품을 출고하는 시점에 매출을 인식한다. 하지만 납품이 이루어졌다고 해서 그 제품이 최종 소비자에게 판매됐다는 의미는 아니다. 만약 매장에 진열된 제품이 소비자에게 판매되지 않는다면 베스트바이 측은 재고 부담을 떠안게 되고, 이를 해소하기 위해 추가 할인이나 판촉활동을 벌여야 할 수도 있다. 삼성전자 입장에서는 이미 납품에 따른 매출은 발생했지만 실질적인 소비자 판매가 이뤄지지 않으면 재고 처리 비용이나 반품 리스크로 이어질 수 있는 상황이다. 매출이 단기적으로는 증가했더라도 장기적으로는 손실 요인이 발생할 수 있는 것이다.

이처럼 제조사, 유통사, 소비자 사이의 매출 흐름을 명확히 하기 위해 등장한 개념이 바로 '셀인'sell-in, '셀아웃'sell-out, '셀스루'Sell-through다.

예를 들어 제조사인 네슬레Nestlé가 소매 업체에 공급하는 것이 셀인, 소매

▶ 셀인과 셀아웃 흐름

업체가 소비자에게 판매하는 것이 셀아웃이다. 매출은 공급에서 끝나는 것이 아니라 최종 소비자에게 판매됨으로써 완성된다.

셀인

셀인은 제조 업체가 제품을 유통 업체나 소매 업체에 판매하는 단계를 의미한다. 삼성전자가 자사의 신형 TV나 세탁기 등 가전제품을 베스트바이에 납품하는 경우가 셀인에 해당한다. 이 단계에서 삼성전자는 베스트바이와 계약을 체결하고 제품을 대량으로 공급한다. 베스트바이와 같은 유통 업체에 제품이 진열되고 판매가 시작되기 전까지는 셀인이 이루어진 것으로 본다. 이 과정에서 삼성전자는 베스트바이 측에 마케팅 자료와 홍보물을 제공하고, 매장 내에서 자사 제품이 주목받을 수 있도록 판촉활동을 지원하기도 한다. 셀인 단계는 제조 업체가 유통 업체와의 협력 관계를 통해 초기 매출을 기록하고, 유통 업체가 제품을 원활히 판매할 수 있도록 환경을 조성하는 역할을 한다.

셀아웃

셀아웃은 유통 업체나 소매 업체가 최종 소비자에게 제품을 판매하는 단계를 말한다. 삼성전자가 베스트바이에 납품한 제품이 베스트바이 매장에서 소비자에게 최종 판매되는 것이 셀아웃에 해당한다. 만약 베스트바이에서 소비자가 삼성전자의 가전제품을 구매하지 않는다면, 이 제품은 매장에 오랫동안 재고로 남아 유통 업체에 재고 부담을 초래할 수 있다. 베스트바이는 이런 상황을 방지하기 위해 소비자에게 추가 할인, 프로모션, 특별 이벤트 등을 통해 제품 판매를 촉진할 수 있다. 삼성전자 입장에서는 베스트바이 매장에서의 셀아웃이 원활하게 이루어져 최종 소비자에게 자사 제품이

도달하면 매출 흐름이 완성된다.

셀스루

셀스루라는 용어는 특정 기간에 특정 제품이 유통 업체에 공급된 총량 중 실제로 소비자에게 판매된 양을 의미한다. 쉽게 말해 '총입고량 대비 실제로 판매된 수량'을 뜻하는데, 이 개념은 종종 '셀아웃'과 혼동될 수 있다. 사실 실무적으로는 '셀스루율' sell-through rate 이 정확한 표현이지만, 현장에서는 그냥 '셀스루'라고 해도 비율을 의미하는 경우가 많다. 즉, 유통업체가 공급받은 제품 중 실제로 소비자에게 판매된 비율을 뜻한다고 보면 된다.

예를 들어 삼성전자가 베스트바이에 1,000대의 신형 TV를 납품했는데 그 중 800대가 소비자에게 판매됐다면 이때 셀스루는 80%가 된다. 이 비율은 단순히 판매량을 넘어 재고자산 회전율이나 시장에서의 실제 수요 그리고 무엇보다 현금흐름을 평가하는 데 중요한 지표로 활용된다.

즉 셀스루는 '몇 개 팔렸다' 하는 숫자를 넘어 실제 재고 수준을 관리하고, 생산 및 주문 계획을 수립하며, 판매 성과와 더불어 마케팅 전략의 성공 여부 그리고 현금흐름의 안정성을 판단하는 데 필수적인 역할을 한다. 예를 들어 삼성전자는 베스트바이와 같은 유통 채널을 통해 자사 제품의 판매 성과와 소비자 반응 그리고 유통 단계에서의 현금 유입 상황을 분석할 때 셀스루를 중요한 기준으로 삼는다.

셀스루가 높다면 소비자들 사이에서 제품 수요가 견조하다는 긍정적인 신호이며, 기업 입장에서는 재고 부담이 줄고 빠른 현금 회수가 가능해진다. 반대로 셀스루가 낮으면 시장 반응이 미흡하거나 재고가 과다하게 쌓이게 되고 그 결과 자금이 묶이고 현금흐름이 악화될 수 있다. 이 경우 추가 프로모션, 가격 할인, 마케팅 강화 등 다양한 방법으로 셀스루를 끌어올릴 필요가 있다. 만약 셀스루가 지속적으로 낮게 유지된다면 유통 업체와의 관계를 고려해 재고 조정이나 반품 협의 등 더 적극적인 재고 관리 대책도 필요하다.

결국 높은 셀스루를 유지하는 것은 효율적인 비즈니스 운영의 핵심 목표 중 하나다. 셀스루 관리는 브랜드 신뢰도 유지, 장기적인 유통 파트너십 관리 그리고 무엇보다 안정적인 현금흐름 확보와 직결되는 중요한 경영 관리 포인트라는 점에서 실무자라면 반드시 챙겨야 할 지표다.

용어를 정확히 써야 헷갈리지 않는다

셀인, 셀아웃, 셀스루는 매출 흐름을 설명할 때 중요한 개념이므로 각 용어의 의미를 정확히 이해해야 한다. 특히 산업 특성이나 기업의 비즈니스 모델에 따라 해석이나 적용 방식이 달라질 수 있다는 점을 기억하자. 예를 들어 삼성전자가 베스트바이에 납품하는 경우 전자제품 유통에서는 셀스루를 일종의 재고자산 회전율 지표로 활용해 매출 흐름과 시장 반응을 평가한다. 반면 화장품처럼 유통기한이 짧거나 빠르게 소진해야 하는 제품에서는 셀아웃과 셀스루의 관리가 더욱 중요하게 여겨진다.

이처럼 제품 특성과 시장 속성에 따라 어떤 지표를 더 중시하는지도 달라진다. 특정 업계에서는 관행적으로 셀스루를 도매상에서 소매상으로 제품이 이동하는 과정으로 잘못 사용하기도 한다. 하지만 이는 엄밀한 정의와는 다르며 외부와 커뮤니케이션할 때 의미상 혼동을 일으킬 수 있다. 각 단계의 활동과 목적이 다르기 때문에 용어의 정확성을 유지하는 것이 중요하다.

매출은 곧 가치의 흐름이다

매출 흐름을 분석할 때 유통 구조상 특정 주체가 과도한 힘을 가지고 있다면 과연 그 매출을 '진정한 매출'로 볼 수 있는지에 대한 고민이 필요하다.

출판 업계를 예로 들어보겠다. 출판사는 교보문고에 책을 납품하는 시점에 매출을 인식한다. 하지만 교보문고가 반품 권리를 보유하고 있다면 출판사는 출고한 금액 전부를 매출로 확정할 수 없다. 그래서 회계적으로는 다음과 같은 절차를 따른다.

- 매출 인식 시점: 출판사는 책을 출고하면서 매출을 인식하지만, 동시에 반품 가능성에 대비해 매출액의 일부를 차감하고 반품충당부채를 설정한다. 예상 반품률을 반영하여 재무제표상 매출액을 보수적으로 기록하는 것이다.
- 반품 발생 시: 실제로 교보문고가 반품을 진행하면 이미 설정해둔 반품충당부채를 감소시키고 그 결과를 최종 매출액에 반영한다. 만약 반품 규모가 예상보다 많거나 적다면 반품충당부채를 추가로 설정하거나 환입하는 방식으로 조정한다.

매출은 단순히 기업의 돈벌이 결과가 아니라 가치사슬value chain을 따라 흐르는 연결된 가치의 흔적이다. 원재료의 생산부터 제조, 브랜딩, 유통 그리고 최종 소비자에게 이르기까지 각 단계는 새로운 부가가치를 창출하며 매출이라는 형태로 기록된다. 이 흐름 속에서 매출은 단지 '얼마나 팔았는가'가 아니라 '누가 어느 정도의 가치를 만들어냈는가'를 나타낸다. 특히 셀인, 셀아웃, 셀스루 개념은 이 가치사슬의 단계별 매출 흐름을 이해하는 데 핵심이 된다. 제조 업체가 유통 업체에 공급sell-in하고, 유통 업체가 소비자에게 판매sell-out하며, 최종적으로는 시장에서 실질적으로 소비된 비율sell-through을 통해 진짜 시장 반응과 수익성을 가늠할 수 있다.

이런 매출 흐름을 제대로 이해하지 못하면 회계상 매출과 실질적인 가치 창출 사이의 간극을 간과하기 쉽다. 반품 조건, 유통 업체의 영향력, 재고 리스크 등은 가치사슬 어디에서 힘의 균형이 존재하는지를 보여주는 중요한 단서다.

 이 장의 핵심 포인트

- 매출은 원재료 공급, 제품 제조, 유통, 최종 소비자 판매 등 여러 단계를 거치면서 발생하는데 각 단계의 매출 흐름을 이해하는 것이 재무제표 분석의 기본이자 중요한 요소다. 각 단계에서 발생하는 매출을 꼼꼼히 살피면 해당 회사의 수익성, 비용 구조, 재고자산 회전율 등을 파악할 수 있다.
- 이런 매출 흐름을 제대로 읽기 위해서는 셀인, 셀아웃, 셀스루와 같은 용어를 정확히 이해해야 한다. 이 용어들은 각 단계의 활동과 매출 인식 시점을 구체적으로 정의해준다.
- 반품 권리나 유통기한과 같은 요인은 매출의 신뢰성과 재무제표에 큰 영향을 미치기 때문에 이런 요인들을 재무제표에 정확히 반영하는 방법을 이해해야 한다. 이를 통해 불확실한 매출에 대한 적절한 조정을 거쳐 실제 매출을 비교적 정확히 평가할 수 있다.

제14장

업종마다 다른 매출 계산 시점

매출은 언제 인식될까?

처음 회계를 배우는 사람들은 이렇게 말하곤 한다.

"물건을 팔았으니 당연히 매출이 생긴 것 아닌가요?"

"돈을 받으면 매출로 잡아야 하는 것 아닌가요?"

겉보기에는 너무나 당연한 말로 들린다. 돈이 들어오면 매출이고 돈이 나가면 비용이라는 식의 직관은 일상에선 잘 통한다. 하지만 회계에서는 다르다. 실제로는 현금이 들어왔다고 해서 매출이 되는 것이 아니고, 물건을 넘겼다고 해서 바로 장부에 매출로 기록되는 것도 아니다.

'언제 매출로 기록하느냐'는 회계에서 매우 중요한 문제인데, 이를 '매출 인식'이라고 부른다. 여기서부터 복잡함이 시작된다. 매출 인식의 기준이 업종이나 계약 구조마다 다르기 때문이다. 어떤 회사는 출고한 순간 매출로 잡고, 어떤 회사는 고객이 검수를 끝낸 뒤에야 매출로 기록한다. 때로는 반품 가능성을 고려해 매출의 일부만 반영하기도 한다. 똑같이 '팔았다'라는 거래라도 장부에 매출이 잡히는 시점과 금액은 전혀 달라질 수 있다. 이런 차이가 기업의 수익 구조와 재무제표 해석에 적지 않은 혼란을 가져온다.

매출 인식은 회계의 기본처럼 보이지만 실제로는 가장 많은 해석과 판단이 필요한 영역에 속한다. 어떤 매출이 왜, 언제, 얼마나 기록됐는지를 따지는 것은 분석에서 매우 중요한 일이다.

매출 인식에서 중요한 것은 '인식'이라는 용어의 의미다. 회계에서 '인식'이란 어떤 거래나 사건을 재무제표에 공식적으로 '기록'하는 것을 뜻한다. 따라서 매출이 발생한 순간이 아니라 그 매출을 장부에 올리는 시점이 중요하다. 이는 회계기준에 따라 기업의 실적을 투명하고 일관되게 보고하기 위한 핵심 절차다.

물건을 고객에게 판매했다고 해서 곧바로 매출로 잡는 것이 아니다. 매출로 인식하기 위해서는 다음을 확인해야 한다.

- 계약이 성립됐는가?
- 소유권이 이전됐는가?
- 대금이 지급됐거나 확실히 받을 수 있는가?

즉, 매출이 발생했다는 사실과 그 매출을 장부에 올리는 시점은 전혀 별개의 문제다.

업종별로 달라지는 매출 인식 시점

매출 인식의 복잡성은 여기에서 끝나지 않는다. 업종별로 매출이 발생하는 순간을 정의하는 기준이 다르기 때문이다. 예컨대 제조업에서는 물건을 인도하는 순간 매출로 기록할 수 있다. 반면 소프트웨어 회사에서는 계약 조건에 따라 매출을 여러 기간에 걸쳐 나누어 인식해야 하는 경우가 많다. 이처럼 동일한 '매출액'이라고 해도 사업 특성에 따라 인식 시점과 방식이 크게 달라진다.

매출 인식의 중요성을 더 잘 이해하려면 실제 기업들이 업종별로 매출을 인식하는 구체적인 방식을 살펴봐야 한다. 이를 통해 매출 인식이 단순한 회계원칙이 아니라 업종별로 기업의 재무 성과를 정확히 평가하는 데 핵심적인 요소임을 알 수 있다.

제조업: 제품 인도 시점에 매출 인식

제조업에서는 제품이 고객에게 인도되는 순간 매출이 발생한다. 대표적인 예로 삼성전자는 고객사(주로 가전제품 유통 업체나 반도체를 주문한 기업)가 주문한 전자제품을 인도받는 순간 매출로 인식한다. 고객사가 대금을 선지급하더라도 제품이 물리적으로 고객에게 전달되기 전까지는 매출로 반영하지 않는다.

▶ 보잉의 제조공장

(출처: Jetstar Airways)

또 다른 사례로 보잉$_{Boeing}$은 항공기를 고객 항공사에 인도할 때 매출로 잡는다. 항공기의 설계나 제작

과정에서 일반적으로 계약금이나 중도금을 받지만 매출로 기록하는 시점은 항공기가 최종적으로 고객에게 전달되어 소유권이 이전된 순간이다.

쉽게 말해 제품이 공장에서 생산됐거나 창고에 보관된 상태에서는 매출로 인식하지 않는다. 고객에게 실질적으로 제품이 인도되는 시점이 매출 발생의 기준이 된다.

유통 및 소매업: 판매 시점에 매출 인식

유통 및 소매업에서는 일반적으로 제품이 고객에게 인도되고 대금 청구권right to payment이 발생한 시점에 매출로 인식한다. 즉, 판매 행위가 아니라 제품 인도와 이에 따른 청구권 발생이라는 2가지 요건이 충족되어야 정식으로 매출로 기록한다. 오프라인과 온라인 매장에서의 판매는 제품이 고객에게 인도되는 시점이 다르기에 다음과 같이 구분한다.

- 오프라인 매장: 고객이 결제를 하고 제품을 인도받는 즉시 매출 인식이 이루어진다.
- 온라인 매장: 제품이 고객에게 배송 완료된 시점(배송 완료 확인 기준)에 매출 인식이 이루어진다.

오프라인이든 온라인이든, 결제가 완료되었더라도 제품이 실제로 인도되지 않았다면 매출로 인식할 수 없다. 예를 들어 배송 중인 상태는 아직 매출 인식 대상이 아니다.

유통업 특성상 반품에 대한 조정도 필요하다. 예를 들어 이마트는 고객이 매장에서 결제할 때 매출로 기록하며, 반품 가능성이 있을 때는 이를 추정해 일부 조정한다.

▶ 이마트의 감사보고서상 주석 '수익인식' 중 '재화의 제공'

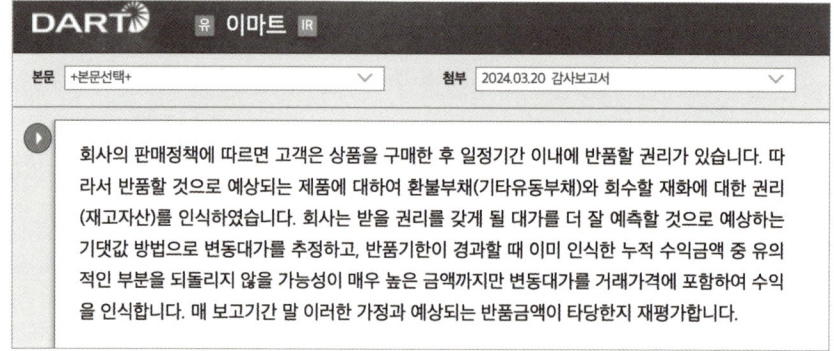

건설업, 조선업 등 수주 산업: 진행 기준으로 매출 인식

건설업과 조선업 같은 수주 산업은 대부분 장기 프로젝트이므로 진행 기준percentage of complete, POC으로 매출을 인식한다. 즉, 프로젝트가 얼마나 진행됐는지를 기준으로 매출을 기록한다. 이때 활용되는 개념이 바로 진행률이다.

진행률(공사 진행률)은 일반적으로 투입된 누적 원가가 전체 예상 원가에서 차지하는 비율로 계산한다. 예를 들어 현대건설이 3,200억 원 규모의 아파트 단지 신축 공사 도급 계약을 수주했다고 가정해보자. 이 프로젝트의 전체 예상 공사원가는 2,500억 원이고 현재까지 실제로 1,000억 원의 공사원가가 투입됐다면, 현재의 진행률은 40%가 된다(1,000억 원÷2,500억 원).

여기서 핵심은 진행률 계산은 '실제 투입된 누적 원가÷전체 예상 원가'로 산정한다는 점 그리고 이 진행률을 도급 계약 금액에 곱해서 해당 기간에 인식할 매출액을 산출한다는 점이다. 예를 들어 이 사례에서 진행률 40%를 도급 계약 금액(3,200억 원)에 곱하면 올해 인식하는 누적 매출은 1,280억 원(3,200억 원×40%)이 된다. 만약 전년도까지 이미 800억 원의 매출을 인식했다면, 올해는 추가로 480억 원(1,280억 원-800억 원)을 매출로 기록한다. 이렇게 진행률 계산과 매출 인식은 연결되어 있지만 각기 다른 절차임을 명심해야 한다.

1. 진행률은 '공사가 얼마나 진척됐는지'를 투입 원가 기준으로 계산한다.
2. 매출액은 '진행률×도급 계약 금액' 방식으로 계산한다.

1년 이내 단기 프로젝트의 경우 프로젝트가 완료된 시점에 매출을 한 번에 인식하기도 하지만, 장기 프로젝트는 이와 같이 진행 상황에 따라 매출을 나누어 기록하는 것이 일반적이다. 이런 방식은 프로젝트 진행 상황과 매출을 일치시키므로 수익의 실질적인 상태를 더 정확히 보여준다.

▶ 현대건설의 감사보고서상 주석 중 '고객과의 계약에서 생기는 수익'

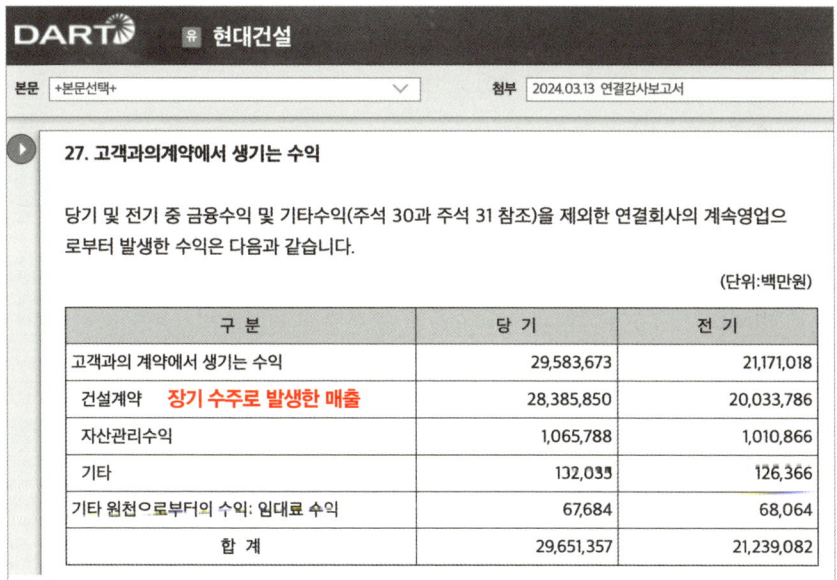

▶ 현대건설의 사업보고서상 사업의 내용 중 '매출 및 수주상황'

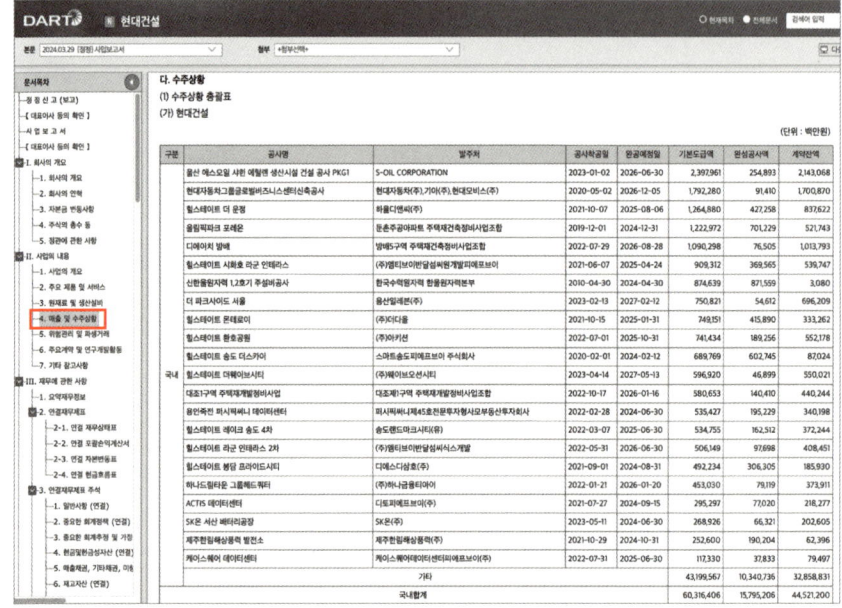

현대건설의 다양한 건설 실적이 매출에 포함돼 있다.

소프트웨어 및 IT 서비스업: 계약 조건에 따른 매출 인식

소프트웨어 업계에는 구독형 서비스와 일회성 판매가 혼재돼 있는데 각각의 매출 인식 기준이 다르다. 예를 들어 네이버의 경우 '네이버 클라우드'와 같은 구독형 서비스는 계약 기간에 맞춰 매출을 분할 인식하고, 일회성으로 판매되는 소프트웨어는 판매 시점에 매출로 인식한다. MS 역시 '마이크로소프트 오피스 365'Microsoft는 Office 365와 같은 구독형 제품은 제공 기간에 나눠서 인식하고, 단발성 판매는 판매 시점에 매출로 기록한다. **클라우드 서비스** cloud service '애저'Azure는 사용 기간에 맞춰 나눠서 매출로 인식한다.

> **클라우드 서비스**
> 기업 내에 서버와 저장장치를 두지 않고 외부의 중앙컴퓨터에 아웃소싱하여 사용하는 서비스.

금융업: 시간에 따라 쌓이고, 순간에 찍히는 매출

금융 회사는 제품을 판매하는 대신 현금을 굴려서 수익을 창출한다. 이 현금흐름에서 나오는 수익은 두 갈래로 나뉜다. 하나는 천천히 쌓이는 이자수익, 다른 하나는 특정 시점에 확정되는 수수료수익이다.

이자수익은 시간을 기준으로 한다. 현금을 빌려준 대가로 받는 이자는 매일 계속해서 발생하는 구조이기 때문에 기간 경과에 따라 점진적으로 매출로 인식된다. 예를 들어 우리은행은 대출 고객에게 1년 동안 받을 이자를 매달 분할해 발생한 기간만큼 이자수익으로 장부에 기록한다. 시중은행 대부분이 이런 방식으로 한다. 반면 수수료수익은 특정 서비스가 완료되는 순간에 인식된다. 카드 결제수수료는 고객이 결제한 시점에, 외환 송금 수수료는 송금이 체결된 시점에, 투자자문 수수료는 계약이 종료된 시점에 매출로 반영된다.

이 구조는 골드만삭스 Goldman Sachs 처럼 자산운용, 투자자문, 트레이딩 중심의 글로벌 투자은행에도 동일하게 적용된다. 골드만삭스는 대규모 인수

▶ 우리은행의 감사보고서상 포괄손익계산서

포 괄 손 익 계 산 서
제 191(당)기 2024년 1월 1일부터 2024년 12월 31일까지
제 190(전)기 2023년 1월 1일부터 2023년 12월 31일까지

주식회사 우리은행 (단위:백만원)

과 목	제191(당)기	제190(전)기
I. 영업이익	3,693,765	3,017,221
1. 순이자이익(주석11,7,6,16)	6,741,783	6,688,491
(1) 이자수익	17,982,378	16,981,802
당기손익-공정가치측정금융자산이자수익	120,688	92,854
기타포괄손익-공정가치측정금융자산이자수익	1,227,748	945,536
상각후원가측정금융자산이자수익	16,633,942	15,943,412
(2) 이자비용	(11,240,595)	(10,293,311)
2. 순수수료이익(주석11,35,45)	973,163	849,437
(1) 수수료수익	1,153,366	1,046,057
(2) 수수료비용	(180,203)	(196,620)

우리은행은 영업이익 중에서 '순이자이익'과 '순수수료이익'을 구별해 보고했다.

합병M&A 자문, IPO initial public offering(기업공개) 주관, 파생상품 거래 등의 수수료수익을 해당 거래가 성사된 시점에 일시에 인식한다. 반면 대출 이자나 **프라이빗뱅킹** private banking, PB 고객으로부터 발생하는 금융수익은 계약 기간에 따라 시간 흐름에 맞춰 분할 인식한다.

> **프라이빗뱅킹**
> 금융기관이 고액 자산가를 유치하여 투자, 세무, 법률 상담 등 종합적인 측면에서 자산관리를 해주는 서비스.

결론적으로, 금융업의 매출은 '현금이 들어온 시점'이 아니라 회계적으로 그 수익을 인식할 자격이 생긴 시점에 기록된다. 은행은 시간을 기준으로, 투자은행은 거래 완료를 기준으로 매출이 쌓인다.

병원 및 헬스케어: 서비스 제공, 제품 판매 시점에 매출 인식

헬스케어 업종은 의료 서비스와 제약 제품 판매라는 이중 구조를 가진다. 삼성서울병원을 예로 들면 의료 서비스는 환자에게 제공을 완료한 시점에 매출로 기록하고, 제약 제품은 유통 업체에 인도한 시점에 매출로 인식한다. 글로벌 제약사 화이자 Pfizer도 약품이 유통 업체에 인도되는 시점에 매출로 잡는다. 장기 치료가 필요한 경우에는 진료 과정에 따라 매출을 나눠서 인식하기도 한다.

호텔 및 항공업: 서비스 완료 후 매출 인식

호텔과 항공업은 고객이 숙박을 마치거나 항공편 운항이 끝난 후에 매출로 인식한다. 예를 들어 호텔신라는 고객이 체크아웃을 완료한 시점에 매출로 기록하며, 예약 단계에서는 선수금으로 처리한다. 티웨이항공은 항공편이 운항된 후 매출로 인식하며, 비행이 완료되지 않은 예약 건은 선수금으로 처리한다. 고객이 돈을 미리 내더라도 서비스가 실제로 제공된 후에야

▶ 티웨이항공의 분기보고서상 연결재무상태표의 '부채'

DART	유 티웨이항공		
본문	2024.11.14 분기보고서 ∨	첨부	+첨부선택+ ∨

부채		
유동부채	495,653,957,223	465,369,371,202
매입채무및기타유동채무	130,913,648,103	113,942,098,210
선수금 **고객에게 받은 예약대금**	**184,255,816,429**	**211,221,122,288**
당기법인세부채	405,643,662	3,062,480,225
기타유동금융부채	1,937,042,042	1,958,477,258
기타 유동부채	33,697,193,200	35,855,740,392

티웨이항공은 '선수금'을 매출로 바로 인식하지 않고 서비스가 완료될 때까지는 부채 항목에 포함한다.

매출이 발생하는 구조다.

콘텐츠 및 미디어: 광고 노출 시점 또는 계약 조건에 따른 매출 인식

미디어와 콘텐츠 업종은 광고와 구독 서비스의 매출을 별도로 인식한다. 예를 들어 CJ ENM은 광고가 방송에 노출되는 순간 매출로 잡으며, 구독형 콘텐츠 서비스는 계약 기간에 맞춰 나누어 인식한다. 구글도 유튜브 광고가 노출되거나 클릭될 때마다 매출로 기록하며, 유튜브 프리미엄과 같은 구독형 서비스는 구독 기간에 맞춰 분할 인식한다.

복합 기업의 매출 제대로 읽기: 삼성물산 사례

이처럼 업종마다 매출 인식 방식이 다르기 때문에 재무제표를 해석할 때 숫자만 보면 착시가 발생할 수 있다. '매출이 늘었다'라는 말이 곧장 '사업이 잘

됐다'라는 뜻은 아니기 때문이다. 매출이 언제, 어떻게 인식됐는지를 함께 봐야 수익 구조를 정확히 파악할 수 있다.

이 원칙은 한 회사 안에 서로 다른 사업부문이 존재할 때 더욱 중요해진다. 대표적인 사례가 삼성물산이다. 삼성물산은 건설, 상사, 패션, 리조트, 급식, 바이오 등 서로 다른 산업 구조를 가진 복합 기업이다. 각 부문은 각각의 사업 모델에 따라 고유한 매출 인식 방식과 시점을 가지고 있다.

▶ 삼성물산의 사업보고서상 사업의 내용 중 '매출 및 수주상황'

부문	품목	판매방법 및 조건
건설	건축/플랜트/ 주택/토목	- 우량 고객 대상으로 고객 맞춤형 기술/서비스 제공, 기술 및 Solution 기반의 B2B, B2G 마케팅 확대 및 Pre-con 서비스 제공을 통해 경쟁 완화 - 상품 차별화 및 전략적 파트너링을 통해 마케팅 역량 강화, 생산성 혁신, 미래기술 확보를 통한 상품 경쟁력 제고, 선진사 및 현지 Top Tier사와 협업하여 리스크 완화 및 수행 경쟁력 확보
상사	화학/철강/ 에너지/소재	- 수출은 L/C base 거래와 T/T거래가 대부분이며, 일부는 D/A, D/P등 무신용장 거래임 - 수입은 대부분 L/C base 거래임
패션	의류/악세서리 등	- 백화점, 직영점, 아울렛, 온라인 등의 유통채널에서 판매가 이루어지고 있으며, 결제조건은 현금 및 신용카드, 외상판매 등의 다양한 방법으로 매출이 이루어지고 있음
리조트	이용권 및 상품 판매, 조경	- 이용권 및 매장 내 상품 판매에 따라 매출이 이루어지고 있으며, 대금의 회수는 현금, 카드 등의 방법으로 이루어짐 - 조경은 수요처의 발주에 따른 건별 도급계약에 의하여 이루어지고 있으며, 수주시 계약조건에 따라 판매조건이 결정됨
급식	단체급식	- 위탁 계약을 통한 급식 제공을 주 판매방법으로 하고있으며, 결제 수단은 현금, 카드 및 외상판매 등을 채택
바이오	바이오 의약품	- 고객사와의 계약을 통해 개별적으로 결정

삼성물산은 다양한 사업을 영위하는 복합 기업이다.

건설 부문: 공정률 기준(진행 기준)

- 매출 인식 방식: 고객 맞춤형 B2B_{business to business}(기업 간 거래) 또는 B2G _{business to government}(기업과 정부기관 간 거래) 프로젝트를 수주하고 공정률에 따라 매출을 점진적으로 인식한다.
- 회계적 해석: 고객과 계약한 이행 의무를 일정 기간에 걸쳐 수행하므로 진행 기준을 적용한다.
- 주요 특징: 리스크를 분산하기 위해 협력사와 연계해 진행하는 만큼 실질 공사 진척도를 기반으로 매출을 인식한다.

상사 부문: 인도 시점 기준(완성 기준)

- 매출 인식 방식: L/C(신용장) 기반의 수출 거래가 주를 이루며 T/T(전신 송금), D/A(인수인도조건 무신용장 결제 방식), D/P(지급인도조건 무신용장 결제 방식) 등 조건부 무신용장 거래를 포함한다.
- 회계적 해석: 일반적으로 제품이 선적되거나 인도되는 시점에 매출을 인식한다.
- 주요 특징: 위험 이전이 명확한 시점(L/C 개설 및 선적 완료 등)을 기준으로 매출을 인식한다.

> **국제무역 결제 방식**
>
> **L/C** letter of credit
> 은행이 지급을 보증하는 약속 문서로, 가장 안전하지만 비용이 드는 결제 방식이다.
>
> **T/T** telegraphic transfer
> 은행을 통한 계좌이체로, 빠르고 안전한 결제 방식이다.
>
> **D/A** documents against acceptance
> 수입자가 나중에 지불하는 방식으로, 외상이나 어음과 비슷하다.
>
> **D/P** documents against payment
> 수출자에게 유리한 즉시 현금 결제 방식이다.

패션 부문: 판매 시점 기준

- 매출 인식 방식: 오프라인 매장, 온라인몰, 아울렛 등에서 제품이 소비자에게 판매되는 시점에 매출을 인식한다.
- 회계적 해석: 소비자에게 통제권이 이전되는 순간, 즉 결제가 완료된 시점에 매출을 인식한다.

- 주요 특징: 반품 가능성 등을 고려해 반품충당금을 설정할 수 있다.

리조트 부문: 용역 완료 시점 기준

- 매출 인식 방식: 이용권, 회원권, 골프·숙박 서비스 등은 이용 시점에 매출을 인식한다.
- 회계적 해석: 고객이 실제 서비스를 이용하거나 이용권을 사용한 시점에 매출을 인식한다.
- 주요 특징: 일부 사전 결제 항목은 선수금으로 처리하고, 서비스를 제공했을 때 매출로 전환한다.

급식 부문: 납품·용역 제공 시점 기준

- 매출 인식 방식: 계약된 식수 및 급식 서비스가 제공되는 시점에 매출을 인식한다.
- 회계적 해석: 실질 용역이 수행돼 고객이 그 혜택을 본 시점에 매출을 인식한다.
- 주요 특징: 정기적인 계약 기반으로 반복적인 서비스를 제공할 때는 일 단위 또는 월 단위로 매출이 발생한다.

바이오 부문: 기술 이전 및 위탁 개발 완수 기준

> **마일스톤**
> 계약에 명시된 특정 작업을 완료하거나 목표를 달성한 시점으로, 매출을 인식하는 기준점 역할을 한다.

- 매출 인식 방식: 고객사의 위탁을 받아 신약 후보 물질을 개발할 경우 특정 단계의 완료 기준으로 매출을 인식한다.
- 회계적 해석: 계약상 이행 단계별로 매출을 나누어 인식하는 성과 기반 인식 방식(**마일스톤** milestone 기준)

- 주요 특징: 기술 이전 계약의 경우 일시 인식 또는 단계별 인식을 적용할 수도 있다.

이처럼 삼성물산은 하나의 재무제표 안에 진행 기준, 완성 기준, 시점 기준, 서비스 완료 기준, 마일스톤 기준 등 다양한 매출 인식 체계를 동시에 운용하고 있다. 따라서 기업의 총매출만을 단순 비교하거나 해석하는 것은 위험하며, 각 부문의 수익 창출 방식과 인식 기준을 구분해서 분석해야 한다.

하나의 재무제표 안에 담긴 매출 숫자라도 그 뒤에는 이처럼 서로 다른 시간의 흐름과 회계 논리가 숨어 있다. 같은 회사 안에서도 사업의 성격과 수익 창출 방식에 따라 매출 인식의 리듬이 전혀 다르다. 어떤 부문은 공정률에 따라 매출이 점진적으로 쌓이고, 어떤 부문은 결제 순간에 일시에 매출로 인식된다. 또 어떤 부문은 고객이 실제로 서비스를 소비해야만 비로소 매출로 기록된다.

매출 인식은 단순히 판매한 행위를 장부에 적는 일이 아니다. 누가, 언제, 어떤 방식으로 가치를 창출했으며 그 대가를 회계적으로 어떻게 해석하느냐에 대한 깊은 판단의 결과다. 기업의 매출 인식 방식은 곧 그 기업의 비즈니스 모델과 고객 관계, 리스크 분배 구조를 반영하는 거울이다.

그래서 매출은 그저 숫자가 아니다. 시간, 약속, 통제권 이전, 계약 조건, 산업 구조 그리고 회계 철학이 얽힌 복합적 표현이다. 매출을 제대로 이해한다는 것은 숫자를 읽는 것이 아니라 그 숫자에 녹아 있는 논리와 흐름을 해석하는 것이다. 그것이 가능할 때 재무제표를 보는 눈이 달라진다.

이 장의 핵심 포인트

- 매출 인식 기준은 업종마다 다르다. 제조업에서는 물건이 고객에게 인도될 때 매출이 발생하지만, 건설업은 프로젝트의 진행률에 따라 매출을 나누어 인식한다.
- '매출 인식'이란 특정 거래나 사건을 재무제표에 공식적으로 기록하는 것을 의미한다. 업종 특성과 수익 구조에 따라 회계적으로 장부에 올리는 시점이 다르다는 점을 기억해야 한다.
- 이런 차이는 기업 재무제표를 분석하는 과정에서 수익 구조를 정확하게 이해하는 데 중요한 요소이며, 다양한 업종의 매출 인식 방식을 염두에 두어야 한다.

제15장

지배구조라는 퍼즐, 기업의 숨은 연결고리를 찾아라

비행기에서 시작된 궁금증

어떤 이야기를 들을 때 앞뒤 맥락 없이 결론만 접하면 어리둥절하기 마련이다. 머리부터 꼬리까지 연결된 흐름이 있어야 제대로 이해할 수 있다. 재무분석도 마찬가지다. 결과로 제시된 숫자만 보고 판단하면 중요한 정보를 놓칠 수 있다. 이런 상황을 피하려면 꼬리에 꼬리를 물고 분석해야 하고, 무엇보다 머리까지 제대로 붙여야 전체 그림을 볼 수 있다.

김포공항에서 제주항공의 비행기를 타고 출장길에 오른 적이 있다. 비치된 항공사 잡지를 뒤적이다가 문득 이런 생각이 들었다.

'제주항공을 소유하고 있는 회사는 어디일까?'

진에어의 대주주가 대한항공이라는 것은 익히 알고 있었다. '에어서울과 에어부산도 아시아나항공 산하에 있으니, 제주항공 역시 어떤 대형 항공사의 자회사가 아닐까?' 궁금증이 일어 습관처럼 스마트폰을 꺼내 DART 앱을 열었다. '제주항공'을 검색하고 '분기보고서'를 클릭했다. 보통은 한 해 전체 정보를 담고 있는 사업보고서를 보지만, 그날은 최근에 공시된 1분기 분기보고서를 열었다. 지분 관계는 언제든 바뀔 수 있으니 최신 정보를 보자는 생각이었다. 이 작은 호기심에서 시작된 검색은 제주항공의 머리와 꼬리를 파악하는 흥미로운 여정으로 이어졌다.

사업보고서와 IR 자료로 지배구조 파악하기
: 제주항공 사례

사업보고서에서 찾기

사업보고서(반기보고서, 분기보고서 동일)에서는 2가지 방법으로 회사의 주주를 확인할 수 있다. 첫 번째는 보고서의 목차 중 '주주에 관한 사항'을 보는 것이다. '최대주주 및 특수관계인의 주식소유 현황'에서 찾을 수 있는데, 특수관계인은 경영진과 임원 그리고 그들의 친인척을 포함한다.

제주항공의 보고서를 살펴보니 에이케이홀딩스가 지분율 50.37%로 최대주주라는 사실을 확인할 수 있었다. 50%를 초과하는 지분을 보유하고 있으니 당연히 에이케이홀딩스의 실적에 제주항공의 실적이 연결된다는 점도 알 수 있었다.

여기까지 보고 문득 '에이케이홀딩스'라는 이름이 낯설지 않다는 생각이 들었다. 생활용품으로 잘 알려진 애경그룹과 연결된 이름이었다. 과거의 애

▶ 제주항공의 분기보고서상 '주주에 관한 사항'

성 명	관 계	주식의 종류	소유주식수 및 지분율				비고
			기 초		기 말		
			주식수	지분율	주식수	지분율	
에이케이홀딩스(주)	최대주주	보통주	40,618,523	50.37	40,618,523	50.37	-
애경자산관리(주)	최대주주등	보통주	2,597,549	3.22	2,597,549	3.22	-
이정석	발행회사임원	보통주	3,000	0.00	3,000	0.00	-
안정태	계열회사임원	보통주	272	0.00	272	0.00	-
이병동	계열회사임원	보통주	0	0	8,724	0.01	주3)
계		보통주	43,219,344	53.59	43,228,068	53.61	
		우선주	-	-	-	-	

제주항공의 최대주주는 50.37%의 지분을 보유한 에이케이홀딩스(주)이다.

경백화점이 지금은 에이케이AK플라자로 바뀌었고, 에이케이홀딩스가 애경그룹의 지주회사라는 사실도 자연스레 떠올랐다. 퍼즐 한 조각이 맞춰지는 기분이었다.

두 번째는 재무제표 주석을 활용하는 것이다. 감사보고서에 포함된 재무제표 주석 1번 '일반사항' 항목을 확인하면 비상장회사라도 주주 내역을 파악할 수 있다. 이는 사업보고서 공시 의무가 없는 회사에도 적용되므로 주주 정보를 가장 직관적으로 확인할 수 있는 방법이다. 이런 과정을 거쳐 퍼즐의 조각을 하나씩 맞춰가면 기업의 지배구조와 연결 관계가 점점 선명하게 드러난다.

재무제표 주석 1번 '일반사항'에는 사업보고서의 '주주에 관한 사항'과 달리 주주 현황이 지분율 기준으로 나열되어 있다. 이곳에서는 사업보고서에서 보이지 않았던 국민연금공단과 제주특별자치도가 주주로 나타난다(2015

▶ 제주항공의 주석 1번 '일반사항'에 나오는 주주현황

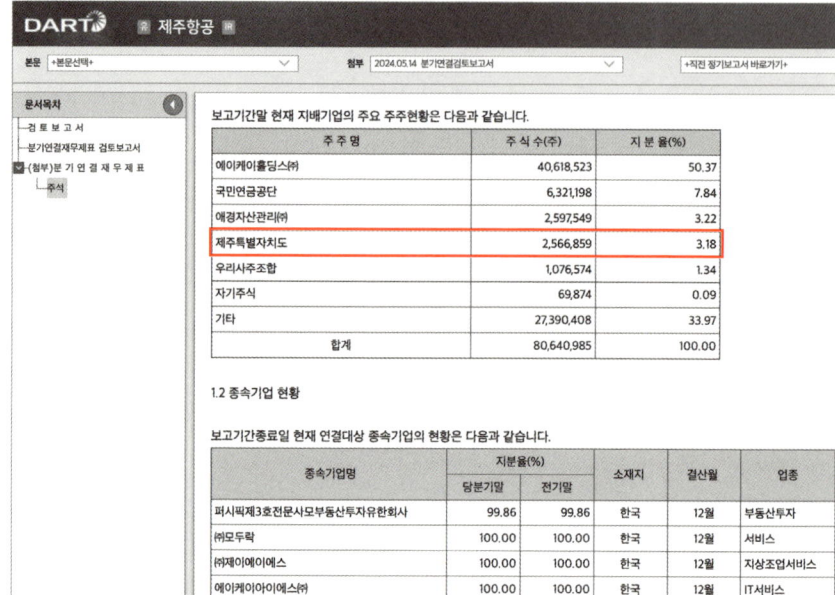

제주특별자치도도 제주항공의 주주다.

▶ 제주항공의 반기보고서상 연결대상 종속회사 현황

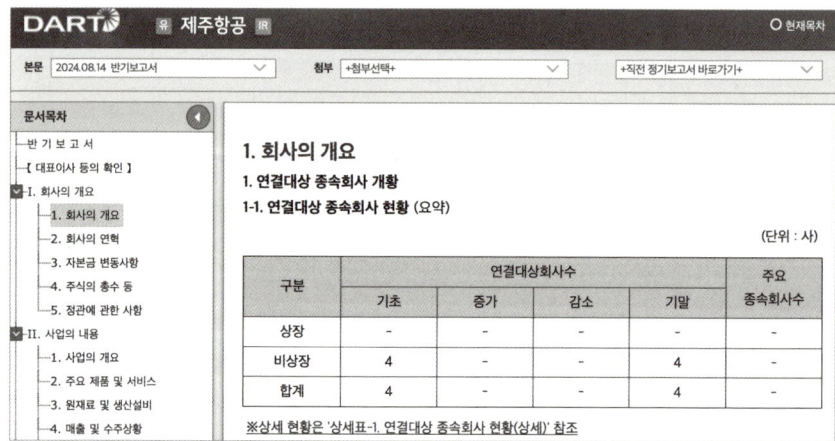

'회사의 개요'에서 종속회사 현황을 확인할 수 있으며, 더 자세한 내용은 상세표를 클릭해 추가로 확인할 수 있다.

년 AK제주항공으로 사명 변경을 시도했지만, 제주도가 반대해서 무산됐다고 한다. 주주였기에 가능한 것으로 보인다).

주석 1번은 주주 현황 외에도 제주항공의 종속회사 현황을 확인할 수 있는 유용한 정보들을 제공한다. 종속회사 현황은 사업보고서에서도 확인할 수 있지만 주석 1번은 이 정보를 직관적으로 보여준다. 사업보고서에서는 1번 항목인 '회사의 개요' 상단에서 종속회사 현황을 확인할 수 있으며, 더 자세한 내용은 상세표를 클릭해 추가로 확인할 수 있다.

▶ 제주항공의 반기보고서상 상세표 '연결대상 종속회사 현황'

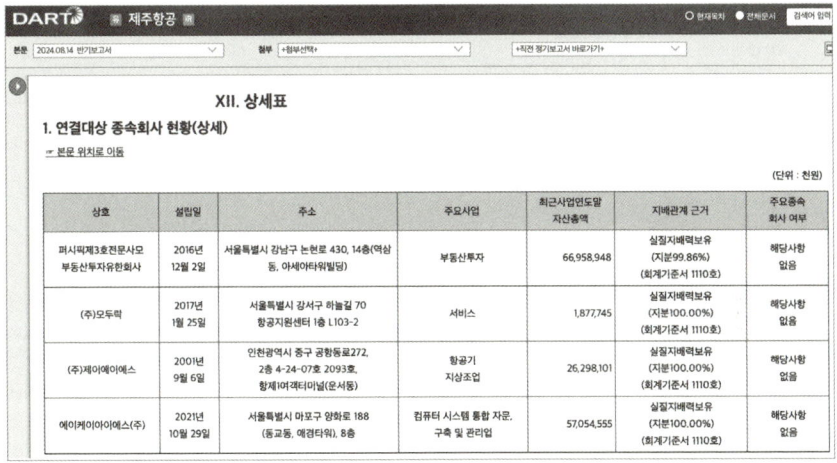

연결대상 종속회사 현황을 클릭하면 볼 수 있다.

최상위 지배주주는 누구일까?

이제 제주항공의 머리와 꼬리를 파악했다. 하지만 제주항공을 지배하는 회사와 그 아래 종속회사만 알아냈을 뿐 전체 그림을 이해하기에는 부족했다. 예를 들어 종속회사인 모두락이나 에이케이아이에스가 궁금하다면 DART에서 각각의 회사 보고서를 찾아 세부 정보를 살펴볼 수도 있다. 하지

▶ AK홀딩스의 분기연결검토보고서상 지배기업의 주요 주주 및 종속기업 현황

만 그 순간 내 호기심은 종속회사들보다는 제주항공의 최대주주, 즉 지배회사인 에이케이홀딩스로 향했다. 에이케이홀딩스를 살펴보면 애경그룹의 전체 구조를 더 잘 이해할 수 있을 것 같았다.

예상대로 에이케이홀딩스의 보고서를 보니 애경그룹의 전반적인 그림이 드러났다. 에이케이홀딩스는 애경케미칼, 제주항공, 에이케이플라자, 애경

산업 등 주요 계열사를 지배하고 있었고, 이들 하위 종속회사들이 연결된 실적 구조를 통해 그룹 전체를 통합적으로 소유·운영하고 있었다. 마치 실타래가 풀리듯 기업의 지배구조가 하나씩 연결되기 시작했다.

여기서부터 본격적으로 검색에 나섰다. 처음에는 '제주항공은 누가 지배하고 있을까?'라는 간단한 의문에서 시작했다. 하지만 이를 추적하다 보니 애경그룹의 지주회사인 에이케이홀딩스가 나왔다. 그런데 에이케이홀딩스를 지배하는 회사가 또 따로 있었다. 바로 애경자산관리였다.

애경자산관리는 비상장회사라 세부 정보가 궁금했다. 감사보고서의 재무제표 주석 1번 '일반사항'을 확인해보니, 애경그룹 오너 일가(개인 및 특수관계자)가 애경자산관리의 주주였다. 여기까지 올라오고 나니 더 이상 추적할 회사는 없었다. 겉보기에는 에이케이홀딩스가 애경그룹의 지주회사인 듯했지만 실제로는 애경자산관리가 그룹 전체를 지배하고 있다는 결론에 도달했다.

▶ 에이케이홀딩스를 지배하는 애경자산관리의 감사보고서상 (첨부)재무제표의 주석

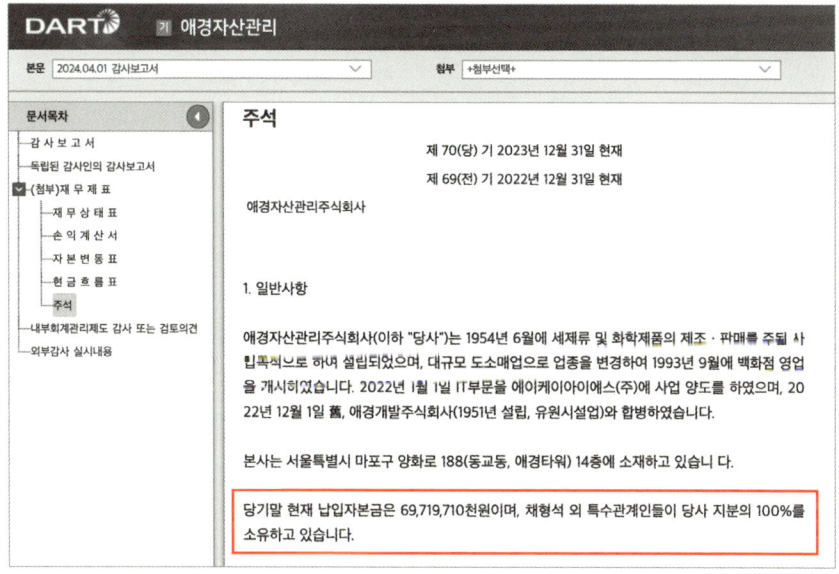

IR 자료에서 지배구조 찾기

지배구조를 파악하는 또 다른 방법은 IR 자료를 활용하는 것이다. 하지만 IR 자료를 확인하려면 회사 홈페이지를 찾아가 투자자 정보 메뉴에서 관련 자료를 검색하고, 하나씩 다운로드한 후 열어봐야 해서 번거로움이 있다. 게다가 일부 회사는 주주 구성이나 지배구조에 대한 정보를 아예 보여주지 않기도 하고, 사업보고서나 감사보고서의 내용을 그대로 복사해놓은 곳도 있어 실망스러울 때가 많다. 그래서 IR 자료를 잘 정리해서 제공하는 회사를 만나면 반갑고, 그 회사에 대한 신뢰도도 높아진다. 자료를 체계적으로 공시하는 회사는 종종 인포그래픽을 활용해 한눈에 보기 쉽게 정보를 제공하기도 한다. 이해하기 쉬울 뿐만 아니라 시간도 많이 절약된다.

제주항공이 바로 그런 사례였다. IR 자료가 깔끔하게 정리되어 있었고, 지배구조에 대한 정보도 한눈에 확인할 수 있었다.

▶ 제주항공의 IR 자료 중 '주주 구성'

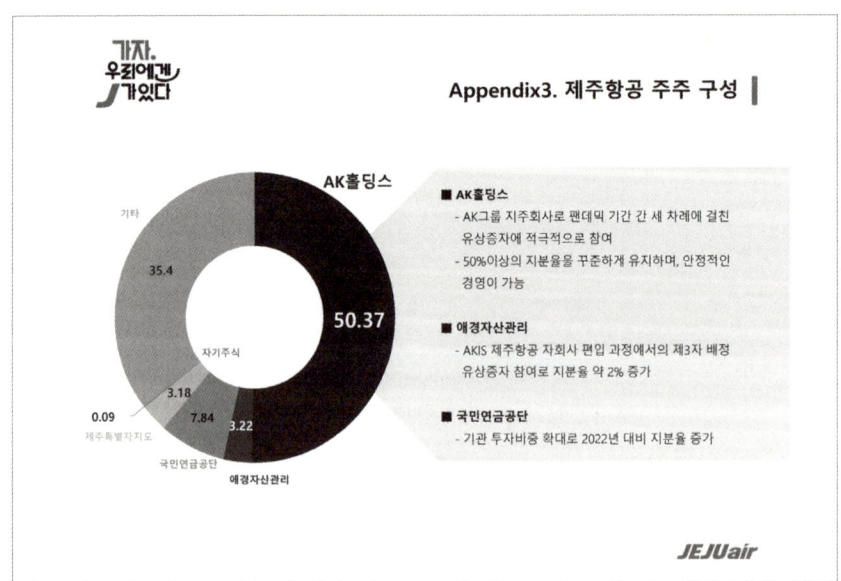

복잡한 지배구조 해부하기: 카카오 사례

카카오처럼 복잡한 지배구조를 가진 회사일 때는 정리된 IR 자료가 큰 도움이 된다. 카카오는 다양한 자회사와 손자회사를 통해 여러 사업부문을 운영하고 이를 기반으로 다양한 시장에서 경쟁력을 유지하며 성장해왔다.

이처럼 지배구조가 복잡하면 이해하기 쉽지 않다. 카카오는 핵심 사업을 분사spin-off해 자회사 형태로 운영하기에 지배-종속 관계가 복잡하다. 예를 들어 카카오게임즈, 카카오뱅크, 카카오페이 등 각 사업부문이 독립적인 형태로 운영되지만 여전히 카카오 본사의 전략적 통제 아래 있다. 이런 구조는 시장에서 효율적으로 경쟁할 수 있는 유연성을 제공하지만, 지배구조를 명확히 파악하지 못한 외부인은 카카오의 경영 방식을 이해하기가 쉽지 않다.

▶ 카카오의 IR 자료 중 '기업 개요'

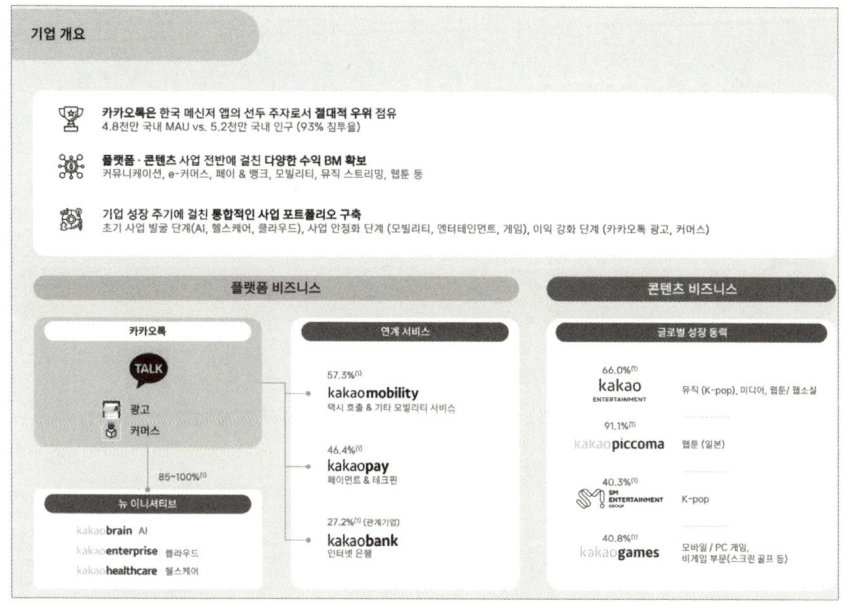

주요 자회사들의 지배구조와 사업 현황을 시각적으로 이해할 수 있게 자료를 제공했다.

카카오의 지배구조를 분석할 때는 최신 지분율과 IR 자료를 참고해 자회사 및 손자회사 간의 연결 관계를 파악해야 한다. 그래야만 전략적 방향, 의사결정 과정 그리고 사업부문 간의 시너지를 이해할 수 있다. 앞서 언급한 제주항공처럼, 카카오 역시 인포그래픽을 활용한 IR 자료를 제공한다. 이를 보면 주요 자회사들의 지배구조와 사업 현황을 시각적으로 이해할 수 있다. 하지만 여기서 멈추면 안 된다. AI 요약이나 신문기사도 빠르게 참고할 수는 있지만, 그것만으로는 정확한 지배구조를 파악하기 어렵다. 지배구조는 늘 변하기 때문이다. 대규모 유상증자, 계열사 매각, 신규 법인 편입 등은 불과 수개월 사이에도 급변할 수 있으며, 언론 보도나 2차 가공 정보에는 최신 내용이 누락되거나 해석이 왜곡될 위험이 있다. 따라서 항상 가장 신뢰할 수 있는 최신 공식 자료를 통해 확인해야 한다.

만약 IR 자료가 불충분하거나 최신 정보가 반영되지 않았다면, 반드시 DART에서 각 사업부문의 재무제표와 주석을 직접 확인해야 한다. 기업의 지배구조는 퍼즐처럼 흩어진 조각들을 맞추어야 제대로 윤곽이 드러난다. 그 퍼즐을 완성하는 조각은 신문이나 요약본이 아니라, 최신 공시 자료 속에 숨어 있다.

 이 장의 핵심 포인트

- 기업의 지배구조를 파악해야 제대로 된 재무 분석을 할 수 있다.
- DART를 통해 최신 보고서와 재무제표 주석을 확인하면 주주 구성과 지배 관계를 효율적으로 분석할 수 있다.
- 지배구조가 복잡한 기업이라면 IR 자료와 최신 지분율 정보를 참고하여 전략적 방향을 이해하는 것이 필수적이다.

제16장

지배구조라는 매트릭스, 연결재무제표로 해석하다

연결재무제표가 왜 필요할까?

요즘 연결재무제표는 기본 중의 기본이다. 우리가 접하는 실적 관련 뉴스와 애널리스트 리포트도 대부분 연결 기준이기 때문이다. 여기서 '연결'이란 단순히 서류를 한데 모으는 것이 아니라 하나의 경제적 실체로서 모회사와 자회사의 재무 정보를 통합하는 회계적 작업을 말한다. 왜 이런 작업이 필요할까? 그리고 연결재무제표로는 무엇을 더 볼 수 있을까?

기업의 실적 발표에서 언급되는 매출액 또한 대부분 연결 매출이다. 따라서 기업의 재무제표를 제대로 이해하기 위해서는 앞서 배운 지배구조부터 파악해야 한다. 즉, 분석 대상 회사의 지배주주를 파악하고, 연결 대상 자회

▶ 동원산업 연결재무제표 기반 실적 발표 사례

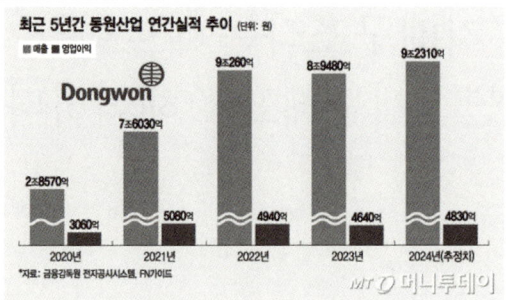

최근 5년간 동원산업 연간실적 추이/그래픽=윤선정

동원그룹 지주사 동원산업의 분기 영업이익이 지난해 대비 증가세로 돌아섰다. 매출액은 소폭 감소했지만 2년 만에 '연매출 9조원'을 회복할 수 있을지 기대감이 모아진다.
동원산업은 4일 3분기 연결기준 잠정 영업이익이 1740억원으로 전년 동기 대비 12.9% 증가했다고 4일 밝혔다. 매출액은 2조3390원으로 이 기간 1.9% 줄었다. 증권 업계에서 전망한 동원산업의 3분기 컨센서스(예상치)인 영업이익 1670억원, 매출액 2조6010억원과 비슷한 수준이다. 누적 영업이익은 3690억원이며 지난해 같은 기간과 비교해 1.3% 줄었다.

동원산업은 개별재무제표가 아닌 연결재무제표 기준으로 매출과 영업이익 실적을 발표했다. 연결재무제표는 본사뿐 아니라 주요 자회사들의 실적을 통합 반영해 기업 전체의 수익성과 성장성을 보여준다. 기업을 분석할 때는 연결기준과 별도 기준 실적의 차이를 반드시 구분해 읽어야 한다. (출처: 〈머니투데이〉)

사가 얼마나 되는지 확인해야 한다.

연결재무제표는 모회사(지배기업)와 자회사(종속기업) 간의 모든 재무 정보를 합산하여 그룹 전체의 재무 상황을 반영한다. 이를 통해 내부 거래나 자회사 간 거래가 그룹 전체 재무제표에 어떻게 영향을 미치는지 파악할 수 있다. 만약 **연결 조정**을 제대로 하지 않으면 내부 거래가 과다 반영되어 매출이 실제보다 부풀려질 수 있다.

예를 들어 그룹 내 중간 거래를 하는 특정 회사가 유령 거래처럼 작동하여 매출을 부풀릴 수도 있는데, 이는 그룹 내 자금이 순환하는 것에 불과

> **연결 조정**
> 모회사와 자회사들의 개별재무제표를 합산할 때 서로간의 내부 거래를 제거하여 외부 관점에서의 실제 재무 성과를 보여주는 회계처리 과정.

하다. 이 허위 거래로 사실과 다른 세금계산서가 발행될 수 있는데, 이 경우 세무 당국으로부터 거래 자체를 부인당할 위험이 크고 금융감독원의 제재를 받을 가능성도 있다. 분식회계의 대표적인 방법이 바로 이와 같은 매출 부풀리기다. 이런 문제를 방지하기 위해서라도 연결재무제표가 필수적으로 활용되어야 한다.

기업의 전체 실력 평가에 꼭 필요하다

연결재무제표는 모회사가 자회사에 대해 지배력을 가지거나 큰 영향력을 행사할 때, 두 회사의 재무상태와 성과를 하나로 합산하여 작성하는 것이다. 예를 들어 A라는 모회사가 B라는 자회사를 100% 소유하고 있다고 가정해보자. 이 경우 A와 B는 각각 별도의 재무제표를 가지고 있지만, 투자자나 이해관계자가 진짜 궁금해하는 것은 'A와 B를 합쳤을 때 이 그룹 전체는 얼마나 벌고, 얼마나 부채를 지고 있는가?' 하는 것이다. 그래서 A와 B의 자산·부채·수익·비용을 합산해 하나의 연결재무제표로 작성한다. 이렇게 해야 그룹 전체의 규모와 경영 체력을 제대로 파악할 수 있다.

연결재무제표의 가장 큰 목적은 모회사와 자회사의 개별재무제표를 대체하여 지배·종속 관계에 있는 기업의 전체 자산·부채·수익·비용의 흐름을 하나로 묶어 보여주는 데 있다. 이로써 투자자들에게 실제 기업가치를 제대로 전달하여 경영의 투명성을 높인다. 그래서 사업보고서를 펼치면 가장 먼저 등장하는 것이 '연결 기준 종속회사 목록'이다. 연결재무제표를 읽을 때는 매출이나 이익만 보는 것이 아니라 연결 대상이 된 자회사들이 어디인지, 이들이 어떤 사업을 하고 있는지까지 세심하게 살펴야 한다.

▶ SK하이닉스의 사업보고서상 '회사의 개요'

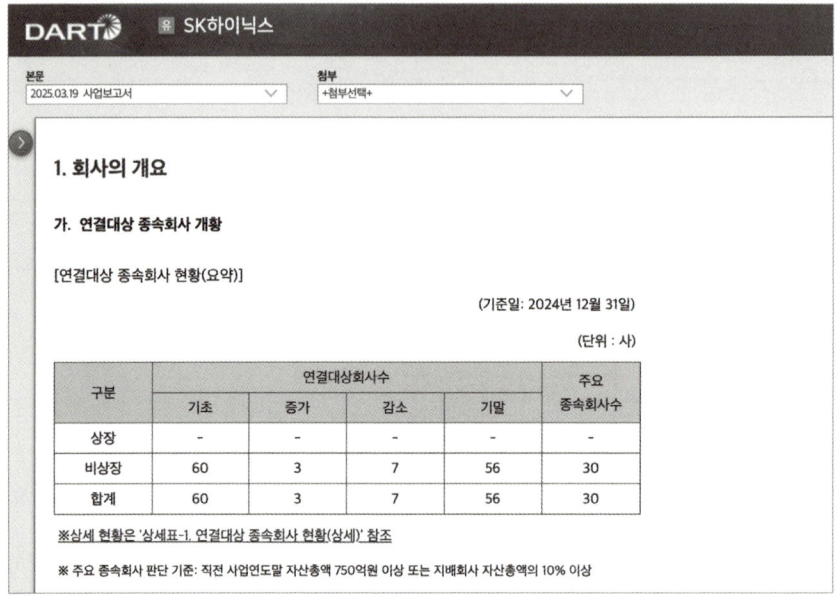

SK하이닉스는 2024년 12월 기준 종속회사가 56개라고 보고했다.

예를 들어 SK하이닉스는 2024년 말 기준으로 무려 56개에 달하는 종속회사를 보유하고 있다. 이들은 반도체 제조부터 관련 R&D, 해외 판매 법인에 이르기까지 다양한 사업을 영위한다. 만약 SK하이닉스 본사 실적만 보고 기업을 평가한다면 이 56개 자회사의 실질적 기여도나 리스크를 완전히 놓치고 만다. 따라서 연결 기준으로 작성된 재무제표를 통해 이 모든 자회사의 성과를 포함해 파악해야 한다. 종속회사의 목록과 주요 사업 내용은 사업보고서나 재무제표 주석 부분에 자세히 설명되어 있으니, 재무제표를 제대로 읽으려면 이 부분을 꼼꼼히 확인해야 한다.

연결재무제표를 읽는다는 것은 단순히 여러 회사의 숫자를 합치는 작업이 아니다. 연결을 통해 기업 전체의 비즈니스 구조를 이해하고, 자회사들의 기여도와 리스크를 평가하며, 그룹 차원의 경영 전략과 방향성까지 읽어내는 것이다. 기업을 하나의 유기적인 시스템으로 바라보는 관점, 이것이 연결재무제표 분석의 핵심이다.

별도와 연결, 함께 분석해야 한다

기업에서는 연결재무제표뿐 아니라 별도재무제표도 함께 공개하며 이는 사업보고서나 감사보고서를 통해 확인할 수 있다. 연결재무제표는 모회사와 자회사의 재무 정보를 통합하여 작성하는 반면, 별도재무제표는 모회사 자체의 재무상태와 성과를 독립적으로 보여준다.

▶ 자회사 보유 여부에 따른 재무제표의 종류

한편 반도체 검사용 소켓을 제조하는 리노공업처럼 자회사가 없는 기업도 있다. 이런 기업은 개별재무제표만 작성한다.

리노공업처럼 자회사(종속회사) 없이 독립적으로 운영되는 기업도 있지만, 대부분 기업은 자회사와의 거래를 통해 사업을 운영하고 확장해나간다. 이런 현실을 고려할 때 연결재무제표를 통해 그룹 전체의 재무상태를 파악하는 것이 얼마나 중요한지 쉽게 알 수 있다. 기업의 재무제표를 분석할 때는

▶ 리노공업의 사업보고서상 '회사의 개요'

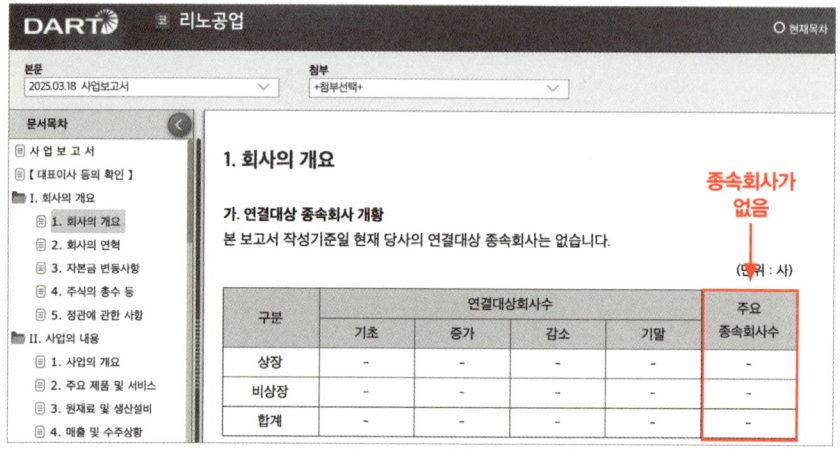

▶ 사업보고서의 목차 예

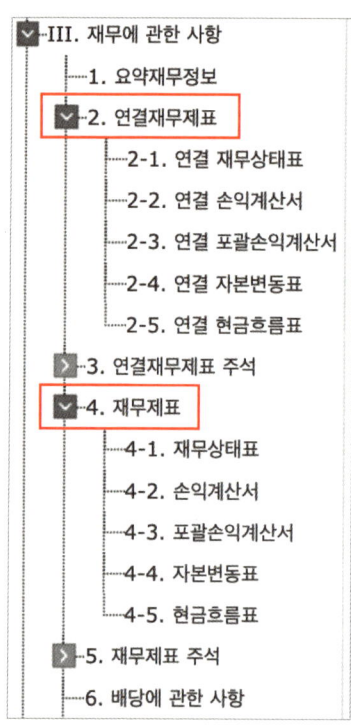

'재무제표'보다 '연결재무제표'가 먼저 등장한다.

연결 매출뿐만 아니라 연결 대상 자회사 수와 내부 거래의 적정성까지 꼼꼼히 확인해야 한다. 내부 거래가 과도하거나 부적정하게 처리될 경우 재무상태가 왜곡될 위험이 있기 때문이다.

재무제표를 분석하기 위해 DART에 접속하면 가장 먼저 마주치는 기본 재무제표가 연결재무제표다. 사업보고서에서도 연결 기준이 별도 기준보다 앞서 배치되어 있다. 연결재무제표가 기업의 전반적인 경영 상태를 더 종합적으로 보여준다는 점에서 기본 자료로 활용되기 때문이다.

연결재무제표가 기본 재무제표로

널리 사용되고 있지만, 별도재무제표 또한 반드시 확인해야 한다. 연결재무제표는 그룹 전체의 종합적인 재무상태를 보여주기 때문에 그룹의 실적과 재무 건전성을 파악하는 데 매우 유용하다. 반면 별도재무제표는 모회사 자체의 현금흐름, 자금 조달 능력, 배당 가능성 등을 평가하는 데 필수적이다. 예를 들어 연결재무제표에서 그룹 전체의 실적이 양호하더라도 모회사의 별도재무제표가 부실하다면 문제가 될 수 있다. 이런 경우라면 모회사가 종속회사의 실적에 지나치게 의존하는 상황일 가능성이 있다. 재무제표를 분석할 때는 연결재무제표와 별도재무제표를 함께 검토하여 모회사와 그룹 전체의 재무상태를 균형 있게 평가하는 것이 중요하다.

별도에서는 보이지만 연결에서는 사라지는 숫자
: 삼성전자 사례

2023년도 삼성전자의 별도재무제표를 살펴보면 흥미로운 점이 눈에 띈다. 영업손실이 11조 원이나 되는데도 당기순이익이 무려 25조 원에 이르렀다. 영업외수익, 그중에서도 배당금수익이 29조 원에 달했기 때문이다.

이 막대한 배당금은 어디에서 나왔을까? 바로 삼성전자가 보유한 232개의 종속회사와 6개의 관계회사 등으로부터 받은 것이다. 전년도 배당금수익이 약 4조 원에 불과했던 것과 달리 2023년에는 배당금이 급격히 늘어났다. 자금 조달이 필요했던 삼성전자 측에서 정책적으로 배당금을 대폭 늘리도록 종속회사들에 요청한 결과다.

그런데 삼성전자의 연결재무제표에서는 배당금수익이 29조 원이 아니라 1,642억 원으로 나타난다. 왜 그럴까? 연결재무제표에서는 삼성전자와 그

▶ 삼성전자(별도) 감사보고서상 손익계산서

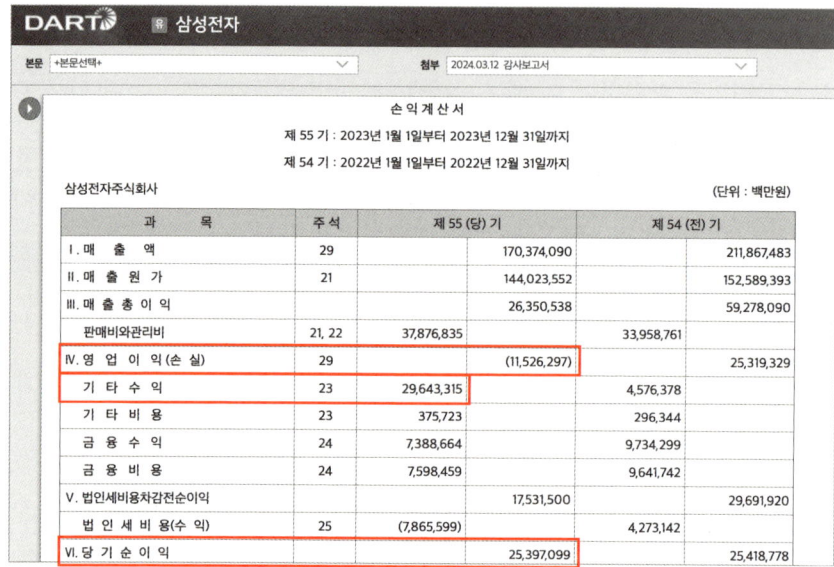

영업손실이 11조 원에 달함에도 불구하고 29조 원의 기타수익 덕분에 당기순이익이 25조 원을 기록했다.

▶ 삼성전자(별도) 감사보고서상 재무제표 주석23. 기타수익 및 기타비용

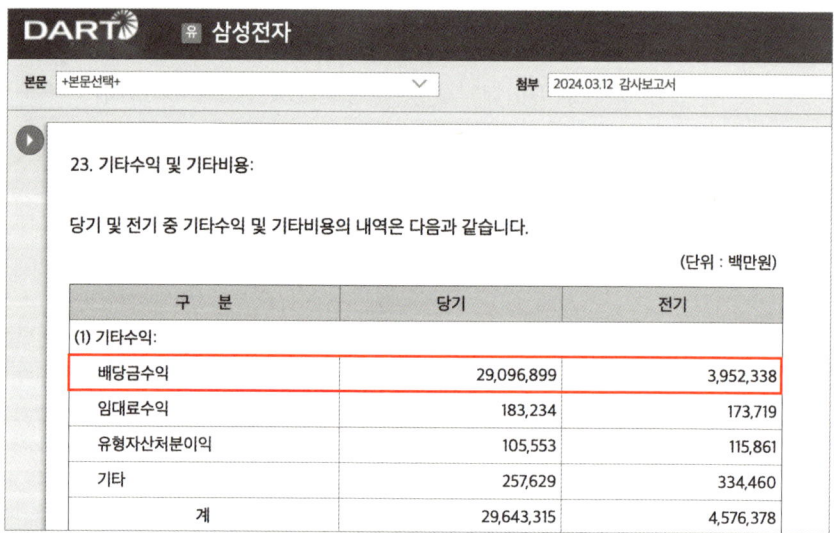

주석을 보니 기타수익의 대부분이 배당금수익임이 확인된다.

종속회사들을 단일 회사로 간주하기 때문이다.

비유하자면, 내가 내 통장에서 또 다른 내 통장으로 돈을 이체한 셈이라고 할 수 있다. 삼성전자가 종속회사들로부터 배당금을 받는 것 역시 연결

▶ 삼성전자 연결감사보고서상 재무제표 주석23. 기타수익 및 기타비용

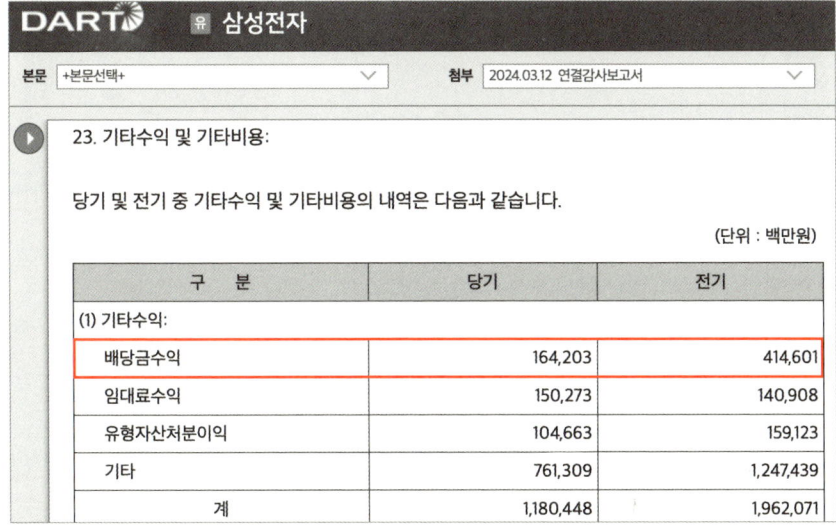

삼성전자의 연결감사보고서상 연결재무제표 주석. 연결을 하면 종속회사가 지배회사에 제공한 배당금은 사라진다.

기준에서는 자기 돈을 자기에게 준 것과 마찬가지다. 이런 이유로 연결재무제표에서는 이런 '내부 배당'을 영업외수익으로 인식하지 않는다.

결과적으로, 삼성전자가 종속회사들로부터 받은 배당금은 연결재무제표가 아닌 별도재무제표에서만 보이는 독특한 장면을 만들어낸다. 모회사와 종속회사 간의 거래가 연결 기준에서는 조정되기 때문이다. 이런 차이를 이해하는 것이 별도재무제표와 연결재무제표를 균형 있게 분석하는 핵심이다.

모회사와 종속회사 간의 채권과 채무는 어떻게 될까? 연결재무제표에서

> **연결제거분개**
> 연결재무제표를 작성할 때 모회사와 자회사 간 거래나 계정 잔액 등 내부 거래를 상쇄해 그룹 전체 재무상태와 경영성과를 하나의 경제실체처럼 보여주기 위해 수행하는 회계 처리. 즉, 모회사가 보유한 자회사 주식과 자회사의 자본, 그룹 내 매출·매입, 미실현이익, 채권·채무 등의 내부 거래를 상호 상쇄해 제거함으로써 동일 거래가 두 번 인식되는 것을 방지하고, 외부와의 실제 거래만 반영된 연결재무제표를 제공하도록 한다.

는 모회사와 종속회사 간의 모든 채권·채무가 '내부 거래'로 간주되어 **연결제거분개**를 통해 실제 거래에서 제외된다. 내부 거래를 제외해야 기업의 순수한 재무상태와 성과가 드러나기 때문이다. 연결재무제표는 그룹 전체를 하나의 기업처럼 통합적으로 표현하면서도 내부와 외부의 경계를 명확히 하여 투자자들이 더 나은 의사결정을 할 수 있게 해준다.

연결재무제표를 작성하는 과정을 3단계로 정리해보면 다음과 같다. 먼저 1단계에서는 지배회사와 종속회사의 개별 재무제표를 단순합산하여 합산재무제표를 작성한다. 2단계에서는 투자·자본 계정 상계 제거, 내부 거래 및 미실현손익 제거 등의 연결제거분개를 수행한다. 이 과정에서 그룹 내부 거래로 인한 중복계상을

▶ 연결재무제표를 작성하는 과정

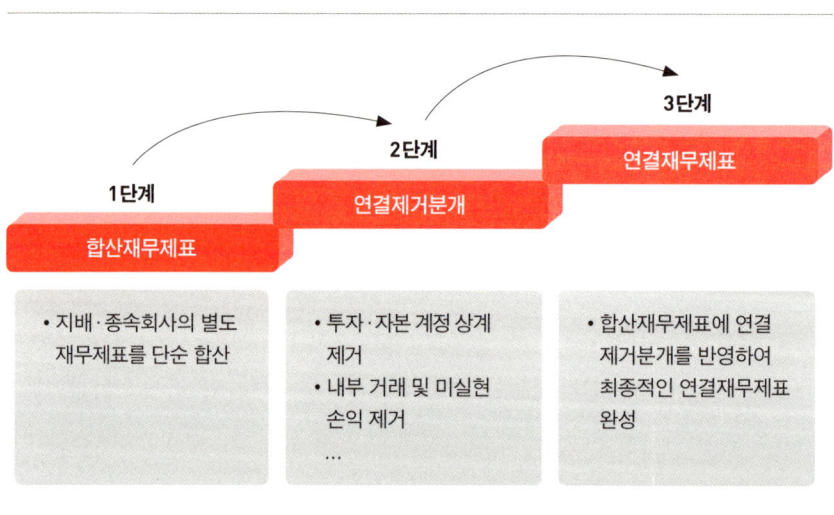

제거하고 지배회사의 투자계정과 종속회사의 자본계정을 상계처리한다. 3단계에서는 합산재무제표에 연결제거분개를 반영하여 최종 연결재무제표를 완성한다. 이러한 단계별 접근을 통해 기업집단을 하나의 경제적 실체로서 정확하게 표현할 수 있다.

 이 장의 핵심 포인트

- 연결재무제표는 모회사와 자회사의 재무상태를 하나로 통합해 그룹 전체의 경영 상황을 투명하게 보여주는 중요한 자료다. 종속회사와 관계회사를 포함하여 실질적인 재무상태와 성과를 파악할 수 있게 해준다.
- 연결재무제표는 내부 거래를 제거하여 실제 외부 매출과 비용만 반영한다. 기업의 실적을 제대로 평가하기 위해서는 연결 기준, 연결 대상 자회사 수 그리고 내부 거래의 적정성 등을 면밀히 확인해야 한다.
- 별도재무제표는 모회사의 독립적인 재무 상황을 보여주기 때문에 재무제표를 분석할 때는 연결재무제표와 함께 검토해야 그룹 전체의 재무상태를 파악할 수 있다.

제17장

지분법손익까지 봐야 전체 그림이 보인다

모회사의 지배력이 어느 정도인가

연결 기준으로 포함되는 종속회사 외에도 모회사(지배회사)와 긴밀히 연결된 관계회사가 존재한다. 관계회사는 모회사가 상당한 지분을 보유해 영향력을 행사하지만 종속회사처럼 완전히 지배하지는 않는 회사를 말한다. 둘 다 가까운 관계이긴 하지만 정도에 차이가 있다. 사람에 비유하자면 종속회사는 모회사 입장에서 자식 같은 존재이고, 관계회사는 동생이나 조카 같은 존재라고 할 수 있다.

    종속회사는 50% 초과 지분을 보유한 모회사로부터 의사결정에 절대적인 영향력을 받는 기업이다. 마치 부모의 말을 따르는 자식처럼, 모회사의 지

▶ 지배회사 vs. 종속회사 vs. 관계회사

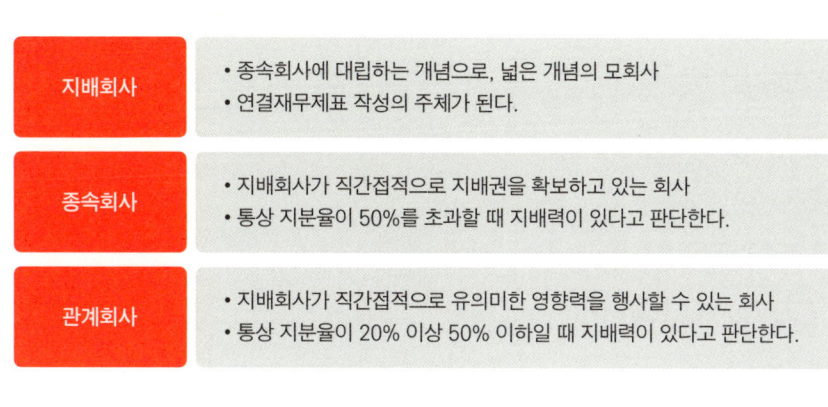

▶ 삼성전자의 재무제표 주석에 나오는 관계기업과 공동기업 정보

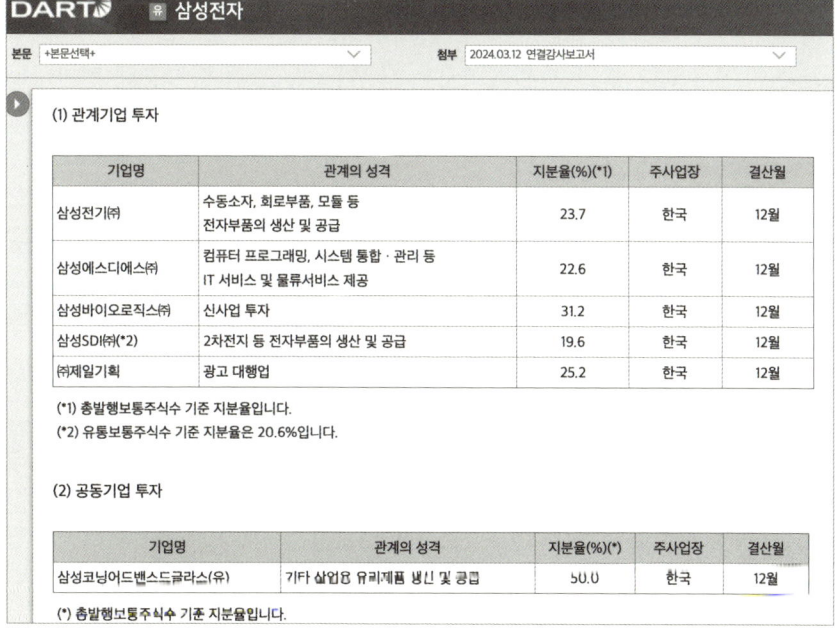

시나 전략을 따라야 한다. 관계회사는 그 정도로 밀접하지는 않다. 20% 이상 50% 이하의 지분을 가진 모회사(엄밀히 보자면 이 경우는 모회사가 아니지

만 편의상 모회사로 지칭)가 경영에 어느 정도 영향력을 행사할 수 있지만 모든 결정을 좌지우지할 수는 없다. 즉, 조언은 해줄 수 있지만 모든 결정에 관여하지는 않는다.

종속회사와 관계회사의 회계처리 방법
: 통합과 지분법

종속회사의 실적은 모회사가 전부 반영한다. 즉 종속회사의 자산, 부채, 자본, 손익을 모회사와 통합하여 연결재무제표로 작성한다. 둘을 하나의 경제적 실체로 보는 관점이다.

> **지분법**
> 자사가 투자하고 있는 회사(유의한 영향력을 행사하는 회사)의 경영 실적을 재무제표에 반영하는 제도. 피투자사의 순자산이 변동하는 데 따른 지분 가치의 변동을 일정 기간마다 평가하여 반영한다.

관계회사는 **지분법**equity method을 사용해 평가하는데, 관계회사의 순이익이나 손실에 대해 모회사가 보유한 지분만큼 수익이나 손실을 인식하는 방식이다. 예를 들어 모회사가 관계회사의 지분 30%를 가지고 있다면, 관계회사가 100억 원의 당기순이익을 기록했을 때 모회사는 30%인 30억 원만큼을 이익(지분법이익)으로 인식한다. 물론 관계회사가 당기순손실을 기록하면 지분율만큼 손실 또한 인식한다.

지분법손익은 실제 현금이 오가는 거래가 아니다. 모회사의 손익계산서에 관계회사의 손익이 반영되더라도 회계적으로 인식된 수익일 뿐 현금이 유입되는 것은 아니다. 앞서의 예처럼 모회사가 30억 원을 지분법이익으로 인식한다고 할 때, 이 30억 원은 모회사의 손익계산서에 간접적인 수익으로 기록되지만 실제로 이만큼의 현금이 모회사에 유입되는 것은 아니다.

지분법손익은 주로 장기적인 투자 관점에서 관계회사 실적에 대한 모회사의 지분 가치를 반영하기 위한 것이다. 모회사의 손익계산서상 수익성을 높이는 데 기여하지만 현금흐름표에는 포함되지 않는다. 이 때문에 지분법이익이 높은 기업이라도 현금 유동성이 부족해질 수 있다. 예를 들어 관계회사가 이익을 많이 냈어도 배당금을 지급하지 않거나 자금을 내부 재투자에 사용할 경우 모회사는 지분법이익으로 높은 수익을 기록한다. 하지만 실제로는 현금이 없어 자금 조달, 배당금 지급, 부채 상환 등에 어려움을 겪을 수 있다.

결론적으로 지분법손익은 관계회사의 실적을 반영하는 중요한 수단이지만 현금 유출입과는 무관하다는 점을 염두에 두어야 한다. 따라서 지분법손익과 실제 현금흐름을 반드시 함께 검토해야 기업의 재무상태를 정확히 이해할 수 있다.

지분법 손익으로 인한 당기순이익 변동성
: SK텔레콤 사례

2011년 SK그룹의 전략적 판단에 따라 SK텔레콤이 SK하이닉스의 지분을 보유하게 됐다. 당시 SK그룹은 위기에 처한 하이닉스반도체를 인수하며 반도체 사업에 진출했는데, 안정적인 현금 창출원이었던 SK텔레콤을 인수 주체로 삼았다. 반도체와 ICT(정부통신기술) 간의 시너지를 통해 SK그룹의 사업 포트폴리오를 강화하기 위해서였다.

SK텔레콤은 본업인 통신 사업에서 안정적인 매출과 영업이익을 기록하며 꾸준히 성과를 내왔다. 그러나 SK하이닉스의 지분 20.1%를 보유한 이후

▶ SK텔레콤의 사업보고서상 손익계산서

영업이익은 안정적이지만 지분법이익(관계기업및공동기업투자관련이익)의 변동에 따라 당기순이익의 변동성이 크다.

에는 업황에 따라 실적이 오르내렸다. SK하이닉스의 실적이 SK텔레콤의 재무제표에 지분법손익(SK텔레콤 손익계산서에는 '관계기업및공동기업투자관련이익'으로 기록)으로 반영돼 영업외손익에 포함됐기 때문이다. 반도체 업황 호조로 SK하이닉스가 높은 순이익을 올리면 지분법이익이 크게 반영됐고, 반도체 업황이 악화되면 지분법손실이 반영됐다. 이와 같은 지분법손익의 영향으로 SK텔레콤은 본업 성과와 무관하게 당기순이익의 변동성이 커지는 특성이 나타났다.

2021년 11월, SK텔레콤은 **인적분할**人的分割을 통해 AI 및 디지털 인프라 서비스를 담당하는 SK텔레콤과 반도체 및 ICT 투자 전문 회사인 SK스퀘어로 나누는 구조 재편에 나섰다. 이 과정에서 SK하이닉스의 지분이 SK스퀘어로 이전돼 SK텔레콤이 SK하이닉스의 지분법손익을 반영하지 않게 됐다.

> **인적분할**
> 하나의 회사를 수평적으로 나눠 독립된 회사를 하나 더 만드는 방식. 기존 회사와 신설 회사의 주주 구성 비율을 동일하게 유지하는 것이 핵심이다. 대비되는 개념이 물적분할物的分割인데, 기존 회사가 신설 회사의 지분을 100% 보유하는 방식이다.

분할 이전 SK텔레콤은 SK하이닉스의 지분법손익을 영업외손익으로 분류했다. SK하이닉스의 실적 변동이 SK텔레콤의 본업인 통신 사업과 직접적인 연관성이 없었기 때문이다. 그래서 SK텔레콤의 영업이익은 SK하이닉스의 실적에 영향을 받지 않았고 당기순이익에서만 변동성이 나타났다.

SK텔레콤과 달리 SK스퀘어는 투자 및 관리를 주요 사업 목적으로 하는 지주회사다. 지주회사로서 SK스퀘어는 자회사의 지분법이익을 본업의 핵심 성과로 간주하며, SK하이닉스에서 발생하는 지분법손익을 영업이익에 포함한다. 이에 따라 SK스퀘어의 영업이익은 SK하이닉스의 실적에 직접적인 영향을 받게 됐다. SK텔레콤 시절에는 지분법손익이 영업외손익으로 분류되어 영업이익과는 무관하게 처리됐지만, SK스퀘어로 이전된 이후에는 지분법손익이 영업이익에 포함되면서 회사의 본업 성과로 평가되는 구조가 됐다. 이런 회계처리 방식의 차이는 사업 목적의 차이에서 비롯되는데 SK텔레콤은 통신 사업, SK스퀘어는 투자·관리 사업이 주목적이다.

▶ SK스퀘어의 사업보고서상 연결손익계산서

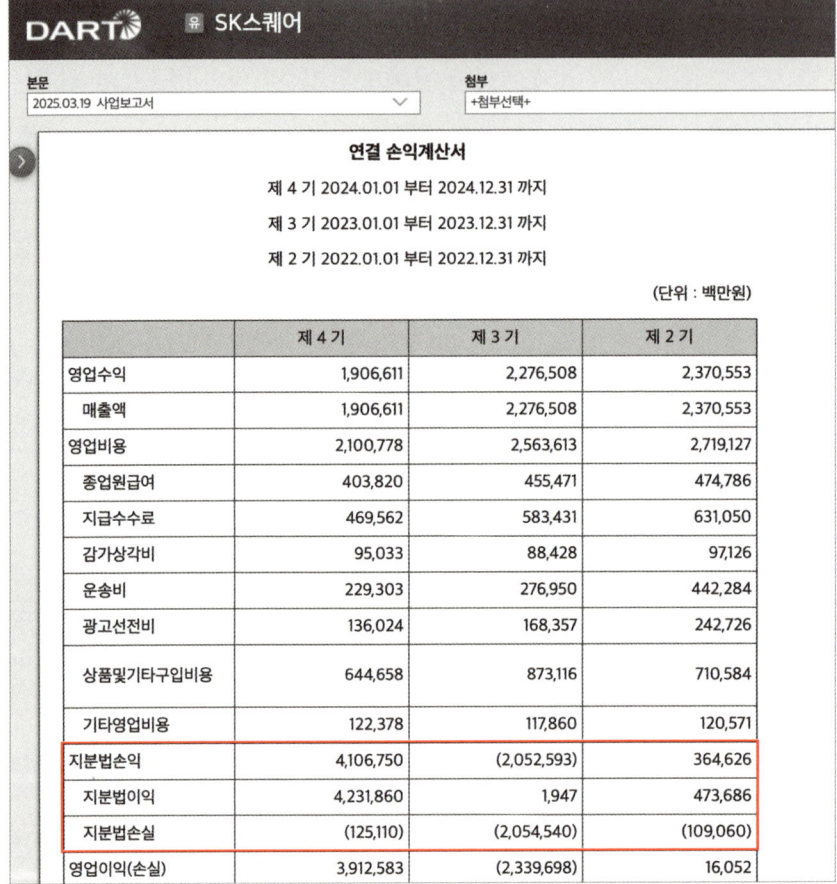

SK텔레콤에서 인적분할된 SK스퀘어가 SK하이닉스의 지분을 이전받으면서 지분법손익도 여기서 반영하게 됐다.

SK텔레콤의 경영자는 SK하이닉스의 실적 변동성이 자사 당기순이익에 계속 영향을 미칠 때마다 속이 쓰렸을 것이다. 통신 사업을 안정적으로 운영하고 있음에도 반도체 업황에 따라 당기순이익이 출렁거리니 억울했을지도 모른다. 그러다가 지분을 SK스퀘어로 넘기면서 드디어 이 부담에서 벗어났다. 이제 반도체 실적의 변동성은 SK스퀘어의 몫이 됐고, SK텔레콤은 본업의 성과가 순수하게 당기순이익에 반영되는 구조로 돌아갔다.

투자의 목적에 따라 달라지는 평가
: 공정가치금융자산 vs. 관계회사

이처럼 기업의 투자자산이 지분법손익으로 연결되는 방식은 경영 전략과 회계처리에 큰 영향을 미친다. 하지만 지분법손익 외에도 기업의 투자자산에는 공정가치금융자산이 포함될 수 있다.

▶ 삼성전자의 연결감사보고서상 재무상태표의 '비유동자산'

II. 비유동자산			259,969,423		229,953,926
1. 기타포괄손익-공정가치금융자산	4, 6, 28	7,481,297		11,397,012	
2. 당기손익-공정가치금융자산	4, 6, 28	1,431,394		1,405,468	
3. 관계기업 및 공동기업 투자	9	11,767,444		10,893,869	

보유 목적과 지분율에 따라 구분된다.

공정가치금융자산은 주식, 채권, 펀드 등과 같이 기업의 경영에 직접적인 영향력을 행사하지 않는 투자자산을 의미한다. 이는 시장에서 거래되는 자산으로 공정가치(시가)를 기준으로 평가하며, 평가손익은 기타포괄손익이나 당기손익으로 처리한다. 즉, 공정가치금융자산은 배당금이나 시세 차익을 통해 단순 투자수익을 얻는 데 목적이 있다.

공정가치금융자산과 관계회사 투자의 가장 큰 차이점은 경영 참여 여부와 회계처리 방식이다. 공정가치금융자산이 주로 단기 수익 창출을 목표로 하는 반면, 관계회사 투자는 경영상의 시너지를 창출하거나 장기적 전략의 가치를 높이는 데 목적이 있다.

재무제표를 분석할 때는 기업의 투자 대상이 공정가치금융자산인지 관계회사인지를 파악해야 한다. 공정가치금융자산에 투자했다면 단순 투자로부터 발생하는 평가손익과 배당금을 중시한다는 뜻이고, 관계회사에 투자했다면 지분법손익을 통해 그룹 전체의 전략적 가치를 높이고자 한다는 뜻으로 해석할 수 있다.

 이 장의 핵심 포인트

- 종속회사는 모회사가 50% 초과 지분을 보유해 경영 의사결정에 절대적 영향을 미치는 반면, 관계회사는 20% 이상 50% 이하의 지분을 보유하여 모회사가 일정한 영향력을 가지지만 모든 의사결정에 관여할 수는 없는 기업을 말한다.
- 관계회사의 손익은 모회사의 지분율에 따라 손익계산서에 지분법손익으로 반영되지만, 이는 회계상 수익이나 비용으로 인식될 뿐 실제 현금이 오가지는 않는다.
- 일반 회사는 관계회사의 지분법손익을 영업외손익으로 처리하는 반면, 지주회사는 관계회사의 실적이 본업의 주요 성과로 여겨지기 때문에 지분법손익을 영업이익에 포함하여 인식한다.

제18장

하나의 매출 뒤에 숨어 있는 사업부문별 실적

요즘 플랫폼 기업들은 하나의 브랜드 아래에서 금융, 모빌리티, 콘텐츠까지 다양한 사업을 펼치기 때문에 정확히 성격 규정을 하기 어려운 경우가 많다. 이런 기업들은 재무제표를 분석할 때도 수월하지 않다. 연결재무제표를 보면 마치 하나의 거대한 회사 같은데 자세히 들여다보면 각 사업이 따로 움직이기 때문이다. 그래서 카카오나 구글, 삼성전자처럼 사업 다각화가 심화된 회사의 재무제표를 읽을 때는 사업부문별 실적과 특성을 분리해서 봐야 한다.

사업부문별 분석 방법

다양한 사업을 운영하는 기업의 재무제표를 분석할 때는 손익계산서상의 매출액과 손익 정보만을 봐서는 안 된다. 사업별로 수익 구조나 원가 구조가 크게 다를 수 있기 때문에 각 사업부를 별개로 보고 구체적으로 파악해야 한다. 특히 사업보고서가 공시되는 상장회사라면 다음 단계에 따라 분석하는 것이 좋다.

1단계: 사업부문 정보 파악하기

사업보고서에서 '회사의 개요' 항목을 열어 회사가 운영하는 사업부문(예컨대 플랫폼, 금융, 모빌리티 등)을 확인한다. 어떤 부문이 있는지를 개괄하면서 각 부문의 특성과 비중을 파악한다.

▶ 카카오의 사업보고서상 회사의 개요에서 '주요사업의 내용'

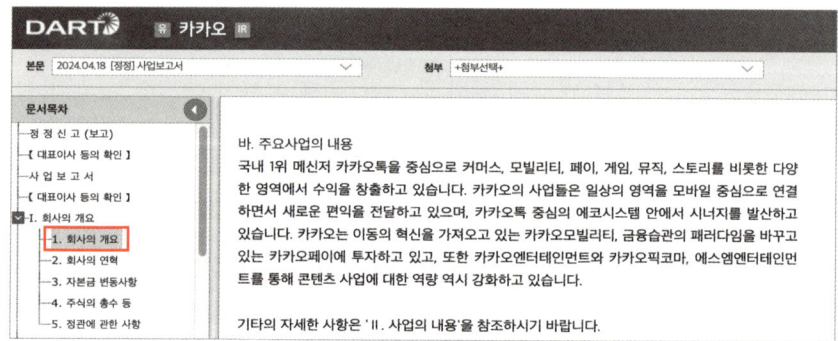

2단계: 사업부문별 매출 및 수주 현황 분석하기

'사업의 내용' 항목으로 이동해 사업부문별 매출액과 수주 실적을 살펴본다. 어떤 부문이 매출을 견인하고 있으며, 성장성 높은 부문은 어디인지 구체적으로 파악한다.

▶ 카카오의 사업보고서상 사업의 내용 중 '(제조서비스업)매출 및 수주상황'

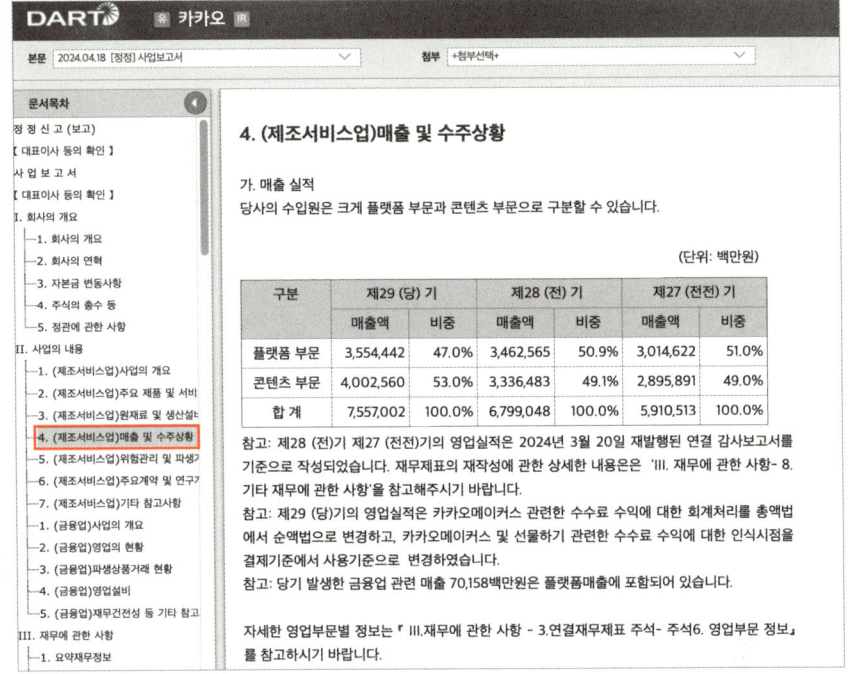

3단계: 재무제표 주석 검토하기

재무제표 주석으로 이동해 '영업부문 정보'를 꼼꼼히 읽는다. 사업부별 매출, 비용, 이익 구조를 자세히 살피면서 각 부문의 수익성 또는 리스크를 파악한다.

이런 세부 분서을 통해 다양한 사업을 운영하는 회사의 재무상태와 사업부문별 성과를 더 입체적으로 파악할 수 있다.

▶ 카카오의 사업보고서상 연결재무제표 주석 중 '영업부문 정보'

입체적 사업부문 분석: 하이트진로 사례

회사 전체의 실적이 좋아 보여도 특정 사업부문의 실적은 부진할 수 있다. 만약 그렇다면 앞으로 구조조정이나 분할 등의 이슈가 발생할 가능성이 있기 때문에 투자자는 부문별로 사업의 실적과 잠재력을 명확히 파악할 필요가 있다. 하이트진로 사업보고서를 예로 들어 분석 단계를 소개하겠다.

1단계: 회사의 개요에서 사업부문 정보 파악

사업보고서 '회사의 개요' 항목에서 하이트진로의 주요 사업부문인 맥주, 소주, 생수, 기타 부문이 각각 존재함을 확인한다. 이 단계는 간단하지만 필수적이다. 이 회사가 각 사업부문에 어느 정도로 집중하고 있는지, 각 부문의 성격이 얼마나 다른지를 이해해야 하기 때문이다.

▶ 하이트진로의 사업보고서상 회사의 개요 중 '주요 사업의 내용'

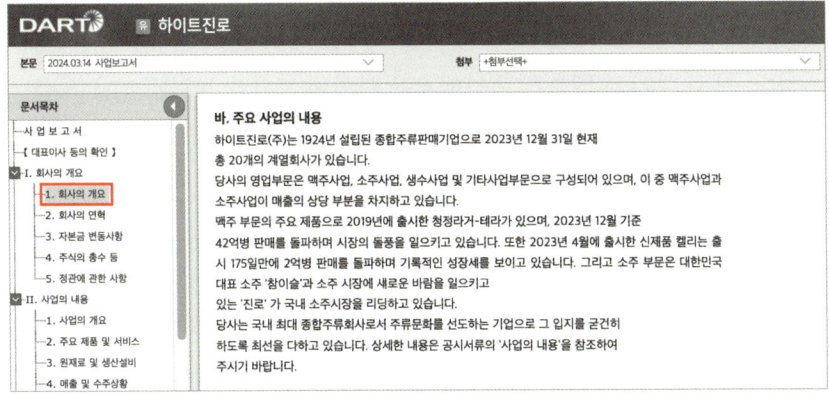

2단계: 사업의 현황에서 매출액 현황 분석

'사업의 현황' 항목으로 이동해 사업부문별 매출액 현황을 살펴본다. 하이트진로 2023년 실적을 보면 소주 부문이 매출 비중은 크지만 전년도보다는 감소했음을 알 수 있다. 그 대신 맥주 부문은 비중으로는 소주의 절반을 약간 웃돌지만 전년 매출보다는 증가했음을 알 수 있다. 아마도 신제품 출시 등의 영향일 것이다.

▶ 하이트진로의 사업보고서상 사업의 내용 중 '매출 및 수주상황'

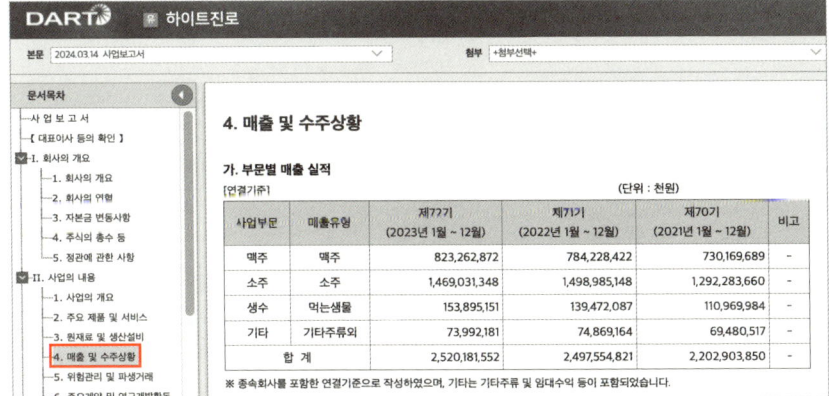

제2부 매출에 속지 말고, 본질을 읽어라 **189**

3단계: 재무제표 주석에서 영업 부문별 정보 파악

매출 증가가 곧 이익 증가를 의미하지는 않기 때문에 추가적인 분석이 필요하다. 맥주 부문은 매출은 증가했지만 신제품 출시와 관련된 비용도 상당히 커졌을 가능성이 있다.

실제로 주석 5번의 '영업부문정보'를 보면 맥주 부문은 신제품 출시에 따른 비용 증가로 영업손실을 기록했음을 확인할 수 있다. 자산 대비 매출이 낮아 효율성이 떨어지며, 부채 부담이 커져 장기적으로 봤을 때 구조조정 가능성까지 엿볼 수 있다. 반면 생수 사업부문은 매출 성장과 함께 이익률도 높아져 신규 투자나 주력 사업으로 키울 필요성이 있다고 판단된다. 이처럼 전체 실적만 봤다면 알아채기 어려웠을 각 부문의 성장성과 리스크를 사업부문별 분석을 하면 제대로 짚어낼 수 있다.

▶ 하이트진로의 연결감사보고서상 연결재무제표 주석 중 '영업부문정보'

5. 영업부문정보

5-1 영업보고부문

연결기업이 제공하는 재화나 용역에 근거하여 영업부문을 구분하고 각 부문의 재무정보를 내부관리목적으로 활용하고 있는 바, 4개의 영업부문은 다음과 같습니다.

보고부문	제품과 용역의 유형
소주	소주 생산 및 소주 판매
맥주	맥주 생산 및 맥주 판매
생수	생수 생산 및 생수 판매
기타	기타주류 판매, 용기 생산, 골프장 운영 등

5-2 부문별성과

<당기 및 당기말> (단위: 원)

구분	소주	맥주	생수	기타	조정 및 제거	합계
매출:						
외부거래	1,469,031,347,837	823,262,872,459	153,895,150,510	73,992,180,823	-	2,520,181,551,629
내부거래	103,726,380,316	8,868,875,234	971,443,237	167,007,750,264	(280,574,449,051)	-
계	1,572,757,728,153	832,131,747,693	154,866,593,747	240,999,931,087	(280,574,449,051)	2,520,181,551,629
영업손익	123,467,829,469	(7,704,969,652)	14,360,518,814	4,692,178,240	(10,895,573,491)	123,919,983,380
감가상각비 및	76,312,945,139	67,407,303,643	6,190,644,468	4,643,542,261	(4,759,997,188)	149,794,438,323
자산	1,806,907,056,237	1,409,850,409,446	147,835,274,269	492,326,547,989	(498,572,082,411)	3,358,347,205,530
부채	852,918,950,759	1,178,840,758,147	37,147,589,009	242,411,598,780	(68,847,319,507)	2,242,471,577,188

(손익 정보 / 재무상태 정보 표시)

사업부문별 분석이 중요한 이유: LG화학 사례

특정 사업부문의 독립적 성장 가능성이 크다면 분사를 하여 별도 법인으로 만들 수도 있다. LG에너지솔루션이 대표적인 사례다.

2020년 LG화학은 급성장하는 전기차 배터리 시장에 대응하기 위해 배터리 부문을 물적분할해 LG에너지솔루션을 설립했다. 이 결정은 단순히 사업 구조를 나눈 것이 아니라 사업 집중도를 높이고 글로벌 경쟁력을 강화하기 위한 전략적 선택이었다.

▶ LG화학 사업부문에서 분사된 LG에너지솔루션

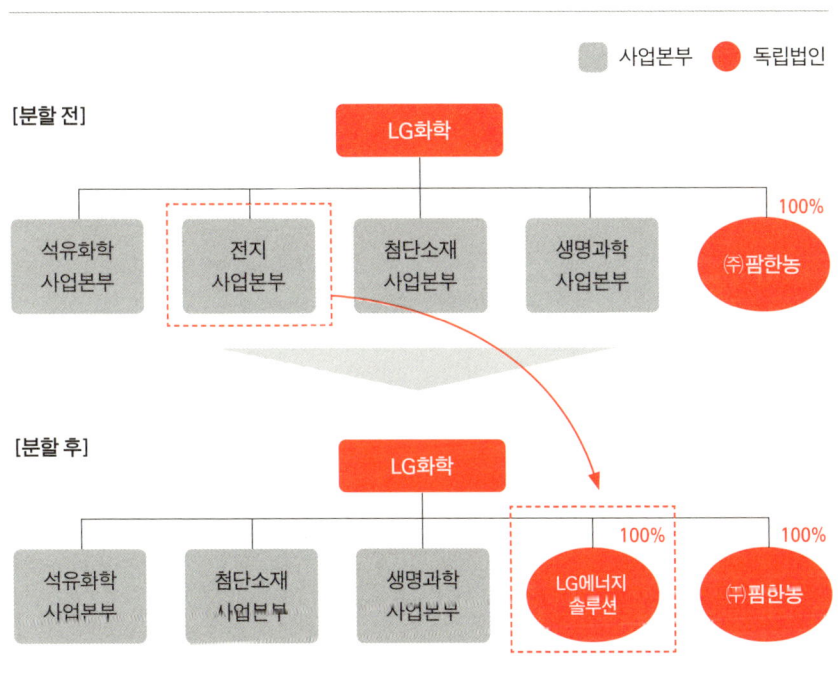

이처럼 다양한 사업을 운영하는 기업을 분석할 때는 각 부문의 성장성,

수익성 그리고 독립 가능성까지 함께 고려해야 한다. 한 회사가 다양한 사업을 영위할 경우 부문별로 입체적으로 분석하여 회사의 현재와 미래를 명확히 이해하는 것이 투자와 경영 판단의 핵심이다.

투자자들의 관성적 분석이 부른 참사: GE 사례

다양한 사업부문을 운영하는 기업의 정보를 제대로 파악하지 못해 어려움을 겪는 사례는 흔하다. 제너럴 일렉트릭General Electric, GE은 항공, 의료, 에너지, 금융 등 여러 산업에서 사업을 운영하며 글로벌 기업으로 자리 잡았다. 하지만 이처럼 다양한 사업을 운영하다 보니 사업 구조가 지나치게 복잡해졌고, 정보 이용자들이 부문별 실적이나 리스크를 명확히 이해하기 어려운 상황이었다. 문제는 바로 여기에서 시작됐다.

 GE는 금융 부문에서 상당한 수익을 창출했고 에너지 사업 또한 안정적인 수익원이었기에 전체적으로 탄탄한 실적을 유지하는 것처럼 보였다. 그러나 2008년 금융위기 이후 금융 부문이 큰 타격을 입으면서 상황이 급변했다. 당시는 금융 부문이 회사 수익의 상당 부분을 차지하고 있었는데, 이 부문이 급격한 부진에 빠지자 회사의 재무상태도 크게 흔들리기 시작했다. 많은 정보 이용자는 GE를 전구, 엔진, 가전제품 등으로 수익을 내는 회사로만 알고 있었기에 더 큰 충격을 받았다. 일부 투자자는 "GE가 금융 사업을 했다고?"라며 경악했다고도 한다. GE를 전통 산업의 상징으로 여겼기에 회사 수익의 절반 가까이가 금융 부문에서 나온다는 사실을 몰랐던 것이다.

 결국 GE는 사업부문별 성과 악화와 주가 하락이라는 이중고를 겪으며 구조 단순화와 사업부문 분할을 통한 재정비를 선택했다. 그러나 관성적으로 기업 전체 실적만 바라보던 투자자들의 손실은 이미 돌이킬 수 없었다.

부문별 공시 강화로 나아가는 회계기준

이런 문제를 방지하기 위해 최근 회계기준은 부문별 공시 segment disclosure를 강화하는 방향으로 발전하고 있다. 정보 이용자가 기업의 다양한 사업부문을 더 명확히 이해할 수 있도록 매출, 수익성, 리스크를 부문별로 투명하게 공개하라는 요구다. 여기에는 다음과 같은 사항이 포함된다.

1. 사업부문별 매출 비중: 어떤 부문이 전체 매출을 주도하는가?
2. 사업부문별 수익성: 이익이 나는 부문은 어디인가?
3. 내부 거래 비율: 사업부문 간 매출이 많지는 않은가?(실제 외부 매출만 따져야 한다.)
4. 부문 간 시너지 여부: 부문 간 긍정적 효과가 있는가, 아니면 서로 발목을 잡는가?
5. 부문별 자산과 부채: 특정 부문이 과도한 부채를 안고 있지 않은가?
6. 자본 배분 방향: 현금을 창출하는 부문에 투자하는가?
7. 부문별 리스크: 외부 충격에 취약한 부문은 어디인가?
8. 사업 구조 재편 가능성: 비효율 부문은 정리하고 성장 부문은 키우려는 움직임이 있는가?
9. 경영진의 부문 관리: 부문별 실적을 제대로 평가하고 관리하는가?
10. 부문별 정보 공개 수준: 각 부문의 실적이 충분히 공개되고 있는가?

요구되는 주요 공시 항목은 다음과 같다.

1. 보고 부문의 정의
- 보고 부문은 독립적인 재무 성과를 측정할 수 있는 사업 또는 지역 단위를 의미하며, 기업 내에서 개별적으로 관리한다.
- 부문 구분 기준은 경영진이 내부 보고를 위해 사용하는 정보에 기초한다.

2. 부문별 재무 정보
- 매출: 외부 매출과 내부 매출(부문 간 거래를 포함하는 경우)
- 영업손익: 해당 부문의 영업 성과
- 자산 및 부채: 각 부문이 보유한 자산과 부채
- 기타 주요 항목: 감가상각비, 투자비용, 고용 인원 등

3. 부문 간 거래
- 내부 거래나 이전이 발생했을 때는 거래 조건과 그 금액을 명시한다.
- 내부 거래는 통합 재무제표 작성 시에는 제거하며, 보고 부문별 재무 정보에는 반영한다.

재무제표를 읽을 때는 회사 전체 매출이나 이익만 볼 것이 아니라 사업부문별 실적과 구조를 입체적으로 분석해야 한다. 같은 기업이라도 어떤 부문이 성장 엔진인지, 어떤 부문이 리스트 요인인지 구분할 때 비로소 기업의 현재와 미래가 선명해진다.

이 장의 핵심 포인트

- 한 회사가 여러 사업을 운영할 때는 사업보고서나 재무제표 주석을 통해 각 사업부의 성과와 리스크를 개별적으로 파악해야 한다.
- 카카오 같은 플랫폼 기업 또는 GE 같은 글로벌 기업은 다양한 사업부문을 보유하고 있어 각 부문의 성과와 비용 구조가 다르다. 통합된 실적만을 기준으로 분석하면 판단을 잘못할 수 있다.
- 최근 회계기준은 이런 문제를 해결하기 위해 사업부문별 공시를 강화하는 방향으로 발전하고 있다. 정보 이용자들은 재무제표에서 부문별 매출, 수익성, 리스크를 꼼꼼히 살펴봐야 한다.

제3부

이익에 속지 말고, 진짜를 가려라

현금으로 이어지는 힘 분석하기

제19장

손익계산서 구조 완전 해부

손익계산서를 볼 때 업종부터 생각하자

한 벤처캐피털 심사역과 점심을 함께하며 이런 질문을 해봤다.

"요즘은 손익계산서를 볼 때 뭘 가장 먼저 보세요?"

"음… 업종에 따라 다릅니다. SaaS software as a service(서비스형 소프트웨어)라면 매출성장율과 고객 유지율을 먼저 봅니다. 소매업이면 재고자산 회전율, 바이오는 연구개발비 비중을 확인해야겠지요. 결국 뭘 하는 회사인지를 먼저 짚어야 합니다."

우리는 종종 손익계산서를 '정답지'처럼 받아들

> **SaaS**
> 공급 업체가 플랫폼을 통해 다수의 고객에게 소프트웨어 서비스를 제공하고 고객은 필요한 기능을 선택적으로 이용한 후 그만큼 돈을 내는 방식. 소유권을 고객이 아니라 공급 업체가 가지는 대신 고객은 비용을 크게 줄일 수 있다.

이지만 실제로는 누가, 어디에 주목하느냐에 따라 전혀 다르게 읽힌다. 예전에 만난 한 클라우드 기업의 CFO(재무담당 최고책임자)는 "우리 비즈니스에선 매출총이익률이 핵심입니다."라고 말했다. "매출이 늘면 서버 비용이나 트래픽 처리 비용도 함께 늘어나거든요. 기술과 인프라 효율이 매출총이익률에 드러나죠. 거기서 경쟁력이 보입니다."

한편 유통 쪽에 있는 또 다른 기업 대표는 이렇게 말했다. "우리처럼 마진이 낮고 인건비 비중이 큰 구조에서는 영업이익이 중요해요. 마케팅비를 조금만 잘못 써도 바로 적자가 나거든요."

두 사람은 자기 업을 너무나 잘 이해하고 있었다. 손익계산서를 볼 때는 숫자 자체보다 그 숫자를 '어떤 구조에서' 읽느냐가 더 중요하다. 매출이 늘었다고 무조건 좋은 것도 아니고, 순이익이 줄었다고 무조건 나쁜 것도 아니다. 어떤 지표가 진짜 의미 있는지를 알려면 그 회사가 어떻게 돈을 벌고 어디에 돈을 쓰는지를 먼저 알아야 한다.

각 항목이 기업 활동과 어떻게 연결되나

기업의 경영활동은 크게 판매, 생산 및 제조, 판매 관리, 투자 및 재무, 세무 등으로 나눌 수 있다. 이를 손익계산서의 항목과 연결해보자.

먼저 판매활동은 기업의 핵심적인 수익 창출 과정이다. 고객에게 제품이나 서비스를 제공하여 발생하는 총매출인 매출액(I)이 이 활동의 결과물이다. 매출액은 기업이 시장에서 얼마나 효율적으로 고객과 소통하고 가치를 전달했는지를 보여준다. 하지만 앞서 여러 번 강조했듯이 매출액 자체만으로는 수익성을 판단하기 어렵다.

▶ 손익계산서 항목과 기업의 활동 간 연계성

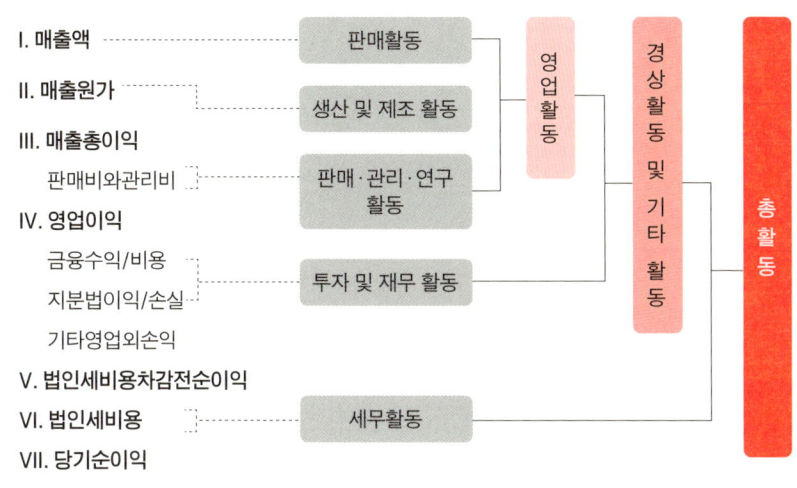

여기서 등장하는 것이 생산 및 제조 활동이다. 이 활동은 제품을 만들거나 서비스를 제공하기 위해 발생하는 직접 비용을 포함하며, 이 비용은 매출원가(II)로 손익계산서에 반영된다. 매출원가는 원재료비, 인건비, 제조비용 등으로 구성되며 생산 및 제조 과정의 효율성과 원가 절감 노력이 반영된다.

매출액에서 매출원가를 차감한 값이 매출총이익(III)으로, 기업이 기본적인 영업활동을 통해 얼마나 수익성을 확보했는지를 보여준다. 매출총이익은 기업의 기술력, 원가 관리 능력, 경쟁력을 반영하는 중요한 지표다. 이 지표는 고정원가 비중이 큰 제조 산업에서 더욱 중요하며, 클라우드 비즈니스나 IT 산업에서는 기술적 효율성과 서비스 경쟁력을 나티내기도 한다.

판매 관리 활동은 매출총이익에서 판매비와관리비를 차감하는 과정에서 드러난다. 이 항목에는 마케팅 비용, 광고비, 판매 인력의 급여, 관리직의 인건비 그리고 기타 운영비용이 포함된다. 이런 활동은 시장점유율 확대와 조직 관리에 필수적이지만 지나치게 큰 비용은 영업수익성을 저하시킬 수도 있다. 이를 통해 계산되는 영업이익(Ⅳ)은 기업의 본업에서 발생한 이익을 나타내며, 판매 관리 활동을 얼마나 효율적으로 운영했는지를 보여준다. 영업이익은 기업의 본질적인 운영 효율성을 평가하는 데 중요한 지표다.

다음으로 투자 및 재무 활동은 기업의 영업 외적인 활동에서 발생하는 수익과 비용으로 연결된다. 여기에는 금융수익과 비용, 지분법이익 또는 손실, 기타영업외손익 등이 포함되며 손익계산서에서는 영업이익 이후에 나타난다. 이 활동은 투자자산에서 발생하는 수익, 대출 이자비용, 외환 관련 수익과 손실 등을 포함하며 궁극적으로 기업의 전체 수익성을 조정하는 역할을 한다. 이런 활동을 반영한 결과가 법인세차감전순이익(Ⅴ)으로, 기업의 경상활동과 투자활동을 종합한 결과를 의미한다.

마지막으로, 세무활동은 기업이 납부해야 하는 세금과 관련이 있다. 법인세는 손익계산서에서 법인세비용(Ⅵ)으로 나타나며, 기업의 순이익에 직접적인 영향을 미친다. 세금을 차감한 최종 결과가 당기순이익(Ⅶ)으로, 기업의 모든 활동을 종합한 최종적인 성과다. 당기순이익은 주주 배당, 사내 유보, 신규 투자 등으로 활용되며 기업의 장기적인 성장 가능성을 평가하는 데 중요한 지표다.

이처럼 손익계산서는 판매활동, 생산 및 제조 활동, 판매 관리 활동, 투자 및 재무 활동, 세무활동의 결과가 단계적으로 반영되는 구조로 이루어져 있다. 각 활동은 유기적으로 연결되어 있으며 손익계산서의 항목은 이를 구체적인 숫자로 표현한다. 이런 구조를 이해하면 기업이 어떻게 수익을 창출하고 비용을 관리하며, 최종적으로 어떤 성과를 얻는지를 명확히 파악할 수 있다.

손익계산서 각 항목의 의미

손익계산서의 전체 구조를 기업의 활동과 연결해 이해했다면, 이제 각 항목의 의미를 알아보자.

매출액 revenue

매출액은 기업이 고객에게 제품이나 서비스를 제공하고 얻은 총금액으로, 기업의 성장과 시장 내 입지를 직관적으로 나타낸다. 매출액의 증가는 보통 기업의 수요가 늘었다는 신호이며 이는 시장점유율의 상승, 신규 고객 확보, 기존 고객의 재구매 증가와 연결된다.

예를 들어 삼성전자는 스마트폰, 반도체, 가전제품 등에서 매출이 발생하는데 특히 반도체 매출이 큰 비중을 차지한다. 하지만 매출이 높다고 해서 반드시 이익이 높은 것은 아니다. 같은 전자 업체인 애플과 비교해도 매출의 절대적인 크기보다 각 제품군의 원가와 관리비용이 이익에 더 큰 영향을 미친다. 매출만으로는 기업의 수익성을 판단하기 어렵기 때문에 다른 항목들과 함께 해석해야 한다. 매출액을 분석할 때의 핵심은 다음과 같다.

- 매출 성장률: 기업의 매출이 지난해와 비교하여 얼마나 성장했는지를 보여준다. 예를 들어 네이버와 카카오는 매년 가파른 매출 성장률을 기록하고 있으며, 이는 신규 서비스와 시장 확대 전략의 결과다.
- 시장점유율: 매출이 증가했다면 경기가 호황이어서인지 아니면 실제 점유율이 확대돼서인지를 분석해야 한다. 이를 통해 기업이 경쟁 우위를 확보했는지 평가할 수 있다. 시장이 안 좋아질 때 점유율을 계속 확보할 만한 경쟁 우위가 있는지가 중요하다.

▶ 네이버의 연간 매출액(IFRS 연결) (단위: 억 원)

2019/12	2020/12	2021/12	2022/12	2023/12	2024/12
43,562	53,041	68,176	82,201	96,706	107,377

▶ 카카오의 연간 매출액(IFRS 연결) (단위: 억 원)

2019/12	2020/12	2021/12	2022/12	2023/12	2024/12
30,701	40,714	59,105	67,987	75,570	78,717

플랫폼기업인 네이버와 카카오는 특히 매출성장률을 파악하는 것이 중요하다.

매출원가 cost of goods sold, COGS

매출원가는 '매출을 올리는 데 필요한 직접원가'를 의미한다. 제품을 제조하거나 서비스를 제공하는 데 소요된 직접 비용으로 구성된다. 기업이 매출을 발생시키기 위해 투입하는 재료비·인건비 등이 대표적이며, 매출원가가 높다면 그만큼 매출 대비 비용이 많이 든다는 뜻이다.

예를 들어 스타벅스는 커피 원두, 우유, 설탕 같은 재료비와 바리스타 인건비가 매출원가에 포함된다. 자동차 제조 업체인 현대자동차는 부품비, 조립라인의 인건비 등이 포함되며 이런 원가를 얼마나 잘 관리하느냐가 수익성을 좌우한다. 매출원가가 높아지면 매출총이익이 줄어들어 전체적인 이익 구조에 악영향을 줄 수 있다. 매출원가를 분석할 때의 핵심은 다음과 같다.

- 원가율: 매출원가를 매출로 나눠 백분율로 나타낸 것으로, 이 비율이 낮을수록 효율적인 비용 관리가 이루어지고 있음을 의미한다. 예를 들어 테슬라는 가장 많은 원가를 차지하는 것이 전기차 배터리 비용인데, 여러 공급 업체를 경쟁적으로 활용하는 방식을 통해 원가율을 낮춘다.
- 원가 절감 전략: 자체 생산을 통해 원가를 절감하거나 물류 시스템을 최적

화하여 비용을 줄이는 전략이 흔히 쓰인다. 예를 들어 아마존은 물류망을 자체적으로 구축하여 유통비용을 절감한다.

매출총이익 gross profit

매출에서 매출원가를 제외한 금액인 매출총이익은 기업의 본업에서 얻는 주요 이익이다. 매출총이익이 높다는 것은 기업이 제품 판매에서 발생한 매출에서 상대적으로 낮은 원가를 들여 큰 이익을 창출하고 있음을 나타낸다. 제조업은 제조 마진, 유통업은 유통 마진, 건설업은 공사 마진 개념이다.

애플은 고가의 프리미엄 제품을 판매하고 원가 절감을 통해 높은 매출총이익률을 유지한다. 스타벅스는 고급 커피로 포지셔닝하고 원두 구매 비용을 관리하여 같은 효과를 거둔다. 매출총이익률은 기업의 수익 창출 능력과 효율성을 평가하는 주요 지표이며, 분석할 때의 핵심은 다음과 같다.

- 매출총이익률: 매출총이익을 매출액으로 나눠 백분율로 나타낸 것으로, 기업이 매출 대비 얼마나 이익을 내고 있는지를 보여준다. 예를 들어 명품 브랜드 루이뷔통은 고가 정책을 통해 높은 매출총이익률을 유지한다.
- 비용 관리 수준: 원가를 효율적으로 관리함으로써 매출총이익률을 높이는 전략이 주요하다. 예를 들어 코카콜라는 원재료 공급망 최적화를 통해 매출총이익률을 안정적으로 유지한다.

▶ **코카콜라 제조법에 담긴 비밀?**

코카콜라 전CEO 무타 겐트Muhtar Kent가 비밀 제조 공식을 금고에 보관하고 있다. 코카콜라가 제조 공식을 비밀에 부치는 것은 단순히 기술 보호를 위한 것일 뿐 아니라, 원재료 가격 협상에서 유리한 위치를 확보하여 비용을 효율적으로 관리하는 데에도 기여한다.(출처: 코카콜라)

판매비와관리비 selling, general & administrative expenses, SG&A

판매비와관리비(판관비)는 제품을 판매하고 회사를 운영하는 데 필요한 다양한 간접 비용으로, 영업활동과 전반적인 회사 운영을 지원하는 필수 요소다. 매출총이익에서 판관비를 차감하여 영업이익을 계산하며, 판관비의 증감은 영업이익과 직접적으로 연결된다. 일반적으로 광고비, 마케팅 비용, 연구개발비, 제조 관련 인력을 제외한 구성원의 급여, 사무실 임대료, 전기 요금 등으로 구성되며 회사의 운영 및 성장을 유지하는 핵심 비용이다.

예를 들어 시장에 새롭게 진입하는 회사는 브랜드 인지도를 높이기 위해 광고비에 큰 비중을 두는데, 매출액이 늘지만 판관비도 함께 늘어나 영업이익에 영향을 주기도 한다. 반면 애플과 같은 회사는 브랜드 가치가 높아 광고비 비중을 줄이는 대신 연구개발비와 인건비에 집중적으로 투자하여 품질 경쟁력을 유지한다. 판관비를 분석할 때의 핵심은 다음과 같다.

- 비용 효율성: 기업이 판관비를 효율적으로 관리하는 능력은 비용 효율성에서 드러난다. 예를 들어 넷플릭스는 오리지널 콘텐츠 제작에 상당한 비용을 투자하지만, 이로써 고객이 더 많이 유입돼 이익 창출에 기여하므로 비용 대비 효율성이 높다.
- 고정원가와 변동원가: 판관비는 고정원가와 변동원가로 구성된다. 고정원가는 지속적으로 발생하는 비용(예: 사무실 임차료, 정규직 인건비)이고, 변동원가는 경기 또는 매출 변동에 따라 달라지는 비용(예: 광고비, 물류비, 아웃소싱 용역비)이다. 고정원가보다 변동원가 비중을 높인다면 상황에 따라 비용을 유연하게 조정할 수 있어 위기를 관리하는 데 유리하다. 특히 스타트업은 초기 비용을 절감하기 위해 고정원가보다는 변동원가를 선호하며, 이를 통해 시장 상황에 따라 광고비와 마케팅 비용을 조정한다. 그러다가 안정적인

매출처가 확보되고 시장이 호황기에 들어서면 고정 투자를 늘려 내부화하는 전략을 쓸 수 있다.
- 비용 대비 효과: 판관비 항목에서 발생하는 비용이 실질적인 성과로 이어지는지 분석하는 것이 중요하다. 연구개발비가 높은 IT 기업들은 신기술을 개발함으로써 미래 수익성을 기대할 수 있지만, 비용을 투입했음에도 기대만큼의 매출 성장이 없다면 비용 효율성에 문제가 생길 수 있다.

영업이익 operating income

영업이익은 매출총이익에서 판관비를 뺀 금액으로, 기업의 본업에서 발생한 이익이다. 기업의 경영 효율성을 반영하며, 본업의 경쟁력을 파악하는 데 유용하다. 영업이익을 분석할 때의 핵심은 다음과 같다.

- 영업이익률: 영업이익을 매출로 나눠 백분율로 나타낸 것으로, 기업이 본업에서 얼마나 이익을 창출하는지 나타낸다. 주로 경쟁사와 비교해 경쟁 우위가 있는지를 분석한다.
- 비영업적인 요소 배제: 영업이익은 비영업적 요소(예: 금융수익, 환차손 등)를 배제한 수익성이기 때문에 기업의 본질적인 경영 성과를 평가하는 데 효과적이다.

영업외수익과 비용 non-operating income and expenses

영업외수익과 비용(이 둘의 차액이 영업외손익이 된다)은 본업 외 활동에서 발생한 수익과 비용이다. 영업외수익에는 대표적으로 이자수익, 투자수익 등이 있으며 기업이 본업 외에 다양한 투자활동을 통해 수익을 창출할 때 발생한다. 예를 들어 삼성전자는 보유 자금을 운용해 상당한 이자수익과 배당

수익을 얻고 있으며, 이런 영업외수익은 순이익에 긍정적인 영향을 미친다. 반면 영업외비용이 커지면 재무 부담이 증가할 수 있다. 영업외수익과 비용을 분석할 때의 핵심은 다음과 같다.

- 영업외 항목의 영향력: 영업 외의 수익과 비용이 지나치게 크다면 순이익이 일시적인 요인 탓에 크게 변동할 가능성이 있다.
- 지속가능성 평가: 영업외수익과 영업외비용의 지속가능성을 파악하여 기업의 재무 건전성을 평가하는 것이 중요하다. 일반적으로 반복되지 않는 손익임을 인지해야 한다.

법인세비용 income tax expense

법인세비용은 기업이 벌어들인 이익에 대해 납부하는 세금이다. 기업이 법인세비용을 어떻게 관리하는지는 최종 수익성에 큰 영향을 미친다. 예를 들어 아마존은 본사를 이전하면서까지 여러 절세 전략을 펼쳐 세금 부담을 줄이고 있다. 법인세비용을 분석할 때의 핵심은 다음과 같다.

- 세율 분석: 세율이 높은 국가에서 사업을 영위하는 기업은 세금 부담이 크다. 순이익을 높이려면 절세 전략을 통해 세금 부담을 줄여야 한다.
- 효율적 절세: 절세 방안을 통해 순이익을 얼마나 극대화하는지 파악하여 기업의 재무 건전성을 평가할 수 있다.

당기순이익 net income

손익계산서의 마지막 항목인 당기순이익은 모든 비용을 제외하고 남은 최종 이익이다. 기업의 성과를 종합적으로 보여주는 지표이며 배당에 쓰일

수 있는 자금이기도 하다. 예를 들어 네이버는 광고와 구독 서비스를 통해 당기순이익이 꾸준히 증가하고 있는데, 이는 기업의 안정적인 수익 창출 능력을 나타낸다. 반면 테슬라는 당기순이익이 초기에는 적자였으나 전기차 시장 확대와 원가 절감 효과가 맞물려 흑자로 전환했다. 다만 그 이후에도 자금 조달에 따른 금융비용 등의 영향으로 당기순이익의 변동성은 큰 편이다. 당기순이익 분석의 핵심은 다음과 같다.

- 순이익률: 당기순이익을 매출로 나눠 백분율로 나타낸 것으로, 기업이 최종 이익을 얼마나 효율적으로 창출하는지를 나타낸다.
- 재투자 및 배당 가능성: 당기순이익이 높을수록 기업은 배당금을 늘리거나 재투자를 통해 성장할 여력이 커진다.

포괄손익 comprehensive income

포괄손익은 당기순이익에 더해 해외사업환산손익 · 금융자산 평가손익 등 미실현손익까지 포함한다. 아직 현금으로 실현되지 않은 성격이 강하므로, 기업 분석에서는 참고용 지표로 활용해야 한다. 포괄손익까지 담은 손익계산서를 포괄손익계산서라고 부른다.

전략적 의사결정의 토대가 되는 손익계산서

손익계산서는 경영진이 전략적 의사결정을 하는 데 중요한 근거 자료가 된다. 매출 성장률이 정체됐을 때 경영진은 신규 사업 진출, 신제품 개발, 시장 확장 전략 등을 모색할 수 있다. 반대로 원가율이 높아지면 원재료 비용을 낮추거나 생산 공정을 효율화하여 원가 절감 방안을 강구한다. 스타벅스를 예로 들면, 원두 가격이 상승해 원가가 높아진 시점이 있었다. 당시 경영진은 원두 공급망을 다각화하고 일부 음료의 가격을 인상하는 등의 조치를 통해 원가 상승을 상쇄하는 의사결정을 했다. 이런 전략적 결정은 매출총이익률을 유지하는 데 중요한 역할을 했다.

또한 영업이익률 분석은 비용 관리의 효율성을 평가하는 지표가 되기도 한다. 테슬라는 초기에는 생산비가 높아 영업이익률이 낮았지만, 자동화 기술이 접목된 기가팩토리Gigafactory를 직접 운영하여 원가를 절감하고 딜러가 없는 직접 판매망을 최적화하면서 영업이익률을 점진적으로 높여왔다. 본업의 경쟁력과 경영진의 비용 절감 노력이 시너지 효과를 발휘한 결과다.

손익계산서의 각 항목은 다양한 업종과 사업 모델에 따라 다르게 해석될 수 있다. 예를 들어 IT 기업이라면 영업이익률보다 매출 성장률이 더 중요하게 평가되기도 한다. 구글은 광고 매출의 비중이 큰데, 이 매출의 대부분이 영업이익에 직접적으로 연결된다. 앞으로 구독 서비스 매출이 증가한다면 장기적으로 안정적인 수익원이 될 것이다.

만약 제조 업체라면 매출총이익률이나 영업이익률이 중요하다. 삼성전자는 반도체 부문의 시장 상황이 좋을 때는 매우 높은 매출총이익률을 기록한다. 이는 영업과 제조원가를 효율적으로 관리하고 있음을 나타낸다. 하지만 가전제품처럼 경쟁이 치열한 분야에서는 원가 상승과 판관비 증가로 영업이익률이 낮아질 수 있다.

손익계산서의 각 항목을 개별적으로 보는 것도 중요하지만 입체적으로 해석하는 것이 더욱 중요하다. 매출 증가가 반드시 순이익 증가로 이어지지 않는 이유는 매출원가와 판관비 등의 요인이 크게 작용하기 때문이다. 또한 당기순이익에 포함되는 영업외손익을 분석하면 기업이 본업 외의 활동에서 수익을 얼마나 효율적으로 창출하는지 알 수 있다. 손익계산서의 구조와 각 항목을 깊이 이해하면 기업의 장기적인 성공 가능성을 비교적 정확하게 예측할 수 있다.

 이 장의 핵심 포인트

- 손익계산서는 기업의 수익과 비용을 구조화하여 특정 기간에 얼마나 벌고 얼마나 썼는지를 보여준다. 이를 통해 기업의 수익성, 비용 관리 능력 그리고 경영 효율성을 분석할 수 있다.
- 손익계산서에는 매출액, 매출원가, 매출총이익, 판매비와관리비, 영업이익, 영업외손익, 법인세비용, 당기순이익 등 주요 항목들이 중요도에 따라 단계별로 나열되어 있으며 각 항목은 기업의 운영 방식과 전략을 반영한다.
- 실무에서 손익계산서를 분석할 때 매출총이익은 제조업의 경쟁력 지표로, 영업이익은 경영 효율성의 지표로 활용된다. 이 지표는 업종에 따라 달라질 수 있다.

제20장

손익계산서에서 읽는 기업 DNA

손익계산서와 원가 구조의 관계

손익계산서를 펼쳤을 때 가장 먼저 눈에 들어오는 것은 매출과 이익이다. 하지만 이면에 숨겨진 진짜 이야기, 즉 원가 구조를 볼 줄 알아야 한다. 그래야 기업의 수익성이 얼마나 탄탄한지, 매출이 오르거나 떨어질 때 어떤 일이 벌어질지를 생생히 파악할 수 있다. 기업이 어떻게 돈을 벌고 어디에서 리스크를 감수하며 어떤 기회를 잡으려 하는지가 모두 이 구조에 담겨 있다. 한마디로 기업의 DNA를 볼 수 있다.

원가 구조란?

원가 구조는 기업이 제품이나 서비스를 생산하고 제공하는 데 드는 모든 비용이 어떻게 구성되는지를 말한다. 크게 고정원가와 변동원가의 비율로 나뉘며, 이 비율은 기업의 운영 방식과 산업 특성에 따라 달라진다.

- 고정원가: 매출액과 상관없이 일정하게 발생하는 비용(예: 임차료, 설비에 대한 감가상각비)
- 변동원가: 매출액 변화에 따라 증감하는 비용(예: 원재료비, 물류비)

원가 구조를 분석하면 기업이 어떤 영역에서 비용 효율성을 높일 수 있는지 그리고 어떤 부분에서 수익성을 강화해야 하는지 명확히 알 수 있다.

▶ 총변동원가와 단위당 변동원가

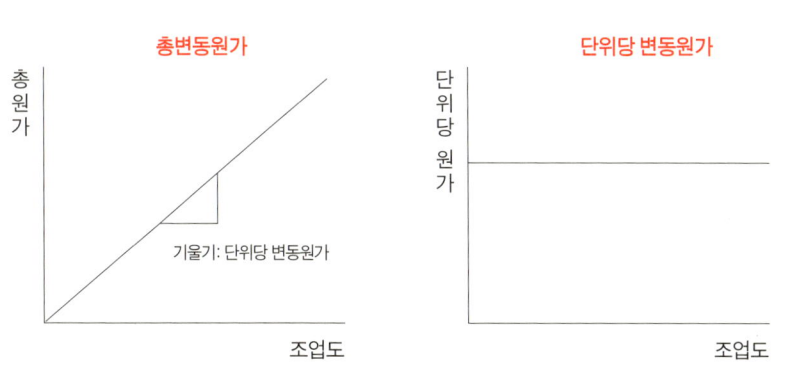

조업도(일정 기간에 생산설비를 이용한 정도)에 따른 변동원가. 총변동원가는 생산량이 늘어날수록 일정한 비율로 증가하며, 이 기울기가 단위당 변동원가를 의미한다. 반면 단위당 변동원가는 조업도의 변화와 무관하게 항상 일정하게 유지된다.

▶ 총고정원가와 단위당 고정원가

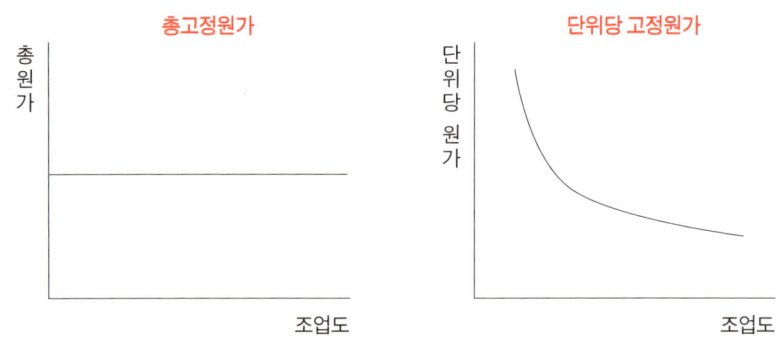

총고정원가는 조업도의 변화와 무관하게 일정하게 유지되지만, 단위당 고정원가는 조업도가 증가할수록 점점 감소한다. 이는 고정비가 더 많은 생산 단위에 분산되기 때문이다.

원가 구조와 비즈니스 모델

원가 구조를 이해하기 위해서는 먼저 사업 구조, 즉 비즈니스 모델을 파악해야 한다. 스위스 경제학자 예스 피그누어와 알렉산더 오스터왈더가 《비

▶ 비즈니스 모델 캔버스: 비즈니스를 만들어내는 9가지 요인

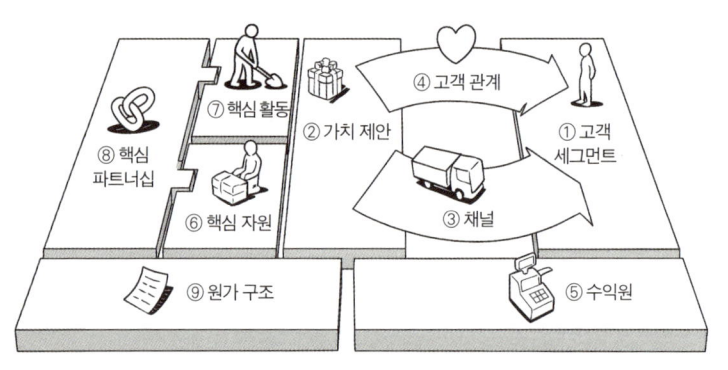

(출처: 《비즈니스 모델의 탄생》, 예스 피그누어·알렉산더 오스터왈더, 비즈니스북스, 2021)

즈니스 모델의 탄생》에서 소개한 '비즈니스 모델을 구성하는 9가지 요소'도 최종적으로 원가 구조와 연결된다. 즉, 원가 구조는 단순히 비용을 나열한 목록이 아니라 기업의 운영 방식과 전략적 선택이 반영된 결과물이다.

원가 구조 사례: 로마네콩티 vs. 대량 생산 와이너리

와인 애호가인 래퍼 한해가 진행하는 토크콘서트에서 와인과 자본주의를 주제로 이야기를 나눈 적이 있다. 로마네콩티 와인을 이야기하다가 로마네콩티 한 병의 가격이 4,000만 원이 넘는데 실제 원가는 어느 정도냐는 질문을 받았다. 사실 그만큼의 가격이 붙는 이유는 원가가 재료비로만 결정되지 않기 때문이다. 로마네콩티 포도밭은 약 1.8헥타르

▶ 〈돈과 와인: 자본주의 선봉에서 묻다 Why Wine?〉

래퍼 한해와 함께 와인과 경제에 대해 이야기를 나 눈 토크 콘서트.

에 불과하며, 평수로 환산해도 5,400평으로 상당히 작은 규모다. 그 작은 땅에 포도나무를 의도적으로 빽빽하게 심어 나무들이 서로 경쟁하며 뿌리를 내리게 했다. 이 과정에서 살아남은 나무만이 열매를 맺는데, 이 중에서도 최상급만을 골라 수확해 와인을 생산한다.

더욱이 이렇게 빽빽하게 심어진 포도밭에는 기계가 들어갈 수 없어 모든 작업을 사람이 직접 해야 한다. 수확은 물론이고 관리까지 모두 수작업으로 이루어지며, 유기농 방식으로 재배되기 때문에 더 많은 정성을 들여야 한

▶ **포도밭에서 시작되는 와이너리의 원가 구조**

와이너리의 원가에는 제조비용만 있는 게 아니다. 포도를 심고 가꾸고 수확하고 숙성시켜 와인으로 만들어내기까지 오랜 시간에 걸쳐 투입되는 노력과 활동이 모두 포함된다.

다. 이 모든 활동이 원가를 발생시키는 요소가 된다. 즉, 로마네콩티의 원가에는 포도를 기르고 관리하는 데 들어가는 막대한 노력과 활동이 포함돼 있다. 이런 과정을 거쳐 연간 4,000~6,000병만 생산해 전 세계로 유통하는데, 희소하기 때문에 부르는 게 값일 수밖에 없다.

반면 자동화 시스템을 구축해 대량 생산을 하는 와이너리의 원가 구조는 이와 다르다. 이런 와이너리들은 넓은 포도밭에 나무를 적절한 간격을 두고 심어 기계 수확을 할 수 있도록 설계한다. 그럼으로써 수확 비용을 크게 절감하고, 포도 재배 과정에서도 자동화된 관개 시스템과 농약 살포 장비 등을 사용해 인건비를 최소화한다. 수확한 포도의 선별부터 발효, 숙성, 병입 등의 과정 역시 자동화된 설비에서 이루어진다. 자동화 시스템을 갖췄기에 품질의 일관성도 유지할 수 있으며, 인건비와 관리비를 크게 줄여 원가를 낮춘다.

자동화 와이너리의 생산 과정에서는 규모의 경제가 중요한 역할을 한다. 대량 생산을 통해 단위당 원가를 크게 줄임으로써 가격 경쟁력을 높인다. 예를 들어 미국 캘리포니아의 대규모 와이너리들은 연간 수백만 병의 와인을 생산하며, 이런 생산 방식 덕분에 소비자들은 비교적 저렴한 가격에 와인을 구매할 수 있다.

또한 대량 생산은 마케팅과 유통 측면에서도 큰 이점을 제공한다. 대량으로 생산된 와인은 전 세계로 수출되는데, 유통비용을 절감하기 위해 물류 시스템을 효율적으로 운영한다. 이렇게 절감된 비용 역시 최종 소비자 가격에 반영해 더 많은 사람이 쉽게 접근할 수 있는 가격대로 와인을 공급한다.

이처럼 원가 구조는 생산 방식과 경영 전략에 따라 크게 달라진다. 로마네콩티처럼 극도로 세심한 수작업과 희소성을 강조하는 방식에서는 원가가 높아질 수밖에 없기에 프리미엄 가격이 형성된다. 반면 자동화와 대량 생산을 통해 효율성을 극대화하는 와이너리에서는 원가를 낮춰 가격 경쟁력을 확보할 수 있다. 따라서 소비자가 와인을 구매할 때는 단지 제품만 사는 게 아니라 생산 방식과 경영 전략을 선택하는 셈이라고도 할 수 있다.

레버리지 효과와 원가 구조

투자에서 레버리지 효과 leverage effect 란 실제 가격 변동률보다 더 높은 수익률이 발생하는 것을 말한다. 기업 경영에서는 고정원가가 높을 때 매출 증가에 따른 이익이 급격히 증가하는 현상을 일컫는다. 쉽게 말해 고정원가 비중이

▶ 레버리지 효과

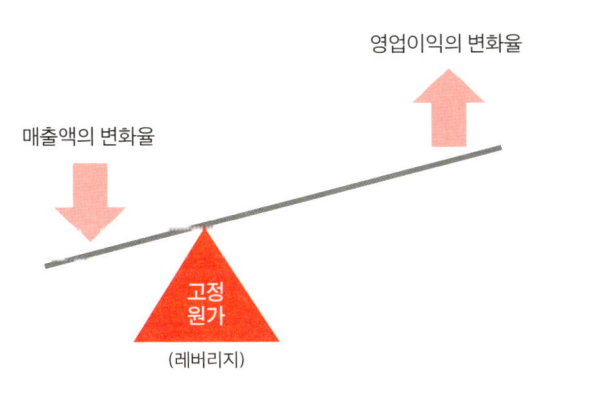

고정원가가 클수록 매출 변화에 따라 영업이익이 크게 출렁인다.

클수록 이를 활용해 매출이 늘어날 때 더 큰 이익을 얻을 수 있는 것이다.

고정원가가 높은 호텔 업계를 생각해보자. 호텔은 건물 임대료나 인테리어 비용, 종업원급여 등 고정원가의 비중이 상당히 크기 때문에 객실이 많이 채워질수록 순이익이 급격히 늘어난다. 그래서 성수기와 비수기의 수익 차이가 매우 큰 편이다. 비수기에 저렴한 특가 이벤트를 하는 것도 이런 이유에서다.

반면 고정원가 비중이 작고 변동원가 비중이 큰 기업은 레버리지 효과가 크지 않다. 예를 들어 프리랜서로 일하는 그래픽 디자이너를 생각해보자. 이 디자이너는 프로젝트가 있을 때만 작업을 하고, 그때마다 소요되는 비용(예: 소프트웨어 라이선스, 재료비 등)을 지출한다. 변동원가가 대부분이기 때문에 매출이 늘어나더라도 이익이 급격히 증가하지는 않는다. 그 대신 고정원가 부담이 없으므로 매출이 줄어도 상대적으로 안정적인 구조를 유지할 수 있다.

레버리지 효과는 기업의 고정원가 비중이 어느 정도인지에 따라 달라진다. 고정원가가 높은 기업은 매출이 늘어날 때 큰 폭의 이익 증가를 기대할 수 있지만, 매출이 줄어들면 큰 위험에 노출될 수 있다. 반면 변동원가 중심의 기업은 안정적인 운영을 할 수 있지만, 매출 증가에 따른 폭발적인 이익 성장은 기대하기 어렵다.

원가 구조와 레버리지는 기업이 수익성과 변동성 관리 전략을 결정할 때 중요한 요소다. 재무제표 분석에서 원가 구조와 레버리지 분석이 중요한 이유가 바로 여기에 있다. 원가 구조를 통해 비용 효율성과 경영 전략을 평가할 수 있으며, 레버리지 분석을 통해 수익성과 리스크 간의 균형을 파악할 수 있다.

▶ 고정비 비율과 손익분기점률을 이용한 기업 진단

① 저고정비・고분기점형 기업(고정비 비율 10%, 손익분기점률 90%)

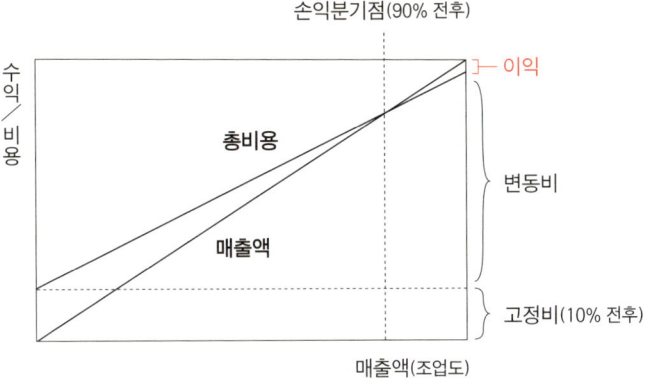

- 음성적인 적자형 기업으로 회사가 서서히 쇠퇴하는 형태
- 변동비를 절감하는 노력이 필요함

② 고고정비・고분기점형 기업(고정비 비율 50%, 손익분기점률 90%)

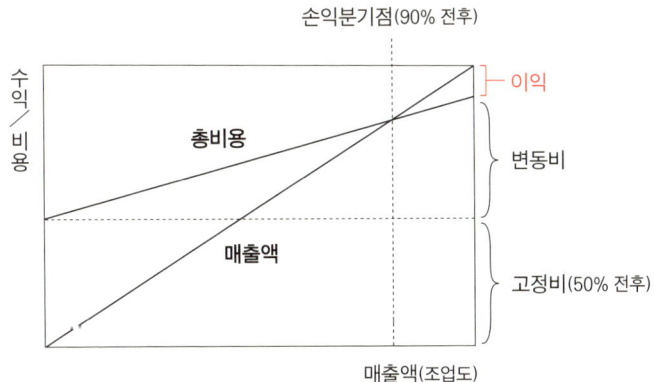

- 도산형의 회사로 획기적인 경영합리화 대책을 강구해야 함

③ 저고정비 · 저분기점형 기업 (고정비 비율 10%, 손익분기점률 60%)

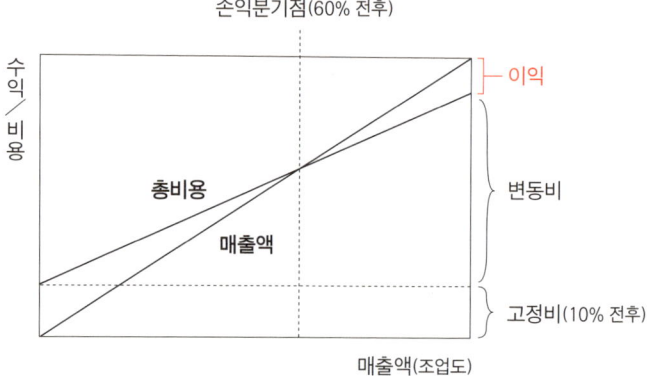

- 매우 안정된 건전경영 기업이나 변동비가 높아 이익률이 낮으므로 부가가치를 높이는 분야에 집중해야 하고 고정설비 투자를 고민해야 함

④ 고고정비 · 저분기점형 기업 (고정비 비율 50%, 손익분기점률 60%)

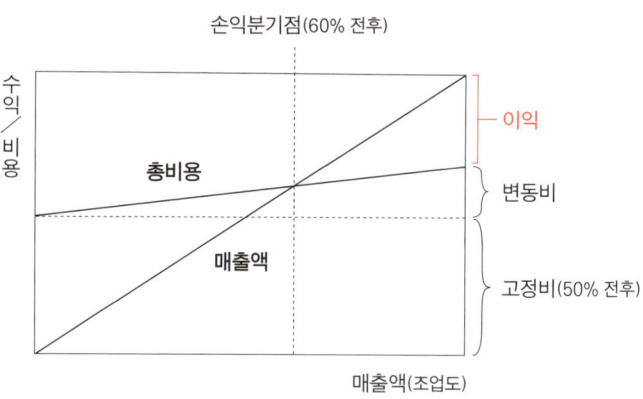

- 안정성과 수익성을 동시에 달성하고 있는 기업
- 적극적인 매출 확대를 시도할 필요가 있음
- 간접적인 부문의 관리는 최소화하는 것이 바람직함

이 장의 핵심 포인트

- 원가 구조 분석은 기업의 수익성을 이해하는 핵심 요소로, 고정원가와 변동원가의 비중에 따라 경영 전략이 크게 달라진다.
- 고정원가가 높은 기업은 매출이 증가하면 이익이 급격히 늘어나지만 매출이 감소하면 리스크가 커지며, 반대로 변동원가가 높은 기업은 매출 변동에 크게 영향을 받지 않지만 폭발적인 수익 성장은 기대하기 어렵다.
- 원가 구조와 레버리지 효과를 분석하면 기업의 비용 효율성과 수익성, 리스크 관리 전략을 평가할 수 있어 경영 의사결정과 투자 예측에 유용하다.

제21장

이익 해석의 길, 재무상태표라는 인생 지도

과거를 기록해 미래를 예측하는 재무제표

2025년 5월, 워런 버핏은 버크셔 해서웨이Berkshire Hathaway 주주총회에서 은퇴를 선언했다. 그 자리에서 버핏은 많은 사람이 손익계산서에서 '이익'을 찾지만 재무상태표를 먼저 봐야 한다고 강조했다.

"나는 손익계산서보다 재무상태표를 더 오래 들여다봅니다. 그쪽이 숫자 장난을 치기 어려워요. 그런데 대부분의 사람이 재무상태표에서 얻을 수 있는 정보를 과소평가하죠."

버핏의 이야기에서 핵심은 2가지다. 첫째, 손익계산서는 가정과 조정을 많이 거친다. 감가상각 연수 조정, 충당금 설정, 인식 시점의 선택, 개발비의 무형자산 반영 등 기업이 의도적으로 '이익'을 만들어낼 수도 있다. 그에 비해 재무상태표는 상대적으로 조작이 어려우며 기업의 '진짜 구조'를 드러낸다. 둘째, 재무상태표에서는 **운전자본** working capital 의 효율성을 분석해 현금흐름을 유추할 수 있다.

> **운전자본**
> 기업이 일상적인 영업활동을 원활하게 수행하기 위해 필요한 단기 자금(자세한 내용은 제25장 참조).

재무상태표 몇 년 치를 누적해서 보면 매출채권, 재고자산, 매입채무 등의 흐름이 보이는데 이로써 기업이 실제로 얼마나 효율적으로 돈을 굴리고 있는지를 알 수 있다.

버핏은 한발 더 나아가 재무상태표 10년 치를 본다고 말했다. 10년 치 재무상태표를 보면 다음 3가지가 드러난다.

- 자금 조달의 역사: 부채와 자본이 어떻게 변화해왔는지를 보면 기업이 언제 외부에 의존했고, 언제 내부 자본을 활용했는지를 알 수 있다.
- 투자자산의 구조: 유형자산, 무형자산, 금융자산 등의 구성이 어떻게 변화해왔는지를 보면 기업이 어떤 방식의 성장을 추구하는지를 읽을 수 있다.
- 현금성자산의 추이: 보유 중인 현금성자산의 추이를 보면 위기 때 버틸 체력이 어느 정도인지를 알 수 있다.

재무상태표는 기업이 지나온 역사와 앞으로의 방향을 동시에 보여주는 로드맵이다. 재무상태표가 중요한 이유로 크게 2가지를 들 수 있다.

첫째, 조직의 자산과 부채를 보여준다. 그리고 조직이 역사적으로 쌓아온 모든 잉여금이나 적자를 종합한 순자산(자본, 이익잉여금 등)을 확인할 수 있다. 과거 재무 기록이 모두 현재의 재무상태표에 반영된다는 뜻이다.

둘째, 조직의 유동성을 확인할 수 있다. 현재 보유한 현금과 곧 현금으로 전환될 자산(예: 단기투자자산 또는 단기금융상품, 매출채권 등)이 모두 기록되기 때문이다. 자산은 일반적으로 유동성 순서대로 나열되며 현금화하기 쉬운 자산이 상단에, 현금화하기 어려운 자산이 하단에 배치된다. 이는 조직이 재정적으로 얼마나 신속하고 유연하게 대응할 수 있는지를 파악하는 데 중요한 정보다.

왜 '밸런스 시트'라고 부를까?

재무상태표는 영어로 '밸런스 시트'Balance Sheet 라고 한다. 밸런스의 사전적인 의미는 다음과 같다.

> **Balance**
> 1. 균형: 서로 다른 요소들이 상호작용하며 조화롭게 어우러지는 상태
> 2. 잔액: 주로 은행 계좌나 회계 기록에서 특정 시점에 수입과 지출을 상쇄한 후 남은 금액

밸런스 시트에서 '밸런스'는 균형보다는 잔액이라는 개념에 더 가깝다. 특정 시점에 기업이 가진 자산, 즉 잔액을 기반으로 하는 표이기 때문이다. 그렇다고 균형이라는 의미가 없는 것은 아니다. 왼쪽에 기록되는 자산과 오른쪽에 기록되는 자본·부채가 완벽하게 일치하는 구조이기 때문이다(그래서 예전에는 재무상태표를 '대차대조표'라고 불렀다).

▶ **재무상태표의 구성**

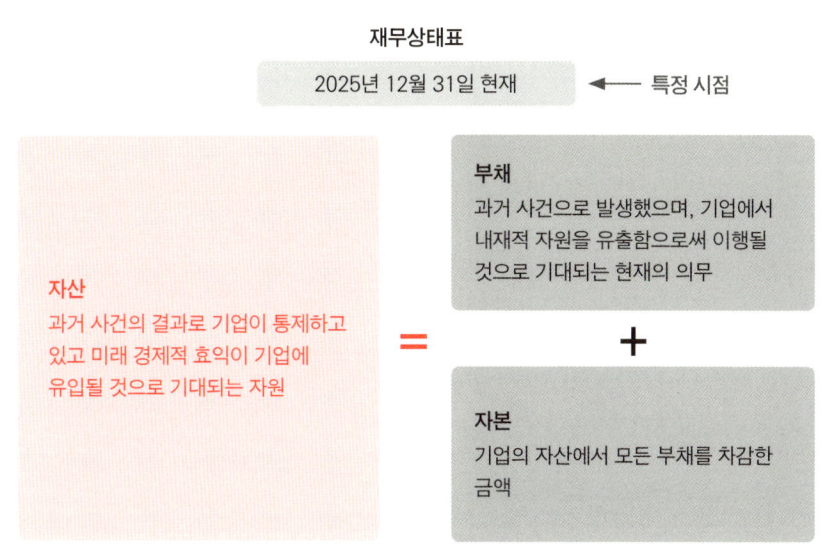

재무상태표란 특정 시점의 재무상태를 보여주는 재무제표로, 기업의 재무상태를 자산·부채·자본의 3요소로 나타낸다.

복식부기의 아버지 파치올리 이야기

15세기 이탈리아의 베네치아는 국제 무역의 중심지였고, 각국의 거래에는 매우 복잡하고 다양한 금융 거래가 동반됐다. 이런 환경에서 수학자이자 신부였던 루카 파치올리 Luca Pacioli가 복식부기 double-entry bookkeeping 시스템을 정립했다. 그의 회계원칙을 담은 저서 《산술, 기하, 비율 및 비례 총람》 Summa de Arithmetica, Geometria, Proportioni et Proportionalita(1494)은 현대 회계의 기초가 됐다.

그는 상인들에게 자신의 재정 상황을 명확하게 설명할 방법을 제공하고자 했다. 당시 상인들은 무역선을 이끌고 여러 국가를 다니면서 물건을 사

▶ 루카 파치올리의 책 《산술, 기하, 비율 및 비례 총람》

고팔았는데 그 과정에서 빚을 지거나 새로운 투자를 받기도 했다. 파치올리는 그들에게 복식부기를 가르쳐 자산과 부채와 자본을 명확하게 구분하여 기록하게 했다.

이런 방식은 상인들이 자신의 재무상태를 정확히 파악하고 위험을 관리하는 데 큰 도움을 주었다. 파치올리는 또한 "어떤 순간에도 자산의 총합은 부채와 자본의 총합과 일치해야 한다."라고 강조했는데, 이는 오늘날에도 모든 회계 시스템의 기본 원칙이다.

재무상태표부터 봐야 하는 이유

재무상태표는 특정 시점의 재무상태를 보여주는 자료로, 기업의 누적된 경영 성과가 집약되어 있다. 그에 비해 손익계산서는 특정 기간의 경영 성과를 나타내며 일정 기간의 수익과 비용 흐름을 통해 이익이나 손실을 계산한다. 현금흐름표 또한 일정 기간의 현금 유입과 유출을 보여주며, 자본변동표는 특정 기간의 자본 변화를 나타내는 재무제표다. 이처럼 재무상태표는 특정 시점의 축적된 정보를, 나머지 재무제표는 기간별 성과나 변화를 나타내므로 재무제표를 분석할 때는 재무상태표를 중심으로 다른 재무제표들을 연결하

▶ **재무제표 간의 상호 연관성**

재무제표	구분	시간 관점	주요 내용	연결 포인트
손익계산서	Flow(흐름)	일정 기간	수익, 비용, 이익(손실)	당기순이익 → 재무상태표의 자본(이익잉여금)
현금흐름표	Flow(흐름)	일정 기간	영업·투자·재무 활동의 현금 유입/유출	현금증감 → 재무상태표의 현금및현금성자산
자본변동표	Bridge(연결)	일정 기간	자본의 증감 요인(이익, 배당, 증자 등)	손익·배당 → 재무상태표의 자본 변동 내역
재무상태표	Stock(저량)	특정 시점	자산, 부채, 자본의 잔액	Flow 성과가 누적되어 반영된 결과

Flow → Bridge → Stock 순으로 연결된다. 손익계산서와 현금흐름표가 흐름을 기록하고, 자본변동표가 이를 연결하며, 최종적으로 재무상태표가 기업의 누적된 체력을 보여준다.

여 해석해야 한다.

재무제표 분석을 손익계산서가 아니라 재무상태표에서 시작하는 이유는 명확하다. 손익은 흐름flow 개념이지만 재무상태표는 축적stock 개념이며 축적된 구조 속에 기업의 전략, 재정 건전성, 미래 대응력이 고스란히 담겨 있기 때문이다. 자산이 어떻게 구성되어 있고 그 자산을 무엇으로 조달했는지, 다시 말해 자본과 부채의 조합은 기업이 어떻게 살아남았고 앞으로 어떻게 버틸 것인지를 보여준다.

비슷한 규모의 자산을 보유한 기업이라도 자금 조달의 구조, 즉 자본 중심인지 부채 중심인지에 따라 위기 대응력이 크게 달라진다. 이 구조적 차이는 평상시에는 드러나지 않지만 경기 침체나 유동성 위기와 같은 상황이 되면 기업의 생존을 좌우한다.

재무상태표는 안정성을 평가하는 도구만이 아니다. 기업의 투자 여력, 전략적 의도 그리고 시간에 따라 쌓여온 재무적 선택의 결과를 보여주는 창이다. 장기 자산의 확충은 미래 성장을 향한 투자이고, 자본잉여금의 존재는 과거 시장의 신뢰를 반영하며, 이익잉여금의 흐름은 경영의 성과와 배당 여력으로 연결된다. 재무상태표는 기업의 재정적 세계관을 압축한 설계도다. 수치를 넘어서 구조를 읽어야 숫자에 숨겨진 기업의 현실과 방향성을 파악할 수 있다.

 이 장의 핵심 포인트

- 재무상태표는 자산, 부채, 자본을 통해 기업의 재무상태를 균형적으로 나타낸다.
- 자본잉여금과 이익잉여금은 회계상 자본과 이익의 누적을 보여주지만 실제 현금과는 다르므로 현금흐름표와 함께 분석해야 한다.
- 재무상태표를 분석할 때는 자산의 실제 가치와 현금 유동성을 정확히 파악하여 기업의 재정 안정성을 평가해야 한다.

제22장

재무상태표 항목별로 속속들이 분석하기

재무상태표의 전체 구조

앞서 설명했듯이 재무상태표의 왼쪽에는 자산을, 오른쪽에는 부채와 자본을 기록해 좌우의 총액을 일치시킨다(자산=부채+자본). 자산은 유동자산·비유동자산으로 나뉘고, 부채는 유동부채·비유동부채로 나뉘며, 자본은 자본금·자본잉여금·이익잉여금 등으로 나뉜다. 복식부기의 기본 원칙상 왼쪽 항목의 숫자에 변동이 발생하면 오른쪽 항목에도 동일한 변동이 발생하게 되어 있다.

항목별로 무엇을 중점적으로 살펴야 하는지 알아보자.

▶ **재무상태표의 구조 분류**

유동자산	유동부채
	비유동부채
	자본금
비유동자산	자본잉여금
	이익잉여금 등

자산 항목 들여다보기

재무제표에서 자산은 기업의 '재산'을 한눈에 보여주며, 각 항목은 기업의 재무상태와 효율성을 평가하는 데 중요한 요소다. 자산은 크게 유동자산과 비유동자산으로 나눈다. 이를 구분하는 기준은 1년(또는 정상영업주기) 이내에 현금화할 수 있는가이며, 유동과 비유동의 구분을 통해 단기적 유동성과 장기적 안정성을 평가할 수 있다. 자산을 이처럼 구분하는 이유는 기업이 가진 자원의 '시간적 성격'을 구조적으로 보여주기 위해서다. 다시 말해 어떤 자산은 단기간에 현금화가 가능하고, 어떤 자산은 오랜 시간에 걸쳐 기업의 기반을 지탱한다.

실제 사례로 애플의 2024년 연결재무상태표를 살펴보자. 애플은 약 1,530억 달러의 유동자산을 보유하고 있으며 여기에는 약 300억 달러의 현금및현금성자산과 단기투자marketable securities, 매출채권이 포함돼 있다. 이 구조는 애플이 단기적인 채무를 감당할 수 있는 압도적인 유동성을 보유하고 있음을 보여준다. 또한 애플은 약 2,120억 달러의 비유동자산을 갖고 있다. 여기에는 생산설비뿐만 아니라 장기 투자성 금융자산과 기타 비유동 항목들이 포함된다. 이 비유동자산은 애플이 단순히 기술 기업이 아니라 인프라와 생산 능력을 동시에 갖춘 복합 기업이라는 점을 상기시켜준다.

기업이 얼마나 빠르게 자금을 확보할 수 있는지 그리고 어떤 방식으로 미래를 준비하고 있는지를 알려면 이처럼 자산을 구분해서 봐야 한다.

▶ 애플의 재무상태표

Apple Inc.
CONSOLIDATED BALANCE SHEETS
(In millions, except number of shares, which are reflected in thousands, and par value)

ASSETS:		September 28, 2024	September 30, 2023
Current assets: 유동자산			
Cash and cash equivalents 현금및현금성자산		$ 29,943	$ 29,965
Marketable securities 단기금융자산		35,228	31,590
Accounts receivable, net 매출채권(순액)		33,410	29,508
Vendor non-trade receivables 기타 채권		32,833	31,477
Inventories 재고자산		7,286	6,331
Other current assets 기타 유동자산		14,287	14,695
Total current assets 유동자산 합계		152,987	143,566
Non-current assets: 비유동자산			
Marketable securities 장기금융자산		91,479	100,544
Property, plant and equipment, net 유형자산(순액)		45,680	43,715
Other non-current assets 기타 비유동자산		74,834	64,758
Total non-current assets 비유동자산 합계		211,993	209,017
Total assets 자산 총계		$ 364,980	$ 352,583

유동자산: 현금화 가능성이 큰 자산

유동자산은 보통 1년 안에 현금으로 전환할 수 있는 자산을 말한다. 유동자산의 상태와 구성은 기업의 단기 유동성을 평가하는 중요한 지표다. 다음 항목들을 중심으로 분석하자.

현금및현금성자산

현금성자산이란 말 그대로 '현금처럼 곧바로 사용할 수 있는 자산'이다. 현금 보유량이 충분한지 확인하여 기업이 단기 유동성 문제 없이 운영될 수 있는지 평가해야 한다. 만약 현금이 충분히 확보되어 있다면 외부 자금 조달 없이도 긴급 상황에 대비할 수 있을 것이다. 현금 비율을 체크하는 것은 현금흐름을 평가하는 첫 번째 단계다.

매출채권

매출채권은 회사가 상품을 판매하거나 서비스를 제공하고 대금을 아직 받지 않아 발생한 채권을 말한다. 기업의 평균 매출채권 회수기간은 기업이 고객으로부터 대금을 얼마나 빨리 받는지 보여주는 중요한 지표다. 회수기

▶ LG전자의 감사보고서상 재무제표 주석 중 '매출채권 및 기타수취채권'

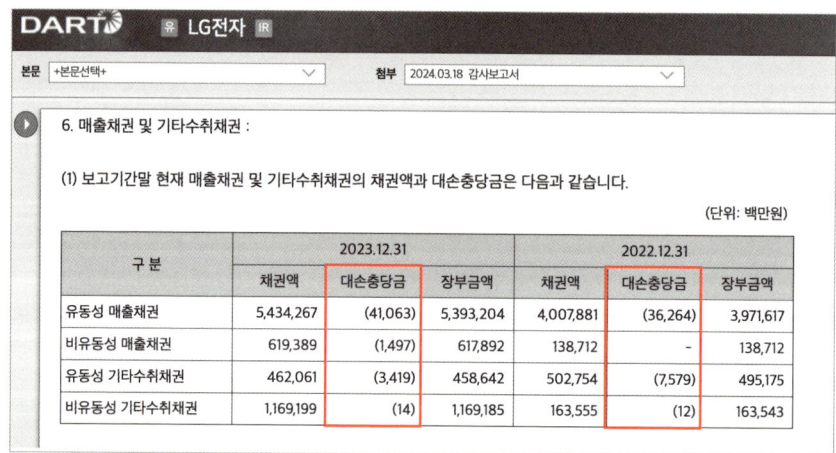

채권액에서 대손충당금을 반영하여 장부금액으로 보고했다. 매출과 관계 없는 미수금 등은 기타수취채권이라 부른다.

간이 지나치게 길다면 고객 신용 관리에 문제가 있거나 회수 과정에 어려움을 겪는다고 볼 수 있다. 이와 관련해서 대손충당금 설정 여부를 체크해야 한다. 대손충당금은 채권 중 회수하기 어려울 것을 예상해 장부상으로 처리하는 계정과목인데, 이 금액이 충분하다면 위험을 적절히 관리한다고 볼 수 있다.

재고자산

재고자산은 제조와 판매를 하기 위해 보유하고 있는 자산을 말한다. 재고자산을 분석할 때 중요한 것은 회전율이다. 재고자산 회전율은 재고가 얼마나 빠르게 소진되는지를 나타내는데, 회전율이 낮다면 재고가 과다하다고 판단할 수 있다. 이는 자금이 비효율적으로 묶여 있을 가능성을 시사한다.

기업이 어떤 재고 평가 방법을 사용하는지도 고려해야 한다. 예를 들어 **선입선출법** first-in first-out, FIFO과 **평균법** 중 어떤 방식을 사용하느냐에 따라 회사의 순이익과 자산 평가가 달라질 수 있기 때문이다.

또한 재고의 예상 판매가격이 하락해 순실현가치가 원가보다도 낮아진다면 평가충당금을 쌓아 재고의 장부가치를 낮추기도 한다.

> **선입선출법**
> 회계상 먼저 입고된 상품부터 출고된 것으로 간주하는 방법.
>
> **평균법**
> 모든 재고의 단가를 평균 내어 계산하는 방법.

비유동자산: 회사의 장기적인 활용 자산

비유동자산은 회사가 장기적으로 보유하며 수익을 창출하거나 운영에 사용하는 자산으로, 기업의 안정성과 지속가능성을 평가하는 데 중요한 요소다. 대표적인 비유동자산 항목을 살펴보자.

▶ **LG전자의 감사보고서상 재무제표 주석 중 '재고자산'**

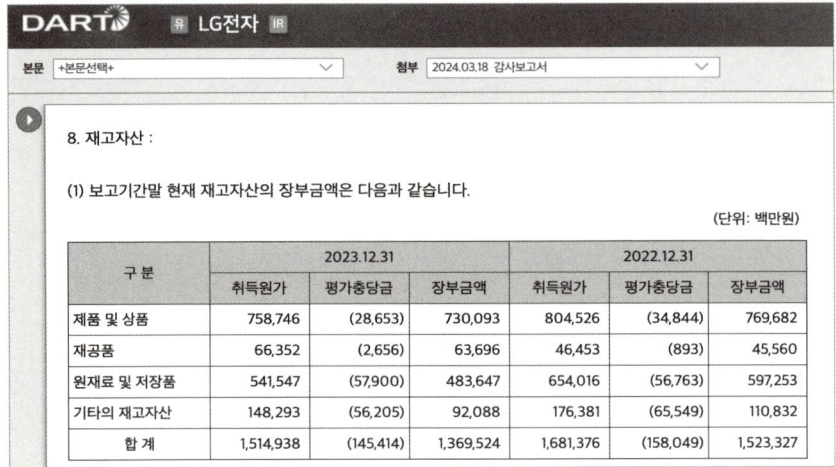

재고자산을 네 종류로 분류했으며 각각의 취득원가에 평가충당금을 반영해 장부금액으로 보고했다. 구분의 순서는 판매가 가능한 순서대로 위에 배열한다.

투자자산

투자자산은 회사가 다른 기업에 투자한 자산으로, 주식이나 채권을 예로 들 수 있다. 투자자산을 분석할 때는 투자수익률을 평가하는 것이 중요하다. 투자자산이 회사의 기대 수익을 달성하고 있는지 그리고 투자와 관련된 리스크가 적절히 관리되고 있는지를 살펴야 한다. 또한 회사가 고위험 자산에 과도하게 투자하고 있지는 않은지도 주의 깊게 검토해야 한다. 불필요한 위험을 감수하고 있다면 장기적으로 회사에 부담이 될 수 있기 때문이다.

유형자산

유형자산은 회사의 물리적인 자산으로, 설비·기계·건물 등이 있다. 유형자산을 분석할 때는 회사의 감가상각 정책을 검토해야 한다. 감가상각이란 시간이 지남에 따라 줄어드는 자산의 가치를 회계에 반영하는 것으로, 재무제표가 자산의 실제 가치를 반영하고 있는지 판단하는 데 중요하다. 감가상각이 과도하면 자산 가치가 과소평가될 수 있고, 그 반대면 과대평가될 수 있다. 또한 유형자산의 노후화 여부도 중요하다. 자산이 오래될수록 유지보수 비용이 증가하고 종국에는 교체해야 할 수도 있기 때문이다.

▶ 현대제철의 감사보고서상 재무제표 주석 중 '유형자산'

구 분	당 기			전 기		
	취득원가	상각및손상차손 누계액	장부금액	취득원가	상각및손상차손 누계액	장부금액
토지	3,434,152,562	-	3,434,152,562	3,435,482,369	-	3,435,482,369
건물	4,270,650,955	(1,792,661,588)	2,477,989,367	4,251,427,524	(1,664,589,554)	2,586,837,970
구축물	2,639,176,475	(1,083,665,468)	1,555,511,007	2,529,572,800	(991,076,926)	1,538,495,874
기계장치	22,798,721,133	(14,823,990,090)	7,974,731,043	22,306,808,251	(13,846,944,306)	8,459,863,945
차량운반구	92,326,366	(67,323,172)	25,003,194	90,211,240	(62,116,036)	28,095,204
공기구비품	972,818,143	(764,589,829)	208,228,314	937,304,762	(754,537,557)	182,767,205
건설중인자산	1,474,469,586	-	1,474,469,586	1,408,953,410	-	1,408,953,410
합 계	35,682,315,220	(18,532,230,147)	17,150,085,073	34,959,760,356	(17,319,264,379)	17,640,495,977

각 유형자산의 취득원가에 상각및손상차손 누계액을 반영해 장부금액으로 보고했다.

무형자산

무형자산은 눈에 보이지 않는 자산으로, 특허·상표권·라이선스 등이 있다. 무형자산은 가치를 적절하게 평가하는 것이 중요하다. 무형자산이 사업에 어느 정도 기여하는지 그리고 그 기여도가 재무제표에 충분히 반영됐는지를 평가해야 한다. 또한 상각 정책도 살펴봐야 한다. 예를 들어 특허권은 일정 기간만 사용할 수 있으므로 그 기간에 적절히 상각하는 것이 중요하다.

상각과 더불어 손상처리도 살펴봐야 한다. 상각이 자산의 가치를 일정 기간에 걸쳐 줄여나가는 것이라면, 손상처리는 자산의 가치를 일시에 줄이는 것을 말한다. 손상처리가 필요한 자산은 사실상 기대한 수익을 창출하지 못하는 자산이라는 의미이므로 기업의 재무상태에 영향을 준다. 손상처리를 했다는 것은 기업이 자산의 실질적인 가치를 재무제표에 반영하고자 노력했다는 의미이며, 이는 투자자와 이해관계자에게 신뢰성을 제공한다.

예를 들어 국내 게임 회사 크래프톤은 2021년 12월 미국 게임 개발사 언노운 월즈 엔터테인먼트 Unknown Worlds Entertainment를 약 9,450억 원에 인수하면서 무형자산, 특히 영업권이 크게 증가했다. 그러나 인수 후 개발된 게임 '문브레이커'의 성과가 기대에 미치지 못했고, 2022년 4분기에 약 1,492억 원을 무형자산 **손상차손**으로 인식했다.

> **손상차손**
> 자산의 회수 가능 금액이 장부 금액보다 낮을 때 그 차이를 손실로 인식하는 회계처리.

장기성 매출채권 및 기타 자산

장기성 매출채권은 일반적으로 회수기간이 1년 이상인 채권으로, 신용도와 회수 가능성을 확인하는 것이 중요하다. 장기채권은 회수 가능성이 불투명하기 때문이다. 기타 자산에 대해서는 회사 운영에 진정으로 필요한 자산인지, 일상적이지 않거나 일회성인 항목은 없는지 확인하는 것이 중요하다.

기타 체크 포인트: 자산 평가 방식과 자산 효율성

장부상 평가된 금액과 실제 시장가치가 일치하는지, 평가 방식이 회사의 특성에 맞는지 검토해야 한다. 그래야 자산이 과대평가되거나 과소평가되지 않았다고 믿을 수 있기 때문이다.

대표적인 사례로 토요타의 상업용 부동산 평가 재조정을 들 수 있다. 토요타는 일본 내 여러 상업용 부동산을 장부에 높은 가치로 기록해뒀으나, 1990년대 일본 경제 침체와 부동산 시장의 급격한 하락으로 실제 시장가치가 장부가치보다 현저히 낮아졌다. 이에 따라 토요타는 해당 부동산 자산에 대해 시장가치를 반영하여 손상차손으로 인식했다. 이런 조정은 재무제표의 신뢰성을 회복하는 데 중요한 역할을 했다.

부채 항목 분석하기

부채 역시 1년(또는 정상영업주기) 내에 상환해야 하는 유동부채와 그보다 기간이 많이 남은 비유동부채로 구분된다. 이는 기업의 단기적인 자금 조달 능력과 장기적인 재무적 안정성을 평가하는 데 중요한 역할을 한다.

예를 들어 월마트Walmart는 전 세계적으로 매장을 운영하기 위해 많은 부채를 활용한다. 2023년 기준으로 약 1,600억 달러의 부채를 보유하고 있으며, 그중 상당 부분이 장기차입금이다. 이를 통해 대규모의 인프라를 유지하고 확장하며 글로벌 유통 네트워크를 구축·유지한다. 그러나 이런 높은 부채는 재무적 부담을 가중시킨다. 또한 금리 상승 등 외부 경제적 요인이 부정적으로 변하면 위험에 처할 수 있다.

부채는 기업이 외부에서 빌려 온 자금을 말한다. 부채 항목은 기업의 재무 구조에서 '부담'으로 작용하지만 성장과 투자에 필요한 자금을 효율적으로 조달하는 중요한 수단이기도 하다. 부채를 분석할 때는 유동부채와 비유동부채로 나누어 각각의 항목에서 기업의 단기 및 장기 재정 건전성을 평가해야 한다.

유동부채: 단기적으로 갚아야 할 부채

유동부채는 보통 1년 내에 의무를 이행해야 하는 부채를 의미한다. 유동부채 항목을 분석하면 기업의 단기 유동성과 단기 자금 운용의 건전성을 판단할 수 있다.

매입채무

매입채무는 회사가 공급 업체로부터 제품이나 서비스를 구매하고 대금을 아직 지불하지 않아 발생한 채무를 의미한다. 회사가 공급 업체와의 관계에서 신뢰를 유지하며 제때 결제를 하는지, 매입채무가 지나치게 많지는 않은지 확인할 필요가 있다. 매입채무 회전율을 구해보면 회사가 매입한 재료비 등을 얼마나 신속히 결제하는지 평가할 수 있다. 매입채무가 지나치게 많다면 단기적으로 자금흐름에 문제가 생길 수 있으므로 유의해야 한다.

단기차입금

단기차입금은 1년 내에 상환해야 하는 차입금을 말한다. 이 항목은 특히 기업의 유동성에 큰 영향을 미치므로 과도하지 않은지 검토해야 한다. 단기차입금이 많다면 회사가 이른 시일 내에 상환할 능력이 있는지 그리고 만기가 돌아오는 차입금에 대해 적절한 자금 계획을 마련했는지를 확인해야 한다. 특히 금융기관에 대한 신용도와 재융자(대환) 가능성도 함께 평가해야 한다.

미지급금

미지급금은 원재료나 상품 매입을 제외하고 아직 지급하지 않은 외상대금을 말한다. 예를 들어 유형자산 미지급 대금, 종업원급여, 미지급 세금 등이 있다. 미지급금이 과도하면 회사가 단기적으로 지급할 대금을 미뤘다는 의미일 수 있으므로 미지급 항목의 구체적인 내용을 검토하여 자금 압박을 받고 있지는 않은지 살펴봐야 한다. 미지급 항목이 자주 쌓이는 경향이 있다면 장기적으로 회사의 자금 유동성에 부담이 될 수 있다.

비유동부채: 장기적으로 갚아야 할 부채

비유동부채는 1년 이상 장기간에 걸쳐 상환하거나 서비스 등을 제공할 의무가 남은 부채로, 기업의 재무 구조와 자본 조달력에 영향을 미친다. 기업의 장기적인 자금 운용 능력과 안정성을 평가하는 데 중요한 항목이다.

장기차입금

장기차입금은 장기적 자금 운용의 안정성을 보여준다. 장기차입금이 너무 많다면 회사가 장기적으로 이자를 감당할 능력이 있는지 그리고 상환 일정에 맞춰 자금을 준비할 수 있는지를 평가해야 한다. 그리고 장기차입금의 이자율이 높다면 이자비용이 수익에 미치는 영향을 분석할 필요가 있다. 자본 대비 장기차입금의 비율을 통해 기업의 안정성을 확인할 수 있으며, 이 비율이 높다면 외부 자금에 지나치게 의존한다고 볼 수 있다.

사채

사채는 회사가 자금을 조달하기 위해 발행한 채권으로, 대규모 자금을 빠르게 확보할 수 있다. 사채를 분석할 때는 만기와 이자율을 중점적으로 봐야 한다. 만기가 짧거나 높은 이자율로 발행된 사채가 많다면 만기 상환 부담과 이자비용 부담을 동시에 짊어질 수 있다. 또한 사채 발행 조건(예: 상환 우선순위, 변동금리인지 고정금리인지 등)을 평가하여 회사가 향후 재정적 위험을 충분히 관리할 수 있는지 확인해야 한다.

장기충당부채

장기충당부채는 향후 발생할 수 있는 비용에 대비해 설정해둔 자금으로, 판매보증이나 마일리지, 소송 관련 비용 등이 있다. 이 항목을 평가할 때는 충당금 설정이 적절한지, 과도하거나 부족하지는 않은지를 확인해야 한다. 충당금이 부족하면 미래에 예상치 못한 지출로 재무적 압박을 받을 수 있고, 반대로 과도하다면 현재 시점에 비용을 지나치게 반영한다고 볼 수 있다.

리스부채

리스부채는 장기적인 리스 계약을 통해 발생한 부채로, 국제회계기준IFRS 도입 이후 기업의 주요 비유동부채 항목이 됐다. 리스부채는 리스자산과 함께 평가해야 하며, 리스 계약의 조건(기간, 금리 등)이 회사의 재정 상황에 적절한지 평가하는 것이 중요하다. 예를 들어 리스에 투입되는 비용이 매출 대비 과도하다면 운영에 부담이 될 수 있으므로 계약의 재협상 가능성이 있는지를 봐야 한다.

기타 체크 포인트: 부채비율과 상환 가능성 평가

부채비율 및 자기자본비율

부채비율은 외국에서는 기업의 자산 중 부채가 차지하는 비율(부채/자산)을 나타내지만, 한국에서는 보통 자본 대비 부채(부채/자본)를 의미한다. 이는 한국이 전통적으로 은행 중심의 자금 조달 구조를 갖추면서 주주 자본 대비 부채 규모를 중시한 데에서 비롯된 관행이다. 반면 자본시장이 발달한 해외에서는 기업의 전체 자산 규모 대비 부채 비중을 보는 경향이 강하다. 자기자본비율은 총자산 중에서 자기자본이 차지하는 비중을 나타내며, 기업이 외부 자금에 얼마나 의존하는지를 보여준다. 이 두 지표는 서로 보완적이어서 함께 살펴볼 때 재무구조를 더 입체적으로 이해할 수 있다. 일반적으로 부채비율이 너무 높으면 재무적 위험이 커지고 이자비용 부담도 늘어나므로 업계 평균과 비교해 적정 수준을 유지하고 있는지 평가해야 한다.

이자보상배율

이자보상배율은 영업이익을 이자비용으로 나눈 값으로, 기업이 벌어들인 돈으로 이자를 얼마나 감당할 수 있는지를 보여주는 지표다. 이 값이 1 이상이면 영업이익으로 이자를 전부 갚을 수 있는 상태이고, 1보다 낮으면 벌어들인 돈으로 이자조차 다 못 내는 수준이라는 뜻이므로 주의가 필요하다. 이 지표는 금융기관이 기업의 대출 상환 능력을 판단할 때 중요한 기준으로 활용된다.

부채 상환 계획 및 만기 구조

부채 항목의 상환 계획과 만기 구조를 살펴보는 것도 중요한 체크 포인트다. 부채 상환이 단기에 집중되어 있거나 만기 구조가 균형적이지 않다면 상환 부담이 커질 것이다. 예를 들어 만기가 다가오는 부채가 많다면 이를 어떻게 상환할 것인지, 추가적인 자금 조달 계획이 있는지를 확인해야 한다.

재무제표 주석의 차입금과 사채 항목에서 각 부채의 만기와 상환 일정을 확인할 수 있다. 이를 통해 단기적으로 상환해야 할 부채와 장기적으로 관리해야 할 부채를 구분하고, 나아가 기업의 현금흐름 관리 능력을 평가할 수 있다. 또한 주석에는 부채와 관련된 대출 조건 역시 포함되어 있기 때문에 해당 조건이 기업에 과도한 부담을 주는지, 금리와 담보 등 주요 조건이 기업의 재무상태에 적합한지를 검토할 필요가 있다.

대한항공의 차입금 만기 구조 문제를 예로 들어보겠다. 대한항공은 장기 차입금과 사채 발행을 통해 자금을 조달해왔는데, 이들의 만기가 일정 기간에 집중되면서 단기적으로 막대한 상환 부담에 직면한 적이 있다. 당시는 코로나19 팬데믹 시기로 항공 수요가 급감해 현금흐름이 악화됐고, 그 때문에 채무를 상환하기가 더욱 어려워졌다. 그래서 대한항공은 만기 연장 협상에 적극적으로 나서는 한편 추가 차입 등을 통해 자금을 확보해야 했다.

▶ 대한항공의 감사보고서상 (첨부)재무제표 주석 중 '차입금 및 사채'

차입금과 사채는 반드시 주석정보를 통해 세부 내역을 파악해야 한다.

자본 구성 이해하기

자본은 기업의 순수한 자기 자산을 말한다. 회계상으로는 기업이 가진 자산에서 부채를 뺀 나머지를 의미하며, '주주가 기업에 투자한 금액 + 그동안 벌어들인 누적 이익'으로 구성된다. 자본금은 창업 시점이나 증자 과정에서 주주들이 낸 투자금이고, 이익잉여금은 기업이 영업을 통해 벌어들인 순이익을 누적한 것이다. 예를 들어 어떤 기업이 자본금 1억 원으로 출발해 지금까지 총 5,000만 원의 이익을 누적했다면, 이 회사의 자본은 1억 5,000만 원이 된다. 자본은 기업이 외부 자금 없이 스스로 사업을 지속할 수 있는지를 평가하는 안정성 지표다. 또한 주주 입장에서는 배당 가능성과 기업가치 상승 여력을 가늠하는 핵심 지표이기도 하다.

이익잉여금과 관련해서 흔히 하는 오해를 짚고자 한다. 재무상태표에 적힌 이익잉여금을 보고 회사에 돈이 많이 쌓여 있을 것으로 생각하는 사람이 많다. 그러나 이익잉여금은 과거 순이익을 누적해 기록한 것일 뿐이며, 그것이 실제 현금으로 존재한다는 보장은 전혀 없다. 실제 현금이 있는지를 확인하려면 현금및현금성자산 항목을 보거나 현금흐름표에서 영업활동 현금흐름이 어떻게 움직이는지를 살펴야 한다.

2017년, 전 세계 어린이들의 친구이던 토이저러스Toys"R"Us가 미국 법원에 **파산보호** bankruptcy protection 를 신청했다. 이 소식을 접한 많은 이들이 놀라움을 금치 못했다. 한때 연 매출이 110억 달러를 넘었고, 손익계산서상 이익도 꾸준히 발생했으며, 재무상태표상 자본에는 이익잉여금도 쌓여 있었기 때문이다. 하지만 결국 회사는 파산했다. 현금이 없었기 때문이다.

> **파산보호**
> 자금난을 겪는 기업에 대해 법원이 청산이 아니라 존속으로 결정했을 때 빚을 갚을 유예 기간을 제공해 회생을 돕는 제도. '기업회생(법정관리)'이라고도 한다.

토이저러스는 오프라인 유통 강자였지만 온라인 쇼핑으로 옮겨가는 소비자 흐름에 빠르게 대응하지 못했고, 막대한 매장 운영비와 재고자산 탓에 현금 유동성이 점점 나빠졌다. 특히 온라인 판매 네트워크를

▶ **장난감 왕국의 몰락**

폐점을 알리는 뉴욕 타임스퀘어의 토이저러스 매장. 이익잉여금은 남아 있었지만 현금은 없었다. 토이저러스의 파산은 회계 숫자만으로 기업을 판단할 수 없다는 교훈을 남겼다.

자체적으로 구축하기보다는 아마존에 위탁하면서 디지털 경쟁력을 스스로 약화시키는 전략적 실수를 범했다.

장부상 이익이 쌓였다고 해서 회사가 실제로 현금을 보유하고 있다는 얘기는 아니며, 자본 항목이 기업의 '재정 건전성'을 보여줄 수는 있어도 '현금 보유력'을 직접 증명하지는 않는다는 것을 여실히 보여주는 사례다.

자본금: 주주가 투자한 기본 자본

자본금은 주주가 기업에 최초로 투자한 밑천으로, 기업이 운영을 시작하기 위해 조달한 자금이다.

자본금의 변동

자본금은 보통 변동이 적지만 증자나 감자를 통해 변동할 수 있다. 증자는 기업이 추가 자본을 조달하기 위해 주식을 발행하는 것을 말하며, 이를 통해 기업은 성장 자금을 마련하거나 재무 건전성을 높인다. 반면 감자는 자본금을 줄이는 것으로, 재정적으로 어려운 상황에서 자본금을 줄여 재무구조를 조정하는 것이 목적이다. 따라서 자본금이 변동했다면 그 배경과 목적을 확인해야 한다.

테슬라의 창업자는 일론 머스크가 아니라 마틴 에버하드Martin Eberhard와 마크 타페닝Marc Tarpenning 등이었다. 그런데 2004년 머스크가 테슬라에 투자하면서 회사의 성장을 주도하는 주요 주주로 자리 잡았다. 이후 그는 여러 차례 유상증자를 실시해 자본을 확대하고 전기차 생산설비와 R&D에 적극적으로 투자하며 테슬라를 지배하게 되었다.

주식 발행 형태

자본금을 구성하는 주식의 형태도 중요한 분석 포인트다. 보통주와 우선주로 나뉘는데, 보통주는 주주들에게 의결권을 제공하는 반면 우선주는 의결권 대신 일정한 배당수익을 제공한다. 자본의 구성 비율을 통해 주주 의결권에 대한 기업의 관점과 배당 정책의 방향을 확인할 수 있다.

▶ 삼성전자의 감사보고서상 재무상태표

자 본				
I. 자본금	18		897,514	897,514
1. 우선주자본금		119,467		119,467
2. 보통주자본금		778,047		778,047
II. 주식발행초과금			4,403,893	4,403,893
III. 이익잉여금	19		219,963,351	204,388,016
IV. 기타자본항목	20		(476,984)	(273,232)
자 본 총 계			224,787,774	209,416,191

(주식 종류가 구분되어 있다)

자본잉여금

자본잉여금은 기업과 주주 간 자본 거래 과정에서 발생한 잉여 자본을 말한다. 대표적인 예가 주식발행초과금으로, 유상증자 시 액면가를 초과하여 납입된 금액이다. 예를 들어 액면가 1,000원의 주식을 5,000원에 발행했다면 차액 4,000원이 자본잉여금 중 주식발행초과금으로 회계처리된다. 이는 시장이 해당 기업의 가치를 높게 평가한 결과이며, 외부 투자자의 신뢰가 강하다는 표현이기도 하다. 자본잉여금에는 **감자차익**처럼 자본 감소 과정에서 생기는 회계상 잉여도 포함된다.

> **감자차익**
> 기업이 자본금을 줄이는 과정에서 주주에게 매입한 금액이 주식의 액면가보다 적을 때 발생하는 차익. 이 차익은 결손금을 보전하거나 무상증자 시 재원으로 쓸 수 있다. 하지만 현금흐름을 수반하는 진정한 이익은 아니다.

이처럼 자본잉여금은 회계적으로는 이익잉여금과 구분되며, 기업이 벌어들인 성과의 결과라기보다는 기업이 주주들과의 자본 거래를 통해 축적한 잉여 자본이라는 점이 핵심이다.

하지만 재무제표상 자본잉여금이 보유 중인 현금을 의미하는 것은 아니다. 자본잉여금은 최초 자금 유입 당시에는 현금이었겠지만 이후 설비투자, M&A, 운영 자금 등으로 대부분 사용됐을 것이기 때문이다. 지금 시점의 자본잉여금은 회계상 계정일 뿐 현금 유동성과는 무관하다. 따라서 재무제표를 분석할 때는 자본잉여금을 단순히 '쌓인 돈'으로 해석해서는 안 되며, 기업의 자본 구조와 재무 유연성을 보여주는 지표로 해석하는 것이 옳다. 예를 들어 무상증자 여력이나 구조 재조정의 가능성 등을 판단하는 데 더 유용하다. 결론적으로 자본잉여금은 '현금이 많다'가 아니라 '과거에 시장의 신뢰를 바탕으로 자본을 유치한 이력이 있다'는 신호로 읽는 것이 정확하다.

이익잉여금: 누적된 순이익의 저장소

이익잉여금은 기업이 영업활동을 통해 벌어들인 순이익을 누적한 것으로, 주주에게 배당하지 않고 회사 내부에 유보한 이익을 말한다. 기업의 성과를 직접적으로 반영하며, 기업이 안정적인 성장을 이루고 있는지를 판단할 때 필요한 지표다.

배당 정책과의 관계

이익잉여금은 배당과 밀접한 관련이 있다. 이익잉여금을 배당에 얼마나 사용하고 얼마나 유보하는지에 따라 기업의 배당 정책을 알 수 있다. 예를 들어 이익잉여금을 주로 유보한다면 성장을 우선하고, 배당에 집중한다면 주주 이익 환원을 우선하는 전략임을 시사한다.

이익잉여금의 안정성

이익잉여금은 회사의 수익성과 안정성을 보여주는 지표이기 때문에 이익잉여금이 꾸준히 증가한다면 회사가 안정적인 수익을 내고 있음을 나타낸다. 반대로 이익잉여금이 감소하거나 일정 수준을 유지하지 못한다면, 회사의 수익 창출 능력에 문제가 있을 가능성이 있다.

결손금은 이익잉여금의 반대 개념으로, 기업이 영업을 통해 누적한 손실을 의미한다. 기업이 지속적으로 적자를 기록하면 이익잉여금이 소진되고, 소진 이후 발생하는 추가 손실은 결손금이 된다. 결손금이 누적되면 자본이 줄어들고, 심할 경우 **자본잠식** 상태에 빠질 수도 있다. 누적되는 결손금은 장기적으로 기업의 재무 건전성을 위협하는 요소다. 한진해운도 파산 직전 3년 동안 결손금이 계속 누적됐고, 높은 부채와 맞물려 유동성 위기를 맞았다.

> **자본잠식**
> 적자가 누적돼 이익잉여금을 모두 사용했다면 그때부터는 납입자본금으로 메꿔야 한다. 주식 시장에서 자본잠식은 관리종목 지정 사유이며, 전액 잠식되면 퇴출된다.

▶ 한진해운의 연결감사보고서상 재무상태표

부채 총계		6,640,240,912,304		7,737,757,703,510
자본				
자본금(주1,24)		1,226,349,735,000		1,226,320,470,000
자본잉여금		1,771,560,570,710		1,790,945,998,770
자기주식(주22,25)		(521,499,340,568)		(589,230,338,133)
신종자본증권(주28)		155,921,269,085		194,529,400,000
결손금(주26)		(2,469,179,899,354)		(2,430,870,177,969)
기타자본(주27)		615,240,573,181		535,135,355,865
비지배주주지분		4,868,426,326		50,710,257,601
자본 총계		783,261,334,380		777,540,966,134
부채 및 자본 총계		7,423,502,246,684		8,515,298,669,644

손실이 누적된 결과인 결손금.

기타자본구성요소: 스톡옵션과 기타포괄손익누계액

재무상태표의 자본 항목에서 종종 간과되곤 하지만, 기타자본구성요소를 반드시 눈여겨봐야 한다. 이 항목은 '아직 실현되지 않은 평가손익의 누적'을 의미한다. 구체적으로는 다음과 같은 항목들이 포함된다.

스톡옵션 관련 조정액

기업이 임직원에게 부여한 **스톡옵션** 등 주식 보상은 회계상 자본으로 처리된다. 이때 발생하는 비용은 손익계산서에 반영되고, 그에 상응하는 주식 보상 관련 자본 항목이 기타자본구성요소로 누적된다. 이 항목은 실제 권리가 행사되기 전까지는 잠재적 자본 희석 요인이지만, 인재 유치를 위한 기업의 전략적 자산이기도 하다. 따라서 손익계산서에 비용으로 반영되어도 현금유출이 되는 비용이 아닌 추후 약속 같은 개념이므로 이익잉여금에 반영하는 것이 아니라 기타자본조정으로 반영하는 것이다.

> **스톡옵션**
> 회사가 임직원에게 일정한 가격에 자사 주식을 살 수 있는 권리를 주는 제도로, 주식매수선택권이라고도 한다.

기타포괄손익누계액

손익계산서에는 직접 반영되지 않지만 자본 변동에 영향을 미치는 포괄손익을 누적한 값이다. 대표적으로 다음과 같은 항목이 있다.

- 매도가능금융자산(또는 공정가치금융자산)의 평가손익
- 해외사업환산손익(환율 변동에 따른 외화 재무제표 환산차익)
- 확정급여제도의 재측정 요소
- 토지 등 재평가 손익(선택은 가능하지만 드문 경우임)

- 현금흐름헤지 파생상품 평가손익
- 지분법 적용 투자주식의 기타포괄손익

　이런 항목들은 대부분 시장 변동성, 환율, 금리, 자산 평가 기준 등 외부 요인에 따라 발생하며 기업의 내부 경영 성과보다는 회계적 처리 기준에 따른 평가 결과에 가깝다. 해당 금액이 클수록 회계상 자본에는 영향을 주지만, 실제 영업활동이나 현금흐름과는 직접적인 관계가 없다.

　기타자본구성요소는 투자자나 재무 분석가에게 중요한 시사점을 제공한다. 먼저 해당 금액이 꾸준히 누적되고 있다면 향후 실현손익으로 전환될 여지가 있는지를 판단해야 한다. 과도한 스톡옵션 부여로 자본 희석 우려가 있다면 기존 주주 가치에 부정적 영향을 미칠 수 있다. 특히 환산손익 등 외화 관련 항목은 실질 가치라기보다 회계상 조정에 가까우므로 순자산 규모를 왜곡할 위험이 있다는 점도 유념해야 한다.

 이 장의 핵심 포인트

- 자산은 기업의 재무상태와 효율성을 평가하는 데 중요한 요소다.
- 부채는 기업의 단기적인 자금 조달 능력과 장기적인 재무 안정성을 평가하는 데 중요한 역할을 한다.
- 자본은 자산에서 부채를 뺀 나머지를 의미하며, '주주가 기업에 투자한 금액 + 그동안 벌어들인 누적 이익'(누적 배당 제외)으로 구성된다.

제23장

이익을 번역하는 글로벌 공용어, EBITDA

경영이든 투자든 용어를 아는 것이 기본

한번은 클라이언트 회사 대표님과 함께 회사의 첫 투자 유치를 위한 미팅에 참석한 적이 있다. 투자 담당 심사역과 얘기를 나누던 중 'EBIT'와 'EBITDA'라는 용어가 나왔는데 대표님이 당황하신 듯했다. 중요한 설명을 이어가야 하는 타이밍이었지만 잠시 말을 잇지 못했다. 미팅 후 돌아오는 길에 EBIT는 '영업이익'이고, EBITDA는 간단히 말해 '현금흐름 관점의 영업이익'이라고 설명해드렸다. 대표님은 "솔직히 처음 듣는 용어라서 머릿속이 하얘졌어요."라고 털어놓으셨다.

▶ 들어는 봤는데 설명하라면 막막한 회계 용어들

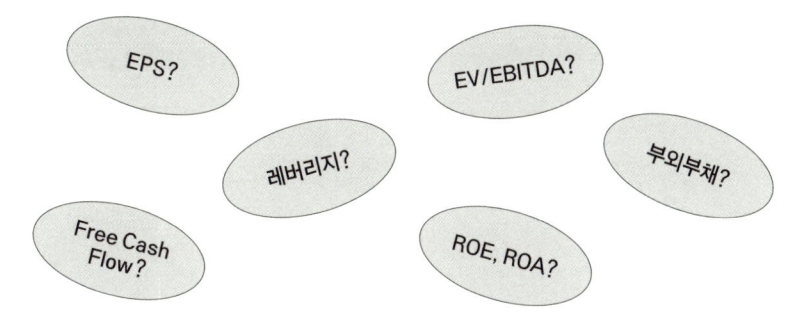

재무제표 분석에서 처음 맞닥뜨리는 장벽은 낯선 용어다.

　어쩌면 여러분도 이런 일을 겪어봤을 것이다. 우리는 종종 낯선 용어를 접하면 본능적으로 움츠러들고, 어렵다는 생각에 자세히 알아보기를 지레 포기한다. 하지만 이런 용어들은 꼭 알아두어야 한다. 기본 중의 기본이기 때문이다.

　특히 EBITDA는 회사가 얼마나 이익을 내고 있는지, 그 이익이 현금흐름으로 어떻게 이어지는지를 보여주는 핵심 지표다. 특히 투자자들 사이에서 일상적으로 쓰이는데, 이 기본을 놓치면 회사의 실적을 제대로 평가하거나 전달하는 데 한계를 가질 수밖에 없다. 또한 대부분 기업이 실적 발표 자료에 EBITDA를 활용한다. 삼성전자와 네이버의 분기별 실적 발표 자료를 봐도 EBITDA에 대해 별도의 설명 없이 제시한다. 즉 설명이 필요 없는 상식이라는 의미다.

▶ 삼성전자의 IR 자료

(단위: 조 원)

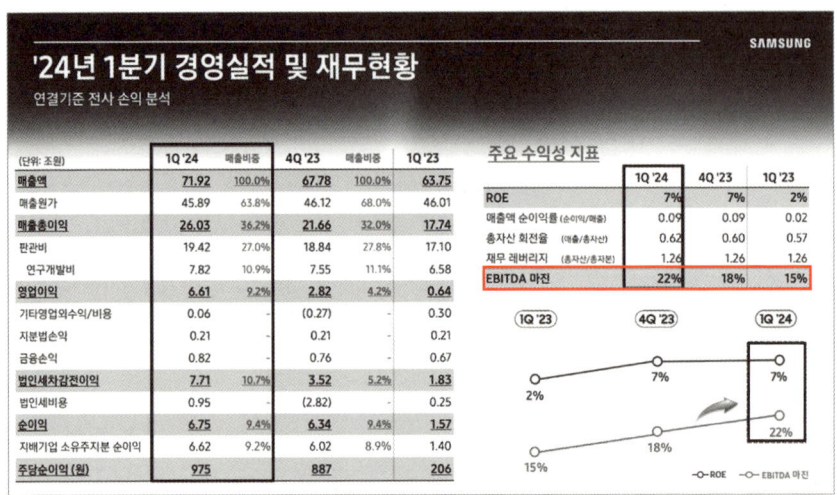

EBITDA에 대한 별도 설명 없이 정보가 제공된다. 그만큼 기본적인 용어라는 뜻이다.

▶ 네이버의 실적 요약

- 2분기 매출액은 서치플랫폼, 커머스, 핀테크 등 주요 사업부문의 성장과 클라우드 프로젝트 매출 증대로 YoY 8.4%, QoQ 3.3% 성장
- 조정 EBITDA는 서치플랫폼의 성장 회복과 전반적인 생산성 향상으로 YoY 23.9%, QoQ 9.9% 성장하며 사상 최대 규모 기록
- 영업이익은 지속적으로 개선되며 18.1%의 이익률을 기록

단위: 십억 원	2Q23	3Q23	4Q23	1Q24	2Q24	Y/Y	Q/Q
매출액	2,407.9	2,445.3	2,537.0	2,526.1	2,610.5	8.4%	3.3%
서치플랫폼	910.4	898.5	928.3	905.4	978.4	7.5%	8.1%
커머스	632.9	647.4	660.5	703.5	719.0	13.6%	2.2%
핀테크	339.7	340.8	356.0	353.9	368.5	8.5%	4.1%
콘텐츠	420.4	434.9	466.3	446.3	420.0	-0.1%	-5.9%
클라우드	104.5	123.6	125.9	117.0	124.6	19.2%	6.5%
영업비용	2,035.2	2,065.1	2,131.5	2,086.8	2,137.8	5.0%	2.4%
조정 EBITDA*	515.1	550.6	580.0	581.0	638.4	23.9%	9.9%
조정 EBITDA 이익률 (%)	21.4%	22.5%	22.9%	23.0%	24.5%	3.1%p	1.5%p
영업이익	372.7	380.2	405.5	439.3	472.7	26.8%	7.6%
영업이익률 (%)	15.5%	15.5%	16.0%	17.4%	18.1%	2.6%p	0.7%p
당기순이익	286.7	356.2	298.4	555.8	332.1	15.8%	-40.3%
당기순이익률 (%)	11.9%	14.6%	11.8%	22.0%	12.7%	0.8%p	-9.3%p

* EBITDA+주식보상비용

EBITDA는 기업 사정에 맞게 가공할 수 있다. (출처: 네이버 IR 자료)

EBIT란 무엇인가

EBITDA를 이해하려면 EBIT(영업이익) 개념부터 제대로 파악해야 한다.

EBIT는 'Earnings Before Interest and Taxes'의 약자로, 우리말로는 '이자와 세금 차감 전 이익'이다. 이자와 세금을 차감하기 전 이익이므로 그 2가지 영향을 제외했을 때의 성과를 본다는 뜻이다. 기업의 영업활동과 직접적으로 관련이 없는, 말 그대로 '외부적인 요소'이기 때문이다.

- 이자: 기업이 부채를 통해 자금을 조달하면서 발생하는 비용으로, 영업 외적인 금융활동의 결과다.
- 세금: 기업의 순이익에 따라 부과되는 법인세로, 영업활동과 직접 연결되기보다는 결과물에 가까운 요소다.

▶ 영문 손익계산서의 구조

Sales	100
Cost of Goods Sold (CoGS)	(-)60
Gross Profit	**40**
SG&A expenses	(-)20
EBIT (Operating Income)	**20**
Financial incomes / expenses	10
Other profits / losses	(-)5
Profit Before Income Tax	**25**
Income tax	(-)5
Net Income	**20**

EBIT 이후 단계에서 재무 관련 유출입 금액이 반영되고 세금이 차감됨을 알 수 있다.

이 2가지의 영향을 제외한다는 것은 기업이 순수하게 영업활동을 통해 벌어들인 이익을 나타낸다는 뜻이다. 간단히 말해, 회사의 일상적인 비즈니스를 통해 얼마나 버는지를 보여주는 지표가 바로 EBIT다. 비유하자면 EBIT는 스포츠팀의 순수한 경기력과 같다. 관중석에서 판매한 핫도그 수익(금융수익), 경기 후 내는 구장 사용료(세금) 등도 팀의 손익에 영향을 미치긴 하지만 스포츠팀을 평가하는 본질적인 요소는 아니다. EBIT는 기업의 경기력, 즉 영업활동 자체를 측정하는 데 초점을 맞추는 지표다.

EBITDA란 무엇인가

EBITDA는 'Earnings Before Interest, Taxes, Depreciation and Amortization'의 약어로, 우리말로는 '이자, 세금, 감가상각비, 무형자산상각비 차감 전 이익'이다. EBIT를 기반으로 더 깊이 파고들어 기업의 현금 창출 능력을 평가하는 핵심 지표다. 재무제표 분석에서도 EBITDA는 매우 중요한 역할을 한다. 손익계산서에는 매출·비용·영업이익·순이익 등 다양한 항목이 있지만, EBITDA는 특히 회사의 영업활동에서 창출된 현금흐름을 파악하는 데 유용하다. 감가상각비나 무형자산상각비처럼 실제로 현금 유출이 없는 비현금성 비용을 적용하기 전 수익성을 보여주기 때문에 EBITDA는 기업이 영업활동으로 실제로 벌어들이는 현금흐름을 더 잘 보여준다. 즉 회사의 실제 영업 효율성을 더 명확히 드러낸다.

기업 간 공정한 비교

EBITDA는 여러 기업의 성과를 비교할 때 특히 유용하다. 기업마다 감가상각비나 자산 구조가 다를 수 있는데, 이런 차이를 배제하고 순수한 영업 활동의 성과를 비교할 수 있게 해주기 때문이다. 예를 들어 A사는 오래된 설비를 사용해 감가상각비가 많고 B사는 최신 설비여서 감가상각비가 적을 때, 이런 회계상의 차이를 제외하고 양사 간의 영업 효율성을 비교할 수 있게 해주는 지표가 EBITDA다. 이익을 해석하는 방식은 회계기준마다 달라질 수 있다. EBITDA는 회계기준이나 정책의 차이를 줄이고, 기업을 공용의 선에 놓게 만든다.

부채 상환 능력 평가

EBITDA는 기업의 부채 상환 능력을 평가할 때도 중요한 역할을 한다. EBITDA 대비 부채비율은 기업이 부채를 얼마나 효과적으로 감당할 수 있는지를 보여준다. 예를 들어 한 회사가 10억 원의 EBITDA를 창출하면서 50억 원의 부채를 가지고 있다면, EBITDA 대비 부채비율이 5배가 된다. 투자자나 금융기관 입장에서는 이 비율이 높을수록 부채 상환에 어려움을 겪는 기업이라고 판단할 수 있다.

운영 효율성 판단

EBITDA는 회사의 운영 효율성을 평가하는 데도 유용하다. 이를 EBITDA 마진으로 표현하면 더 명확하다. EBITDA 마진은 EBITDA를 매출액으로 나눈 비율로, 회사가 비용을 얼마나 효율적으로 통제하고 수익을 창출하는지를 보여준다. 예를 들어 A사의 EBITDA 마진이 25%라면 매출 100억 원 중 25억 원이 순수 영업활동을 통해 발생한 수익임을 의미한다.

높은 EBITDA 마진은 비용 관리에 능숙하고 영업활동이 수익성 있게 운영되고 있음을 나타낸다. 따라서 EBITDA 마진을 지속적으로 추적하면 회사의 운영 상태를 파악하고 개선할 기회를 발견할 수 있다.

주주와의 커뮤니케이션

EBITDA는 경영진이 주주들에게 회사의 성과를 설명할 때도 매우 유용하다. 주주들은 회사가 얼마나 잘 운영되고 있으며 성장 가능성이 어느 정도인지를 알고 싶어 한다. EBITDA는 그 성과를 직관적으로 전달할 수 있는 지표로, 경영진이 회사의 영업 실적과 미래 비전을 효과적으로 설명할 수 있게 해준다.

기업가치 평가의 핵심 EBITDA와 EV/EBITDA

M&A 상황에서 EBITDA는 기업가치를 평가하는 핵심 지표로 사용된다. 기업을 매각하거나 인수할 때 매수자는 대상 기업의 EBITDA에 특정 배수를 곱해 기업가치를 산정하는 경우가 많다. EBITDA가 기업의 현금 창출 능력을 직관적으로 보여주기 때문이다.

이때 함께 사용되는 지표가 EV/EBITDA다. EV/EBITDA는 기업가치$_{\text{enterprise value, EV}}$를 EBITDA로 나눈 값으로, 기업이 벌어들이는 현금흐름과 비교해 시장에서 얼마나 높은 평가를 받고 있는지를 나타낸다. EV는 기업의 전체 가치를 의미하며, 시가총액(주식 시장에서 평가된 자본)과 순부채(총부채에서 현금을 차감한 값)를 더해 계산한다. EV는 주주뿐 아니라 채권자까지 포함한 기업의 모든 자본과 부채를 아우르는 값이다.

EV/EBITDA는 영업 성과를 중심으로 기업의 가치를 평가하는 지표다. 따라서 기업 간 회계적 차이나 자산 구조의 차이를 배제하고 비교할 수 있으며, 특히 M&A 협상에서 상대평가 기준으로 사용된다. EV/EBITDA는 'EBITDA 멀티플multiple'로도 불리며, 다음과 같이 해석할 수 있다.

- 값이 낮을수록: EBITDA 대비 저평가된 기업으로, 안정성과 실적 중심의 평가를 받고 있을 가능성이 크다.
- 값이 높을수록: EBITDA 대비 고평가된 기업으로, 미래 성장 가능성이나 혁신성 중심의 평가를 받고 있을 가능성이 크다.

같은 자동차 산업에 속하는 폭스바겐과 테슬라의 EV/EBITDA를 비교해보면 시장에서 기업을 바라보는 관점의 차이를 명확히 이해할 수 있다. 폭스바겐의 EV/EBITDA 배수는 6인데, 이는 기업가치가 EBITDA의 6배라는 뜻이다. 이 배수는 자동차 제조업 평균에 속하며, 폭스바겐이 전통적인 제조 업체로서 안정성과 실적 대비 적정한 평가를 받고 있음을 나타낸다. 그에 비해 테슬라는 EV/EBITDA 배수가 30을 초과하는 경우가 많다. 이는 EBITDA 대비 기업가치가 매우 높게 평가되고 있음을 보여준다. 전기차 시장에서 테슬라의 선도적 위치와 미래 성장 가능성을 반영해 시장이 높은 배수를 부여했다는 뜻이다.

EV/EBITDA는 단순히 '높고 낮음'의 문제를 넘어서 기업의 현금 창출 능력과 성장성을 평가하는 중요한 도구다. M&A 대상 기업 평가, 산업 내 비교 등 다양한 상황에서 활용하며 상장사의 상대적인 가치를 평가할 때도 널리 쓰인다. EV/EBITDA 값은 네이버페이 증권, 야후 파이낸스 등 주요 금융 정보 플랫폼에서 손쉽게 확인할 수 있다.

투자자들은 EV/EBITDA를 통해 기업의 EBITDA 대비 시장가치가 적정하게 평가됐는지 확인할 수 있으며, 이는 같은 산업군의 다른 회사들과 비

▶ 아모레퍼시픽(좌)과 에이피알(우)의 펀더멘털

펀더멘털		
주요지표	2024/12(A)	2025/12(E)
PER	13.92	25.56
PBR	1.57	1.50
PCR	24.69	14.39
EV/EBITDA	14.89	10.57

펀더멘털		
주요지표	2024/12(A)	2025/12(E)
PER	80.93	33.60
PBR	26.48	17.01
PCR	110.04	30.44
EV/EBITDA	59.24	25.27

이 중에서도 특히 EV/EBITDA는 현금 창출력을 의미하며, 기업가치의 핵심 지표다. (출처: 네이버페이 증권)

교할 때도 유용하다. 예컨대 K뷰티 산업 내 기업들을 비교해보고 싶다면 전통의 강자 아모레퍼시픽과 신흥강자로 부상한 에이피알의 EV/EBITDA를 나란히 놓고 비교해볼 수 있다. 2025년 9월 기준 아모레퍼시픽은 약 10배, 에이피알은 약 25배 수준이다. 이는 성숙 단계에 접어든 대기업과 성장 초기 단계인 고성장 기업의 특성이 반영된 결과다. 이렇게 동일한 업종에 속하는 두 회사의 EV/EBITDA 지표를 보면 기업의 성장성을 파악하고 각 기업의 특성을 고려한 적정 가치와 투자 기회를 분석할 수 있다.

EBITDA의 한계, 현금흐름표로 보완하자

그렇다면 EBITDA가 재무제표 분석에서 만능 지표일까? 그렇지 않다. 버크셔 해서웨이의 워런 버핏 회장과 고故 찰리 멍거 Charlie Munger 부회장이 EBITDA에 대해 일침한 적이 있다.

"EBITDA는 기업의 현금흐름을 실제보다 낙관적으로 보이게 할 수 있어서 우리는 보지 않는다."

왜 그럴까? EBITDA가 영업이익$_{EBIT}$에서 감가상각비$_D$와 무형자산상각비$_A$만 고려해 계산된 것이기 때문에 실제로 현금이 얼마나 나가고 들어오는지를 제대로 보여주지 못한다는 것이다. 기업의 수익과 비용 중 감가상각비보다 영향은 적지만 실제로 현금흐름과 직접적으로 연결되지 않는 항목들도 여럿 있다. 예를 들면 지분법손익, 충당성추정비용 등이다. 또한 EBITDA만으로는 여유 있는 상황인지 알 수 없다. **자본적 지출** capital expenditures, CAPEX(설비투자지출액)도 있기 때문이다. EBITDA는 이에 대한 고려가 없다. 그래서 버핏과 멍거가 EBITDA만 보면 현금흐름을 잘못 판단할 수 있다고 경고한 것이다.

그밖에도 EBITDA의 몇 가지 한계점을 요약하면 다음과 같다.

▶ 현금흐름표를 보면 될 일을 왜 굳이 EBITDA로 판단하는가

버핏과 멍거는 버크셔해서웨이 주주총회에서 EBITDA를 중심으로 분석하는 데 대해 쓴소리를 남겼다.

> **자본적 지출**
> 기계, 설비, 구조물 등 수익을 창출하는 자산의 유지보수나 증개축에 자금을 투입하는 것을 말하며 이를 통해 생산성을 향상시키는 것을 목적으로 한다. 자산의 가치를 높인다는 점에서 회계상 자산으로 처리된다. 그에 비해 자산의 정상적인 사용을 위해 유지 또는 보수하는 데 자금을 투입하는 것은 '수익적 지출'이라고 하며 회계상 비용으로 처리된다.

- CAPEX의 영향 제외: 기업이 생산 시설이나 설비에 자금을 투입하는 CAPEX는 큰 비용인데 EBITDA에서는 이를 완전히 무시한다. 예를 들어 공장을 짓는 데 큰돈이 늘지만 EBITDA에는 반영되지 않는다. 제조업처럼 시설 투자가 필수인 업종에서는 이런 비용을 무시하고 현금흐름을 평가하면 실제보다 현금이 많아 보일 수 있다.
- 이자비용의 영향 제외: 기업의 부채가 많아 이자비용이 많이 나가더라도

EBITDA에는 이를 반영하지 않는다. 그래서 부채가 많은 회사도 EBITDA로 보면 수익성이 꽤 좋아 보인다. 이자 부담이 큰 회사인데 EBITDA만 보고 투자했다가 예상치 못한 부채 리스크에 노출되는 상황을 맞이할 수 있다.

- 세금의 영향 제외: 세금은 실제 현금흐름에 큰 영향을 주는데 EBITDA는 이 부분도 신경 쓰지 않는다. 세금 부담이 큰 회사라면 EBITDA와 실제 현금흐름 사이에 큰 차이가 날 수 있다.
- 비현금성 비용의 영향 제외: EBITDA는 감가상각처럼 실제로 돈이 나가지 않는 비현금성 비용의 영향만 제외하고 그 외의 자잘한 현금 지출이나 운영 비용은 반영하지 않는다. 따라서 다른 요소들을 다 포함한 현금흐름을 보지 않고서는 기업의 실제 상황을 파악할 수 없다.

EBITDA는 기업의 현금 창출 능력을 간단히 확인할 수 있는 유용한 지표다. 하지만 어디까지나 현금흐름지표로 가는 시작점일 뿐이며, 우리가 진짜로 알고 싶어 하는 것은 실제 현금흐름이다. 버핏과 멍거가 강조했듯이, 진짜 현금흐름을 보려면 현금흐름표를 봐야 한다. 현금흐름표는 영업활동, 투자활동, 재무활동에서 발생하는 모든 현금의 흐름을 명확히 보여주는 유일한 재무제표다. EBITDA가 '돈을 얼마나 잘 버는지'를 대략적으로 보여주는 지표이긴 하지만, 기업의 진짜 상태와 현금흐름의 건강성을 평가하려면 현금흐름표에서 모든 항목을 꼼꼼히 살펴야 한다.

이 장의 핵심 포인트

- EBIT는 영업이익을 의미하며, EBITDA는 여기에 감가상각비와 무형자산상각비를 더해 기업의 현금흐름을 더 직접적으로 보여주는 지표다.
- EBITDA는 기업의 영업활동에서 발생한 현금 창출 능력을 간단히 평가하고, 업종 간에 비교하거나 해당 기업의 부채 상환 능력을 평가하는 데 유용하다.
- EBITDA는 CAPEX와 부채 이자, 세금 등을 반영하지 않아 실제 현금흐름을 왜곡할 수 있으므로 모든 현금흐름을 반영한 현금흐름표를 통해 재무상태 및 손익을 꼼꼼히 확인해야 한다.

제24장

좋은 이익 vs. 나쁜 이익, 돈의 흐름이 기준이다

이익의 진짜 가치는 결국 돈으로 들어왔는가에 달렸다

이익은 숫자일 뿐일까? 그렇지 않다. 기업의 맥박이고 체온이다. 많은 사람이 손익계산서에 찍힌 숫자, 그러니까 매출액·영업이익·당기순이익을 보고 판단한다. 하지만 겉보기에 화려한 이익이 실제로는 허상일 수 있다.

　이익의 진짜 가치는 그 이익이 '현금'으로 들어왔는가 아닌가에 달렸다. 영업이익이 100억 원이라고 적혀 있어도 실제로 들어온 돈이 5억 원뿐이라면 서류상의 이익일 뿐이다. 그에 비해 손익계산서상 이익이 적더라도 안정적이고 반복적으로 현금이 들어오고 있다면 탄탄한 체력을 가진 기업이라고 평가할 수 있다.

예를 들어보겠다. 어떤 기업이 대형 유통사에 상품 200억 원어치를 납품했다. 손익계산서에는 매출과 이익이 멋지게 반영됐다. 하지만 문제는 '돈'이다. 유통사가 3개월 뒤에 돈을 준다고 했다면 그 200억은 아직 내 돈이 아니다. 그동안 직원 월급도 줘야 하고 새 상품도 만들어야 한다. 현금이 없으면 사업을 멈추거나 빚을 내야 한다.

좋은 이익이란 반복적으로 벌 수 있고, 벌어들인 수익이 제때 현금으로 들어오는 것이다. 이런 이익을 '질 높은 이익'quality of earnings, QoE이라고 부른다. 질 높은 이익에는 다음과 같은 3가지 조건이 있다.

- 예측 가능성: 다음 분기, 다음 해에도 계속해서 들어올 수 있어야 한다.
- 현금흐름의 동반: 이익이 수익으로만 잡히는 것이 아니라 실제로 계좌에 찍혀야 한다.
- 지속가능성: 일회성 이벤트가 아니라 본업에서 꾸준히 창출되어야 한다.

이런 관점에서 보자면 손익계산서만으로는 부족하고 현금흐름표를 함께 봐야 진짜 이익의 질을 파악할 수 있다. 특히 영업활동 현금흐름이 계속해서 플러스인지, 그 흐름이 안정적인지 살펴야 한다. 종이에 적힌 숫자가 아니라 손에 쥘 수 있는 현금이어야 한다.

이익의 질 관리하기: 머크 사례

머크Merck는 이익의 질을 중심으로 재무 관리를 해온 대표적인 기업이다. 1668년에 설립되어 400년 가까이 기업을 발전적으로 유지하고 있다. 생명과

학, 헬스케어, 전자 화학 소재 분야에서 혁신적인 제품과 서비스를 제공하며 글로벌 기업으로 성장해왔다. 머크의 성공 비결 중 하나가 이익의 질을 관리하는 것이다.

머크는 실적 발표에서 일회성 요소나 비반복적인 거래를 배제하고, 반복적이고 일상적인 거래만 포함하여 영업이익을 계산한다. 예를 들어 소송 비용이나 구조조정 비용과 같은 일회적 항목을 제외한 EBITDA를 산출해 이를 'EBITDA Pre'라는 이름으로 기록한다. 회계상 이익을 부풀리지 않고 기업의 실질적인 현금흐름을 반영하는 이런 접근 방식으로 투자자들에게 신뢰할 수 있는 정보를 제공한다.

▶ 머크 그룹의 2024년 연례 보고서(Annual report)

Merck Group

€ million	2024	2023	Change € million	%
Net sales	21,156	20,993	163	0.8%
Operating result (EBIT)¹	3,645	3,609	36	1.0%
Margin (% of net sales)¹	17.2%	17.2%		
EBITDA²	5,779	5,489	290	5.3%
Margin (% of net sales)¹	27.3%	26.1%		
EBITDA pre¹	6,072	5,879	193	3.3%
Margin (% of net sales)¹	28.7%	28.0%		
Profit after tax	2,786	2,834	-48	-1.7%
Earnings per share (in €)	6.39	6.49	-0.10	-1.5%
Earnings per share pre (€)¹	8.63	8.49	0.14	1.6%
Operating cash flow	4,586	3,784	802	21.2%

¹ Not defined by International Financial Reporting Standards (IFRS).
² Not defined by International Financial Reporting Standards (IFRS), EBITDA corresponds to operating result (EBIT) adjusted by depreciation, amortization, impairment losses, and reversals of impairment losses.

머크 그룹은 일회적 항목을 제외한 EBITDA를 산출해 'EBITDA Pre'라는 이름으로 제공한다.

이런 방식은 머크가 회계상의 숫자보다 실질적인 현금흐름과 반복 가능성에 집중한다는 점을 시사한다. 높은 이익의 질은 기업의 지속가능성과 투자자 신뢰를 구축하는 핵심 요소다. 머크의 사례는 기업이 어떻게 질 높은 이익을 통해 장기적인 성공을 거둘 수 있는지를 보여준다.

이익의 질을 좌우하는 비현금성 비용

이익의 질을 평가할 때는 현금이 실제로 얼마나 들어오고 나갔는가를 따져봐야 한다. 이때 유용한 지표가 앞서 언급한 EBITDA다. 이 지표는 비현금성 비용을 제외하고 기업의 수익 창출력을 들여다볼 수 있게 해준다.

비현금성 비용이란 특정 회계 기간에 실제로는 돈이 빠져나가지 않았지만 회계상 비용으로 인식되는 항목을 말한다. 대표적으로 감가상각비나 무형자산상각비가 있다. 예를 들어 몇 년 전에 투자한 공장 설비는 현재 돈이 나가는 것도 아닌데 매년 일정 금액씩 '감가상각비'라는 이름으로 비용을 발생시킨다. 그 자체로는 현금 유출이 없지만 손익계산서상 이익을 줄이는 효과를 낸다. 따라서 그 안에 숨겨진 '진짜 이익의 질'을 구분해서 볼 필요가 있다.

예를 들어 현대제철을 보자. 이 회사는 대규모 설비를 보유하고 있어 감가상각비가 상당하다. 하지만 이 감가상각비는 과거 투자에 대한 회계상 처리일 뿐 해당 기간에 실제로 돈이 빠져나간 것은 아니다. 오히려 영업에서

▶ 현대제철의 2024년 실적

영업이익	1,595억 원
EBITDA	1조 8,700억 원
영업활동 현금흐름	1조 7,771억 원

발생한 현금이 꾸준히 들어오고 있기 때문에 겉보기보다 훨씬 견고한 수익 구조를 가지고 있다.

현대제철의 실적은 영업이익보다 EBITDA를 봐야 하고, 더 나아가 영업활동 현금흐름을 봐야 한다. EBITDA와 실제 영업활동 현금흐름이 다른 이유는 운전자본의 변동이 현금흐름에 영향을 주기 때문이다.

현금흐름의 타이밍 게임: 운전자본 관리

재무제표를 볼 때 얼마를 벌었느냐에만 집중하면 중요한 사실을 놓치기 쉽다. 진짜 중요한 것은 언제 돈을 받았고 언제 돈이 나갔는가다. 이 타이밍의 차이를 설명해주는 대표적인 회계 항목이 바로 선수금과 선급금이다. 선수금은 기업이 상품이나 서비스를 제공하기 전에 고객에게 미리 받은 돈이다. 아직 매출로 잡히지는 않지만 실제로는 돈이 이미 기업 계좌에 들어와 있다.

예를 들어보자. 고객이 설 명절을 앞두고 백화점에서 10만 원짜리 상품권을 여러 장 구매했다. 이 상품권은 아직 상품으로 교환되지 않았기 때문에 백화점은 이를 수익으로 인식할 수 없다. 회계상으로는 '계약부채'나 '선수금' 또는 직관적으로 '상품권'이라는 이름의 부채로 잡힌다. 하지만 돈은 이미 현금으로 백화점에 들어왔다. 백화점은 이 돈을 사용해 매장 리뉴얼을 하거나 직원 월급을 지급할 수 있고, 신규 점포에 투자할 수도 있다. 선수금 액수가 충분하다면 외부에서 돈을 빌리지 않아도 되는 매우 좋은 구조다.

반대로 선급금은 미리 나간 돈이다. 기업이 물건이나 서비스를 받기도 전에 선지급을 한 것이다. 예컨대 원재료를 대량으로 구매하면서 결제 조건상 3개월 치 금액을 미리 지급하면 그 돈은 '선급금'으로 잡힌다. 회계상으로는

▶ 신세계의 사업보고서상 재무상태표

부채			
유동부채	2,827,630,214,563	2,598,514,019,925	2,681,359,722,507
매입채무및기타채무	951,949,068,956	949,296,208,984	815,800,528,132
상품권	738,733,586,187	706,154,478,871	699,164,533,106
단기차입금	964,417,906,702	769,866,359,511	960,032,562,197
당기법인세부채	3,763,091,938	0	49,006,408,747
충당부채	1,009,840,000	1,207,710,000	227,900,000
리스부채	30,574,469,629	32,616,277,999	31,199,704,370
기타금융부채	43,614,721,916	40,867,857,203	36,266,311,414
기타 유동부채	93,567,529,235	98,505,127,357	89,661,774,541
비유동부채	1,940,087,320,724	1,970,604,668,079	1,704,556,857,497

신세계는 상품권 판매액을 재무상태표에 '유동부채' 중 '상품권'으로 기록한다.

자산이지만 실제로는 돈이 이미 빠져나간 상태다. 이후 납품이 지연되거나 문제가 생기면 그 돈은 자칫 손해로 바뀔 수도 있다.

요약하면 선수금은 재화나 용역을 아직 제공하지 않았는데 먼저 받은 돈, 선급금은 아직 받지 못했는데 먼저 나간 돈이다. 현금흐름 면에서 보면 이 둘은 하늘과 땅 차이다. 이 구조를 잘 활용하는 기업 중 하나가 바로 에스씨케이컴퍼니(구 스타벅스커피코리아)다.

이 회사는 스타벅스 카드와 상품권을 판매해 매년 수천억 원 규모의 선수금을 쌓는다. 고객이 커피를 받기 전에 충전을 하면, 회계상 그 돈은 '계약부채'로 잡히지만 현금은 이미 회사 계좌에 들어와 있다. 회사는 그 돈을 단순히 쌓아두는 것이 아니라 매장의 인건비, 원두 구매, 설비투자 등에 유연하게 사용한다. 중요한 것은 이 구조가 반복된다는 점이다. 고객은 충전하고, 마시고, 또 충전한다. 이 순환이 끊기지 않는다. 그래서 에스씨케이컴퍼니

▶ 에스씨케이컴퍼니의 감사보고서상 재무제표 주석의 '계약부채'

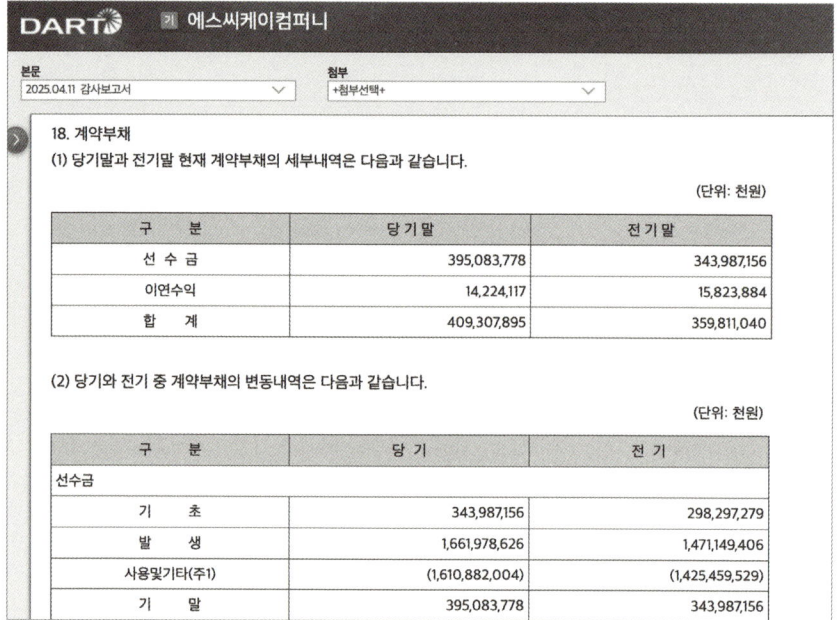

에스씨케이컴퍼니는 매년 수천억 원 규모의 선수금이 쌓이는 순환 구조를 만든 덕분에 현금 기반의 질 높은 이익을 거둔다.

는 영업이익보다 영업활동 현금흐름이 더 크다. 이는 숫자상 이익이 아니라 현금 기반의 질 높은 이익을 거둔다는 뜻이다.

반면 외형상 이익이 났지만 선급금이 너무 많아 실제로는 현금이 부족한 기업도 있다. 공급 업체에 돈을 줬는데 납품이 지연되거나 프로젝트 완료가 지체되면 자금이 묶인다. 이익은 남았는데 통장에 돈이 없다면 그 이익의 질이 낮다고 봐야 한다.

예측 가능하고 반복적인 이익의 발생과 더불어 이익의 질을 결정하는 가장 중요한 요소는 현금흐름이다. 이익이 높다고 하더라도 그것이 현금 유입으로 이어지지 않으면 진정한 의미의 이익으로 평가하기 어렵다. 이는 매출채권, 재고자산, 매입채무, 선수금, 선급금과 같은 운전자본을 어떻게 관리하느냐에 따라 달라진다. 만약 매출채권 회수가 지연되거나 재고자산이 과도하게 쌓인다면 현금흐름이 부족해질 수밖에 없다. 또한 선급금을 효과적으로 관리하지 못하면 미래의 현금흐름이 불안정해지며, 이는 이익의 질을 저하시킨다.

운전자본에 대한 자세한 내용은 제4부에서 확인할 수 있다.

반복 가능한 이익과 현금흐름의 중요성

하버드 비즈니스 스쿨의 데이비드 호킨스David Hawkins 교수는 연구를 통해 이익의 질이 중요함을 밝혀냈다. 호킨스 교수는 일회성 수익이나 회계상의 비정상적인 조정이 아니라 기업 본연의 활동에서 안정적으로 반복되는 현금흐름을 만들어내는 것이 중요하다고 주장했다. 그는 글로벌 소비재 기업의 사례를 들어 이를 설명했다.

이 기업은 어느 해의 매출이 전년보다 약 10% 증가했고, 순이익은 무려 30%나 급증했다고 발표했다. 언뜻 보면 매우 성공적인 실적을 거둔 것처럼 보인다. 하지만 자세히 뜯어보니 순이익 증가의 상당 부분인 약 15%가 세금 혜택과 구조조정을 통한 일회성 비용 절감 같은 회계 조정의 결과였다. 표면상 큰 폭의 순이익 증가였지만 실제로는 일상적인 영업활동을 통해 반복적으로 만들어낸 이익이 아니었던 것이다. 호킨스 교수는 이를 '질이 낮은 이익'이라고 평가했다. 투자자라면 순이익의 절대적인 수치에 현혹되지 말고 반복 가능한 영업이익과 현금흐름 중심으로 기업을 평가해야 한다는 것이 호킨스 교수의 핵심적인 메시지다.

스탠퍼드대학교의 앤 베이어Anne Beyer 교수 역시 비슷한 문제를 다뤘다. 베

▶ 앤 베이어 교수의 논문 〈이익 관리와 이익의 질: 이론과 실증〉

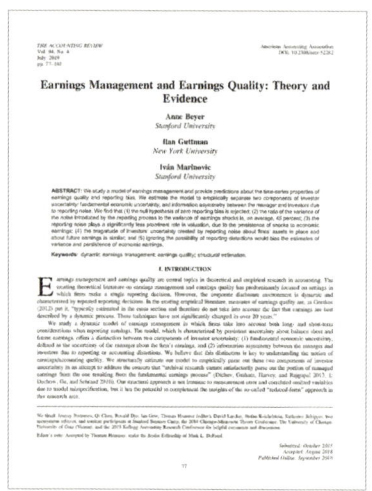

이어 교수는 〈이익 관리와 이익의 질: 이론과 실증〉Earnings Management and Earnings Quality: Theory and Evidence이라는 논문에서 기업들이 회계상 이익을 인위적으로 조정할수록 이익의 질이 떨어진다는 점을 명확히 했다.

베이어 교수는 한 기술 기업 사례를 통해 이를 구체적으로 보여줬다. 이 기업은 뛰어난 매출 성장률을 기록하며 시장에서 큰 관심을 받았지만, 실제로는 매출채권 회수가 매우 부진했다. 정상적인 상황이라면 매출채권 중 회수가 어려운 것은 대손상각비로 처리해 비용으로 인식해야 하지만 해당 기업은 이를 미루며 이익을 높이는 전략을 택했다. 나아가 감가상각비도 줄이고 일회성 비용 처리를 하지 않아 EBITDA와 순이익까지 부풀렸다.

회계상으로는 EBITDA가 높아지고 순이익도 증가한 것처럼 보였지만 실제 현금흐름은 악화되고 있었다. 매출은 늘었지만 그 매출에서 들어와야 할 돈은 들어오지 않았고, 장부상 이익은 높았지만 실제로는 심각한 자금 압박에 처한 상태였다. 베이어 교수는 과도한 이익 관리가 오히려 기업의 장기적 안정성을 위협한다는 점을 지적했다. 또 이익의 질이 낮은 기업일수록 향후 자금난 등 치명적인 위기에 직면할 가능성이 크다고 경고했다.

이런 연구들을 통해 우리는 다음과 같은 교훈을 얻을 수 있다. 이익의 질은 단순히 숫자의 크기가 아니라 이익을 구성하는 항목들이 얼마나 일관되고 예측 가능하며 지속 가능한 현금흐름과 연결되어 있는지에 따라 결정된다는 것이다.

진정으로 건강한 기업이란 단기적으로 큰 숫자를 보여주는 기업이 아니라 꾸준히 현금을 만들어내는 기업이다. 기업이 생존하고 성장하려면 지속 가능한 현금이 필요하기 때문이다. 이것이 바로 이익의 질을 분석하는 이유이자 목적이다. 이익의 질을 중심으로 기업을 평가하는 능력이야말로 성공적인 투자와 기업 분석의 출발점이다. 숫자의 크기만이 아니라 그 숫자가 어떻게 만들어졌는지를 알아보는 안목을 길러야 한다.

결국 이익의 크기는 착시일 수 있다. 중요한 것은 숫자 자체가 아니라, 그 이익이 얼마나 단단한 현금으로 이어지며 기업의 미래를 지탱할 수 있느냐이다. 이제 우리는 단순한 재무제표의 표면을 넘어, 겉모습 뒤에 감춰진 진짜 본질을 꿰뚫어보아야 한다.

 이 장의 핵심 포인트

- 이익의 질을 평가할 때는 현금흐름과 지속성을 중심으로 봐야 한다.
- 일회성 수익이나 비정상적 비용 조정이 적고, 반복적이고 안정적인 현금흐름을 창출하는 이익이 질 높은 이익이다.
- 기업의 진정한 현금 창출 능력과 운전자본 관리의 효율성을 꼼꼼히 분석해야 한다.

제25장

운전자본은 기업의 산소다

균형의 예술, 운전자본 관리

이익의 질을 분석할 때 가장 먼저 봐야 할 항목은 영업활동 현금흐름이다. 기업이 실제로 영업활동을 통해 현금을 얼마나 꾸준히 벌어들이는지가 중요하기 때문이다. 손익계산서상 이익이 커도 현금이 들어오지 않는다면 이익의 질은 낮을 수밖에 없다. 이 흐름을 이해하는 데 중요한 개념이 바로 운전자본이다. 운전자본은 기업의 일상적인 영업활동을 위해 묶여 있는 돈을 의미한다. 매출채권·재고자산·매입채무 등으로 구성되며, 이 항목들이 얼마나 빨리 현금으로 전환되는지를 나타내는 지표가 운전자본 회전율이다.

 운전자본은 매출과 순이익, 설비자산에 비해 눈에 잘 띄지 않는다. 하지만 산소처럼 원활히 공급되지 않으면 기업은 단숨에 위기에 빠진다. 운전자본이 잘 공급되면 기업은 안정적으로 운영되며 필요한 순간마다 자금을 적재적소에 배치할 수 있다. 그러나 운전자본 관리에 실패하면 돌이킬 수 없는 재무적 위기에 빠질 수도 있다. 부족한 운전자본은 자금경색을 초래하고 과도한 운전자본은 자원을 비효율적으로 묶어놓는다.

일반적으로 운전자본은 유동자산에서 유동부채를 뺀 값이지만, 이는 넓은 관점에서 보는 방식이다. 좀 더 엄밀하게는 매출채권과 재고자산을 더한 뒤 매입채무를 뺀 값으로 계산되며, 이를 순운전자본net working capital이라고 한다. 순운전자본은 운전자본이 실제로 기업의 영업활동에서 얼마나 효율적으로 활용되고 있는지를 더 정확하게 보여준다.

방식 1(운전자본): 유동자산 − 유동부채
- 전반적인 단기 재무 안정성 평가에 유용하다.
- 재무제표를 기반으로 쉽게 계산할 수 있지만 구체적인 영업 효율성을 판단하기에는 부족하다.

방식 2(순운전자본): 매출채권 + 재고자산 − 매입채무
- 영업활동의 효율성을 중점적으로 평가한다.
- 매출채권 회수기간, 재고자산 회전율, 매입채무 결제기간 등 실질적인 운전자본 흐름을 분석하는 데 적합하다.

운전자본이 부족하면 생산·재고·판매활동이 중단될 수 있고, 과하게 쌓이면 자금이 비효율적으로 묶여 수익성이 떨어진다. 운전자본 관리는 그 자체로 균형의 예술이며, 경영자는 자금흐름을 정교하게 조율해야 한다.

▶ **활동성 분석**

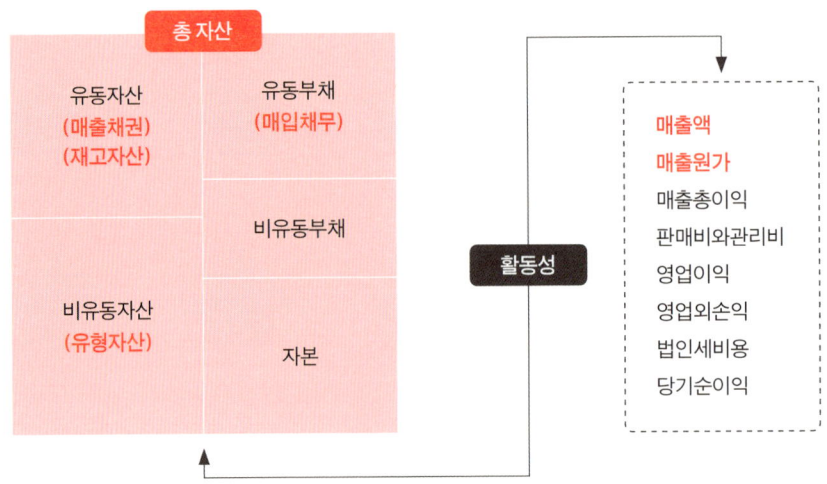

1) 조달한 자금은 기업의 주된 영업을 위해 설비자산(유형자산)에 투자된다.
2) 원부재료 등을 외상구매(매입채무)하여 설비자산에 투입한다.
3) 생산된 제품(재고자산)은 영업활동을 통해 판매(매출)된다.
4) 판매된 제품 금액(매출채권)은 일정 기간 후에 회수된다.

운전자본의 3가지 항목, 즉 매출채권, 재고자산, 매입채무는 손익계산서 상의 매출액, 매출원가, 여러 비용 등과 밀접하게 연결되어 있으며 그 결과가 재무상태표에 자산과 부채 항목으로 반영된다.

기업의 활동은 자금 조달로 시작된다. 조달된 자금을 먼저 유형자산에 투자하고(설비투자), 그 설비를 통해 제품을 생산하기 위해 원재료를 외상으로 구입한다(매입채무). 이 원재료는 가공을 거쳐 제품(재고자산)이 되고, 그 제품이 팔리면 매출채권이 생기며, 일정 기간 후에 현금으로 회수된다. 이 흐름이 기업의 일상적인 생명 활동이다. 이 중 하나라도 비효율적으로 돌아가면, 예컨대 매출채권이 회수되지 않거나 재고가 과도하게 쌓이거나 외상매입 조건이 불리해지면 자금의 흐름은 막히고 기업의 숨결은 점점 가빠진다.

여기서 중요한 것은 액수보다 속도다. 매출채권은 얼마나 빨리 회수되는가? 재고는 얼마나 빠르게 팔리는가? 매입채무는 얼마나 유연하게 조정되는가? 경영자는 '어디서, 어떻게 자금을 덜 묶고 더 빠르게 돌릴 것인가?'라는 질문을 매일 던져야 한다. 이를 종합적으로 판단하는 지표가 바로 현금전환기간cash conversion cycle, CCC이다(제27장에서 자세히 다룬다).

운전자본 관리의 성공과 실패 사례

운전자본이 부족하면 단기적인 유동성을 확보하는 데 심각한 어려움을 겪는다. 그 여파는 생각보다 치명적이고 광범위하다. 가장 먼저 나타나는 현상은 원자재 구매 지연이나 재고 확보 실패, 임금·임차료·납품 대금의 지급 지연이다. 이는 곧 생산 차질이나 서비스 중단으로 이어지고 고객 이탈, 거래처 신뢰 하락, 나아가 신용등급 하락으로까지 연결된다. 예를 들어 아시아나항공(대한항공에 인수됨)은 운전자본 유동성 위기 속에서 항공기 운항 노선을 대폭 축소하고 부동산 자산 및 기내식 사업까지 급히 매각하며 일시적 유동성을 확보하고자 했다. 그러나 자산 가치가 시장에서 제대로 평가받지 못했고, 핵심 인력의 이탈과 노선 경쟁력 저하라는 장기적 리스크를 감수해야 했다.

기업들은 통상 운전자본 부족을 메우기 위해 외부에서 단기차입을 시도하는데, 이때 높은 금리의 자금을 조달하면 이자 부담이 누적되고 추가 차입도 어려워지는 악순환에 빠질 수 있다. 운전자본 위기는 현금이 부족하다는 문제를 넘어 자산 가치 훼손, 인력 유출, 사업 연속성 약화 등 전방위적인 경영 리스크로 확산된다. 따라서 경영자는 단기 유동성만이 아니라 순운전자본의 구조와 흐름을 정기적으로 점검해야 한다. 단기부채의 만기, 재고자산 회전율, 매출채권 회수 속도, 매입채무의 지급 조건 등 핵심 운전자본 항목들을 체계적으로 관리함으로써 기업의 재무 건전성과 지속가능성을 동시에 확보해야 하는 것이다. 또한 투자자는 운전자본 관리 지표를 파악해 기업의 재무 건전성과 대응력을 판단해야 한다.

성공 사례: 애플의 탁월한 운전자본 관리

애플은 운전자본을 탁월하게 관리하는 대표적 기업으로, 공급망 관리와 재고자산 회전율을 최적화하여 운전자본을 최소화하는 전략을 구사한다. 특히 '재고 없는' 전략을 통해 소비자 수요에 빠르게 대응할 수 있도록 생산과 유통을 효율적으로 조정한다. 그 덕에 불필요한 재고자산이 쌓이지 않고 재고 유지 비용을 최소화할 수 있었다.

또한 애플은 경쟁 우위에 있는 협상력을 적극 활용하여 매입채무 결제기간은 연장하고 매출채권 회수기간은 최대한 단축한다. 즉, 공급 업체에 대금 지급은 늦추고 고객으로부터는 현금을 빠르게 회수하여 자금흐름을 안정적으로 유지하는 전략이다. 이런 운전자본 관리 덕분에 애플은 현금 유동성을 극대화하여 필요 시 즉각 투자할 수 있는 현금을 충분히 확보하고 있으며, 이는 재무적 안정성과 성장성을 뒷받침하는 중요한 요소다.

사실 애플의 이러한 DNA는 CEO 팀 쿡의 커리어와 깊은 관련이 있다. 쿡은 IBM과 컴팩에서 글로벌 공급망과 운영을 책임지며 '효율적 운영의 달인'으로 불렸고, 스티브 잡스가 그를 영입한 것도 이 강점을 높이 샀기 때문이다. 그는 애플에 합류한 뒤 재고 일수를 획기적으로 줄이고 부품 조달과 생산·판매의 흐름을 긴밀히 연결해 시장 변화에 민첩하게 대응하는 구조를 완성했다. 이런 운영은 애플의 운전자본 전략을 기업 문화 속에 뿌리내리게

했고, 그가 잡스의 후임 CEO로 선임된 배경에도 결정적 역할을 했다.

실패 사례: 한진해운의 운전자본 위기

한때 한국의 대표 해운사였던 한진해운은 실패 사례로 꼽힌다. 한진해운은 매출채권 회수에 어려움을 겪었고, 재고와 매입채무 결제기간을 효율적으로 관리하지 못했다. 해운업 특성상 매출채권 회수가 비교적 장기 구조로 되어 있는데 여기에 높은 운송 비용까지 겹치면서 자금흐름이 점차 악화됐다. 특히 글로벌 해운 업황이 악화되고 경쟁이 심화되면서 현금 확보에 더욱 어려움을 겪었다. 대규모 선박을 유지하는 데 필요한 막대한 비용과 운임 인하 압박으로 운전자본 부담이 가중됐다. 부족한 현금을 충당하기 위해 과도한 외부 차입에 의존해야 했고, 부채비율이 급격히 증가하며 유동성 위기에 직면했다. 결론적으로, 운전자본 관리 실패가 한진해운이 파산에 이른 주요 원인이다.

▶ 한진해운의 컨테이너선

세계 7위 해운사에 오르며 외형적으로는 성장했지만 운전자본 관리에 실패해 파산했다.

이처럼 운전자본 관리는 기업의 현금 유동성과 재무 안정성에 결정적인 영향을 미치며 장기적인 생존 가능성까지 좌우한다. 운전자본이 충분하면 기업은 자산을 유연하게 운용할 수 있고, 예기치 않은 비용이나 지출에도 안정적으로 대응할 수 있다. 예를 들어 새로운 주문이 들어와서 원자재를 더 구매해야 하거나 성수기를 대비해 재고를 확보해야 할 때, 운전자본이 충분하다면 외부 자금 없이도 해결할 수 있다. 안정적인 운전자본은 기업의 신뢰도를 높여 파트너사나 투자자에게 긍정적인 신호를 준다.

순운전자본 제대로 해석하기

운전자본의 개념을 이해했다면 이제 한 단계 더 들어가 순운전자본을 살펴보자. 순운전자본은 기업이 단기적인 영업활동을 지속하는 데 실제로 필요한 자금의 규모를 의미한다. 매출채권과 재고자산을 더한 뒤 매입채무를 뺀 값으로 계산하며, 기업의 자금 효율성을 평가하는 데 중요한 지표다.

순운전자본이 많다고 하면 긍정적인 의미로 받아들이기 쉽지만, '절대적 금액이 크다'와 '그 금액이 증가했다'는 명확히 구분해야 하는 개념이다.

'순운전자본이 크다'의 의미

순운전자본이 일정 수준 이상으로 유지된다는 것은 표면적으로는 기업이 단기 채무를 상환하고도 일정 규모의 유동자산이 남아 있음을 의미한다. 즉, 유동성 측면에서 재정적으로 여유가 있다는 신호로 해석할 수 있다.

그러나 반드시 긍정적인 신호인 것만은 아니다. 운전자본이 비효율적으로 과다하게 운영될 가능성도 있다. 예를 들어 매출채권이 과도하게 쌓이거나 재고가 원활히 소진되지 않아 장기 보관된다면 자금이 '활용되는' 것이 아니라 '묶여 있는' 상태라고 볼 수 있다.

'순운전자본이 증가했다'의 의미

순운전자본이 증가할 때는 동적인 해석이 필요하다. 전기 대비 순운전자본이 증가했다면, 원인에 따라 다음과 같이 판단할 수 있다.

- 매출채권이 증가했다: 외상으로 판매한 대금의 회수가 늦어졌다.
- 재고자산이 증가했다: 판매 부진으로 재고가 쌓였거나 과도한 선투입이 발

생했다.
- 매입채무가 감소했다: 외상으로 매입한 대금을 조기에 지급하여 현금 보유 기간이 짧아졌다.

이처럼 순운전자본의 증가는 단기적으로 유동성이 악화됐음을 의미하며, 현금흐름을 둔화하고 자금경색 가능성을 높일 수 있다. 특히 매출 증가가 없거나 정체된 상태에서 순운전자본이 증가했다면 운영 효율성이 떨어지고 있다고 해석해야 한다.

순운전자본 관리: 월마트와 쿠팡 사례

월마트와 쿠팡은 순운전자본 관리를 통해 강력한 현금흐름을 유지하는 대표적인 사례다. 월마트는 매출채권이 거의 발생하지 않는 사업 구조를 바탕으로 운전자본을 정교하게 관리한다. 2025년 1월 결산 자료를 기준으로 보면, 재고를 평균 40일 내 소진하고 매입채무 결제 기간은 41일로 맞추어 현금 유동성을 극대화한다. 단순히 재고를 빠르게 회전시키는 수준이 아니라, 재고 소진 시점과 매입채무 결제 시점을 정교하게 일치시켰다.

이러한 패턴은 최근 5년간의 재무 데이터에서도 일관되게 확인된다. 재고는 평균 39~45일 사이에서 안정적으로 소진되었고, 매입채무는 그와 거의 동일한 수준으로 유지되었다. 그 결과 불필요한 재고자산이 쌓이지 않고 재고 유지 비용 역시 최소화할 수 있었다. 월마트는 이를 통해 자금이 오랜 기간 묶이지 않으면서도 안정적으로 운영할 수 있는 구조를 실제 수치로 꾸준히 입증해왔다.

▶ 월마트 매장

월마트는 매출채권은 조기에 회수하고 매입채무 지급은 늦추는 구조로 낮은 가격과 강력한 현금흐름을 유지한다.

쿠팡은 2021년 미국 증시에 상장하기 전 미국 증권거래위원회에 제출한 증권신고서에서 자사의 현금흐름 중심 경영 전략을 강조하며 투자자들의 주목을 받았다. 핵심은 순운전자본의 효율적 운용이었다.

쿠팡은 고객으로부터는 제품 판매 대금을 즉시 수령하고, 공급 업체에 대한 대금 지급은 상대적으로 지연하는 구조를 통해 자금흐름의 여유를 확보했다. 이는 매입채무 증가를 통해 기업이 현금을 보유하는 기간을 최대화하는 방식이며, 월마트 사례처럼 유통 업계에서 흔히 볼 수 있는 '마이너스 순운전자본' 모델의 대표적인 사례다.

쿠팡의 영업활동 현금흐름은 2018년 -6억 9,447만 달러, 2019년 -3억 1,184만 달러로 현금의 유출이 유입보다 많은 상태였다. 그러나 같은 기간에도 매입채무는 4억 달러 이상을 안정적으로 유지하며, 공급 업체에 대한 지급을 일정 수준 지연하는 방식으로 자금 유출 속도를 통제했다.

2020년에는 영업활동 현금흐름이 3억 155만 달러의 순유입으로 전환됐고, 매입채무 역시 10억 6,585만 달러까지 증가했다. 이는 고객에게서 빠르게 현금을 회수하고 공급 업체에는 지급을 지연함으로써 영업활동에서 강한 현금흐름을 만들어냈음을 의미한다. 이 전략은 증권신고서에서도 핵심 강점으로 소개됐고, 많은 투자자가 '적자 구조의 유통 기업'으로 인식하던 쿠팡을 현금흐름 중심의 고성장 기업으로 재평가하는 계기가 됐다.

순운전자본 전략은 기업가치 제고에도 결정적 역할을 했다. 2021년 3월, 쿠팡은 뉴욕증권거래소 상장을 통해 약 46억 달러의 자금을 조달했는데

▶ 쿠팡의 상장 직전 3년간 영업활동 현금흐름 (단위: 달러)

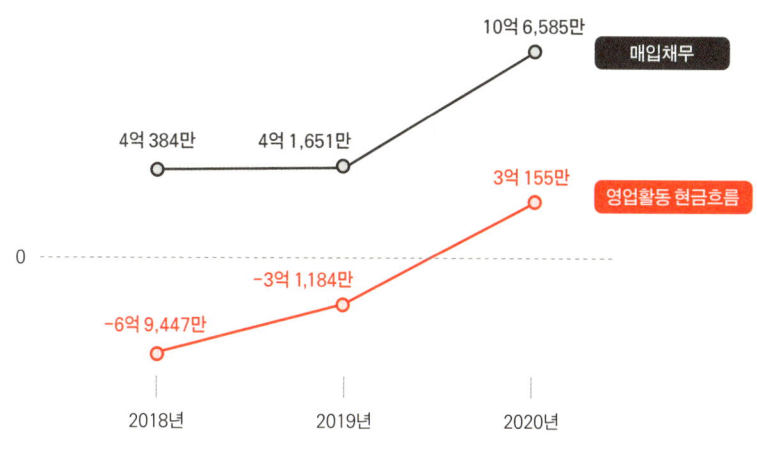

(출처: 미국 증권거래위원회)

상장 첫날 시가총액이 순간적으로 1,090억 달러(당시 환산 기준 약 123조 원)에 달하기도 했다. 당시 미국 시장에서 이뤄진 가장 큰 외국 기업 IPO 중 하나였으며, 쿠팡의 물류 중심 모델과 현금흐름 중심의 순운전자본 전략이 투자자들로부터 높은 평가를 받았음을 의미한다.

운전자본 관련 회전율 지표: 삼성전자 사례

운전자본의 핵심 요소인 매출채권, 재고자산, 매입채무가 각각 얼마나 잘 관리되는지 확인하려면 재무비율을 봐야 한다. 각 비율을 통해 기업이 돈을 회수하고, 재고를 팔고, 외상대금을 결제하는 일을 얼마나 잘하는지 알 수 있다.

매출채권 회전율

기업이 고객으로부터 외상대금을 얼마나 빨리 현금으로 회수하는지를 보여준다. 매출액을 평균 매출채권으로 나눠 백분율로 표시한 것으로, 이 비율이 높을수록 고객에게 외상으로 판매한 대금을 빠르게 회수하고 있다는 뜻이다. 회전율이 높으면 현금흐름이 원활하게 이루어지고 있음을 의미한다.

매출채권 회수기간(매출채권 회전기간)

외상대금을 회수하는 데 걸리는 평균 일수를 나타낸다. 365를 매출채권 회전율로 나누어 구하며, 숫자가 작을수록 대금을 빨리 회수하고 있다는 의미다. 예를 들어 회수기간이 30일이라면 평균적으로 30일 안에 고객에게서 돈을 받는다는 뜻이다.

▶ 매출채권 회전율 vs. 재고자산 회전율 vs. 매입채무 회전율

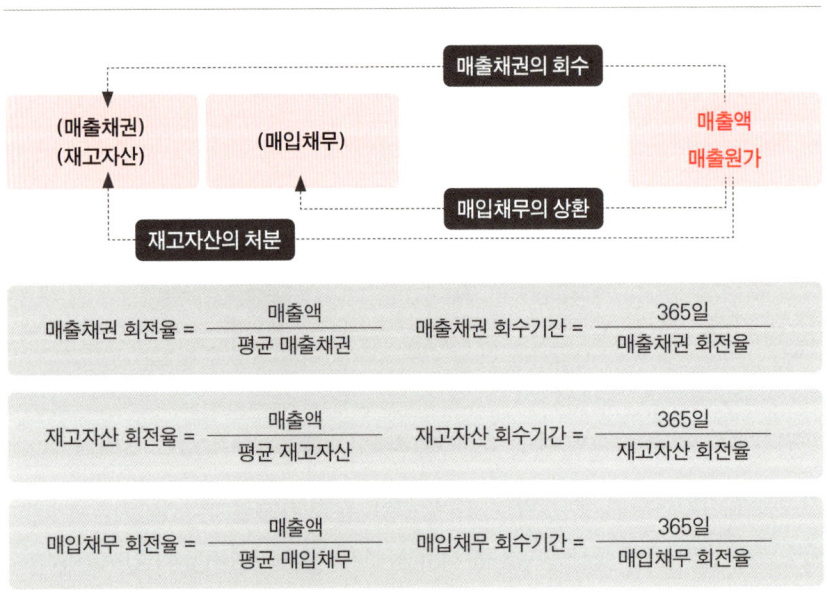

재고자산 회전율

기업의 재고가 얼마나 빨리 팔리는지를 알려주는 지표다. 매출원가를 평균 재고자산으로 나눠 백분율로 표시한 것으로, 이 비율이 높을수록 재고가 빨리 팔리고 있다는 의미다. 회전율이 높으면 재고가 쌓이지 않고 잘 팔리고 있어 자금이 효율적으로 사용되고 있음을 의미한다.

재고자산 회전기간(재고자산 보유기간)

재고가 팔리기까지 평균적으로 걸리는 일수를 보여준다. 365를 재고자산 회전율로 나누어 구하며, 숫자가 작을수록 재고가 빠르게 소진된다는 뜻이다. 회전기간이 15일이라면 재고가 평균적으로 15일 만에 팔린다는 의미다.

매입채무 회전율

기업이 외상으로 산 물품의 대금을 얼마나 자주 결제하는지를 나타낸다. 매출원가를 평균 매입채무로 나눠 백분율로 표시한 것으로, 이 비율이 낮을수록 외상대금을 늦게 결제한다는 뜻이다. 이 지표가 낮으면 현금을 좀 더 오래 보유할 수 있어 유동성을 높이는 데 도움이 된다.

매입채무 지급기간(매입채무 결제기간)

외상으로 산 물품의 대금을 결제하는 데 걸리는 평균 일수를 나타낸다. 365를 매입채무 회전율로 나누어 구하며, 숫자가 클수록 외상대금을 더 늦게 결제한다는 의미다. 예를 들어 매입채무 회전율이 5여서 매입채무 지급기간이 73일이라면 외상대금을 평균적으로 73일 후에 결제한다는 뜻이다.

이상의 재무비율들을 통해 기업이 자금을 얼마나 잘 회수하고 관리하며,

지출을 얼마나 전략적으로 조절하는지 파악할 수 있다.

▶ 삼성전자의 운전자본 회전율 지표

	2020년	2021년	2022년	2023년	2024년
매출채권 회전율(%)	7.11	7.77	7.86	7.13	7.49
재고자산 회전율(%)	8.05	7.62	6.46	4.99	5.82
매입채무 회전율(%)	25.66	24.11	25.08	23.58	25.40
매출채권 회수기간(일)	51.3	47.0	46.4	51.1	48.7
재고자산 보유기간(일)	45.3	47.9	56.5	73.2	62.7
매입채무 지급기간(일)	14.2	15.1	14.5	15.5	14.3

지표를 보면 삼성전자의 운전자본의 경우 매출채권과 매입채무는 안정적으로 관리되고 있으나, 재고자산에서 부정적 흐름이 뚜렷하게 나타나 반도체의 경기변동성 관리의 중요성을 한눈에 볼 수 있다.

운전자본 관리가 기업 생존을 좌우한다

운전자본 관리는 기업의 비즈니스 모델과 긴밀히 연결된 핵심 전략이다. 효율적인 운전자본 관리는 비즈니스 모델의 성공 여부를 가늠할 수 있는 중요한 척도다. 예를 들어 빠른 회전율이 핵심인 소매업에서는 빠른 매출채권 회수와 재고 관리가 운전자본 효율성을 결정한다. 반면 장기 계약과 대규모 투자로 운영되는 제조업에서는 매입채무의 전략적 활용과 안정적인 현금흐름 관리가 중요하다. 이처럼 운전자본을 볼 때는 각 기업의 비즈니스 모델 특성에 맞춰 접근해야 한다.

운전자본이 잘 관리되면 기업은 매일의 운영을 안정적으로 지속할 수 있을 뿐 아니라 변화하는 시장 환경에 신속히 대응할 유연성을 확보할 수 있다. 이는 단기적인 재무 안정성을 넘어 장기적인 경쟁 우위와 성장 가능성으로 이어진다. 적절한 운전자본 관리는 기업이 사업을 실행하는 데 필요한 자원을 적시에 배분하고, 중요한 기회를 놓치지 않게 뒷받침한다.

반대로 운전자본 관리에 실패하면 사업 자체가 무너질 위험에 직면한다. 현금흐름이 부족하면 시장 변화에 대응할 여력이 줄어들고, 자금경색 때문에 필수적인 투자나 운영 활동이 중단될 수 있다. 이는 곧 매출 정체, 고객 신뢰 하락, 궁극적으로 시장에서의 퇴출로 이어질 수 있다.

운전자본 관리는 단순히 비용을 줄이고 자금을 관리하는 기술이 아니다. 기업의 비즈니스 모델을 지속 가능하게 하는 엔진이다. 각 기업은 최적화된 운전자본 전략을 개발하고 실행에 옮겨야 한다. 그래야 생존하고 지속적으로 성장할 수 있다.

이 장의 핵심 포인트

- 운전자본은 기업의 자금흐름과 운영에 필수적인 요소로, 매출채권·재고자산·매입채무를 통해 흐름을 분석할 수 있다.
- 매출채권 회전율과 회수기간은 대금을 얼마나 빨리 회수하는지를 나타내고, 재고자산 회전율과 회전기간은 재고가 얼마나 빠르게 판매되는지를 보여준다.
- 매입채무 회전율과 지급기간을 통해 외상대금을 결제하는 빈도와 기간을 알 수 있다. 기업은 이를 통해 현금 보유기간을 연장하고 자금을 효율적으로 운용할 전략을 세울 수 있다.

제 **4** 부

겉모습에 속지 말고, 돈의 길을 따라가라

기업의 미래를 결정짓는 가치의 흐름

제26장

이기는 기업
vs. 지는 기업

시대 변화에 맞춘 유연함: 마이크로소프트의 승리

다음 페이지의 그래프를 보자. 멋진 작품처럼 느껴지는 이 그래프는 마이크로소프트Microsoft, MS의 지난 수십 년간 영업이익 추이를 보여준다. 이처럼 장기간에 걸친 안정된 실적과 꾸준한 성장 덕분에 MS는 오늘날까지도 전 세계 자본 시장에서 가장 신뢰받는 기업으로 꼽히며, 앞으로도 그 위상을 오래 유시할 가능성이 크다.

우리는 MS를 일상적으로 접하기 때문에 오히려 그 진가를 알아보기가 쉽지 않다. 하지만 독점적 경쟁력을 가진 플랫폼 중심의 기업이며, 세계적으로 사용되는 MS 워드만 하더라도 매 순간 매출과 이익 그리고 강력한 현금

▶ **MS의 영업이익 추이(1985~2024)**

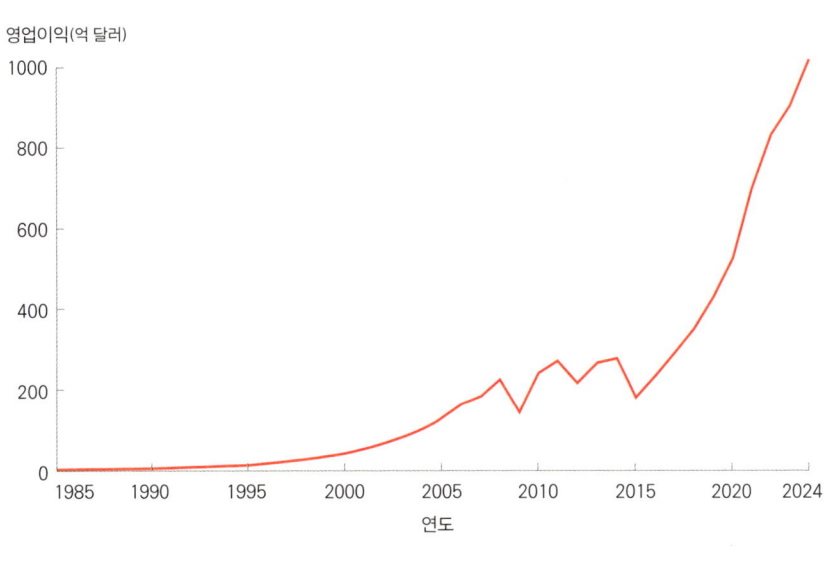

흐름을 창출하고 있다.

이런 결과는 재무제표상 '영업이익'이라는 숫자만으로 설명하기 어렵다. 40년에 가까운 시간 동안 시장의 변화에 기민하게 대응하고 플랫폼과 서비스 중심으로 사업 모델을 혁신해온 비즈니스 전략의 결정체다. MS의 과거와 현재를 연결해 재무제표를 비교해보면 숫자 너머의 전략적 전환, 기술적 적응, 자본 배분의 철학을 읽을 수 있다.

과거에 MS는 윈도Windows 운영체제와 MS오피스라는 소프트웨어 판매에 크게 의존했다. 2000년대 초반까지는 이 두 제품군이 MS의 매출과 이익을 지배했다. 당시엔 대부분 PC에 윈도와 MS오피스가 설치되어 있었고, 그 덕분에 MS는 막대한 판매 수익을 올릴 수 있었다.

이런 의존성은 클라우드 컴퓨팅과 모바일 중심의 새로운 기술 트렌드가 떠오르면서 새로운 도전 과제가 됐다. 하지만 MS는 클라우드 컴퓨팅, 인공지능AI 그리고 구독 기반 서비스로 성공적으로 전환했다. 특히 빌 게이츠Bill Gates의 시대에 이어 사티아 나델라Satya Nadella가 CEO로 취임한 이후 MS는 '애저'라는 클라우드 플랫폼을 중심으로 하는 전략적 전환에 집중했고, 이 변화가 성장에 큰 도움이 됐다. 애저는 현재 MS의 중요한 성장 동력 중 하나로 자리 잡았다. 클라우드 서비스가 빠르게 성장하면서 MS의 매출 구조도 크게 바뀌었고, 과거의 소프트웨어 제품 판매 의존성을 극복하면서 새로운 수익원을 확보했다.

현재 MS는 클라우드 서비스, 특히 애저와 MS오피스 365 그리고 링크드인LinkedIn과 깃허브GitHub 같은 플랫폼 기반 사업에서 지속적인 성장을 이어가고 있다. 또한 게임 부문에서도 엑스박스Xbox를 통해 비즈니스를 적극적으로 확장하고 있다.

AI와 클라우드 그리고 디지털 전환을 중심으로 한 전략 덕분에 MS는 기술 변화의 흐름을 잘 타고 있으며, 이는 재무제표에서도 잘 드러난다. 매출액과 영업이익이 지속적으로 증가하고 있는데, 이 큰 기업이 2023년 대비 2024년에 매출은 12% 증가하고 영업이익은 24% 증가했다. 2024년 기준 MS의 영업이익률은 무려 45%다. 더욱이 영업활동 현금흐름은 영업이익의 2배에 달할 정도로 높다.

MS는 과거보다 훨씬 더 다각화된 포트폴리오를 갖추고 있으며, 클라우드와 AI 같은 신기술을 중심으로 미래 지향적인 사업을 전개하고 있다. 과거의 성공을 유지하면서도 새로운 분야에서의 비즈니스 확장을 통해 리스크를 관리하는 것이다. 무엇보다 소프트웨어 개발 및 판매 위주 모델에서 구독형 모델로 전환함으로써 다양하고 막강한 수익원을 창출했다. 견고한 비즈니스를 통해 안정성을 확보하고 새로운 트렌드에 맞춘 성장성을 동시에 추구하며, 그 결과로 수익성을 높여나가는 기업이야말로 이기는 게임을 하는 것이며 그 대표주자가 MS다.

과거 영광이 족쇄로: 노벨의 몰락

지는 게임을 하는 기업 또한 마찬가지로 비즈니스의 흐름에서 원인을 찾아야 한다. 과거에는 영광스럽다고 할 만큼의 실적을 올렸지만 헤어나오지 못하는 늪에 빠져 고통을 겪은 기업이 있다. 바로 MS의 경쟁사였던 노벨Novell이다.

노벨은 한때 IT 업계에서 강력한 존재감을 가진 기업이었다. 1980년대 후반부터 1990년대 초반까지 네트워킹 소프트웨어 시장을 주도하면서 네트웨어NetWare라는 네트워크 운영체제를 통해 기업의 필수 솔루션을 제공했다.

▶ 노벨의 영업이익 추이(1990~2010)

네트웨어는 낮은 사양, MS 도스MS-DOS와 비슷한 명령어 입력 체계와 더불어 기술력까지 인정받아 단기간에 크게 성공했다.

그런데 노벨은 시장에 대응하는 전략을 시장 자체에서 찾지 않고 경쟁사인 MS를 가장 큰 위협 요소로 보면서 MS가 진출하는 모든 분야에 진출하여 경쟁해서 이기고 싶어 했다. MS의 경쟁 소프트웨어를 만드는 회사들도 인수했는데, 이는 매출 위주의 외형 확대 전략이었다. 덩치를 키우는 데는 성공했으나 사업 역량을 한곳에 집중하지 못해 1993년부터 영업이익이 크게 하락했다. 이에 따라 1983년부터 회사의 황금기를 이끌어온 CEO 레이 노르다Ray Noorda가 회사를 떠났다.

뒤를 이은 CEO 에릭 슈밋Eric Schmidt은 이런 상황에서 더욱 단기 이익 위주의 전략을 썼다. 슈밋은 네트웨어 재판매업자(리셀러)들이 기업들에 네트웨어 업그레이드 솔루션의 가격을 자율적으로 제공하고 있다는 사실을 알게 됐다. 이는 전임 CEO 시절부터 해온 관행이었다. 비록 재판매업자들이 영업을 하며 일부 할인을 시행해 매출액이 단기적으로는 감소했지만 여러 거래처를 확보해 시장을 지배하는 데 커다란 동력이 되기도 했다. 하지만 새 CEO는 이런 재판매업자들을 라이선스 위반으로 고소했다.

소송에서 노벨이 이겼고 라이선스 합의금 덕분에 노벨의 단기 이익은 증가했다. 더 나아가 노벨은 재판매업자들을 거래에서 제외하고 기업들에 솔루션을 직접 판매했다. 회사의 매출액은 증가했지만 강제로 배제된 재판매업자들은 경쟁사인 MS의 윈도 NTWindows NT의 재판매업자가 됐고, 이는 노벨에 더 큰 위기를 가져왔다.

시간이 지나면서 클라우드 컴퓨팅과 새로운 운영체제들이 등장했다. 리눅스Linux와 같은 오픈 소스 운영체제도 급부상하자 노벨은 수세 리눅스SuSE Linux를 인수해 리눅스 시장에 진출했다. 하지만 이 시도는 기대만큼의 성과를 거두지 못했다. 결국 노벨은 하락세를 겪으며 2010년에는 어태치메이트$_{Attachmate}$에 인수됐고, 이후 2014년에는 마이크로 포커스$_{Micro Focus}$에 다시 인수되면서 독립적인 기업으로서는 사실상 사라졌다.

재무제표를 보면 노벨의 영업이익은 1990년대 후반부터 급격히 하락한다. 1990년대 중반까지는 안정적인 수익을 올렸지만, 2000년대로 접어들면서 적자가 늘어나고 수익성이 계속 악화됐다. 현금흐름이 더욱 악화되고 경쟁에서 뒤처지자 생존을 위한 전략적 변화를 시도했지만 모두 실패로 끝나고 말았다.

비즈니스 모델과 현금흐름의 차이가 만든 결과

노벨이 승부수를 던지며 진출한 리눅스가 MS의 운영체제에 비해 왜 시장에서 주도적인 위치를 차지하지 못했을까? 비즈니스 모델과 현금흐름의 관점에서 살펴보면 몇 가지 중요한 차이점을 발견할 수 있다.

리눅스는 오픈 소스 소프트웨어로 출발했다. 사용자들이 소스 코드를 자유롭게 수정하고 배포할 수 있다는 얘기다. 이 같은 개방성은 기술적 혁신과 커뮤니티의 성장을 촉진했지만, 수익을 창출하는 데는 한계가 있었다. 리눅스는 무료로 배포됐기 때문에 소프트웨어 판매를 통한 수익 창출이 거의 불가능했다. 그래서 리눅스 기반 기업들은 주로 기술 지원, 컨설팅, 맞춤형 솔루션을 통해 수익을 얻었다.

반면 MS는 독점적인 소프트웨어 라이선스를 통해 강력한 현금흐름을 확보했다. 윈도 운영체제와 MS오피스 소프트웨어가 글로벌 표준이 됐고, MS는 소프트웨어 판매와 라이선스 비용을 통해 안정적이고 예측 가능한 수익을 창출할 수 있었다. 이렇게 벌어들인 돈을 제품 개발, 마케팅 그리고 시장 확장에 지속적으로 재투자했다. 막대한 마케팅 예산과 강력한 판매 네트워크를 통해 MS는 시장에서 지배적인 위치를 유지할 수 있었다.

다른 관점에서 보자면 노벨의 리눅스는 현금흐름의 불안정성이 큰 문제였다. 오픈 소스 모델 특성상 수익원이 제한적이었고, 이는 기업들이 안정적인 현금흐름을 확보하는 데 어려움을 겪게 했다. 예를 들어 리눅스 배포판을 제공하던 기업들은 기술 지원이나 유지보수를 통해 수익을 얻으려 했지만, 이런 수익원은 MS의 라이선스 모델만큼 규모가 크거나 지속적이지 않았다. 이 때문에 리눅스 기반 기업들은 R&D나 마케팅에 충분히 투자할 여력이 부족했고, 당연하게도 시장점유율을 확대하기가 어려웠다.

또한 MS는 자사의 독점적 소프트웨어와 기업 솔루션을 묶어 판매하는 전략을 통해 고객의 이탈을 방지하고 장기적인 계약을 통해 현금흐름을 안정화했다. 반면 리눅스는 이런 전략적 제약을 시도하지 못했고, 무료 배포와 높은 기술적 장벽 탓에 상용화에 어려움을 겪었다.

결론적으로, 리눅스는 기술적으로는 훌륭했지만 MS와 비교할 때 비즈니스 모델의 차이로 안정적인 현금흐름을 확보하지 못했다. 그 때문에 성장과 지속가능성이 제한됐고 MS와 같은 거대 기업에 뒤처지고 말았다.

계속 이기는 기업의 조건

성장하는 시장과 기술적 우위를 가진 기업이라도 현금흐름 관리와 비즈니스 전략에 따라 성패가 갈릴 수 있다. MS는 변화하는 시장 환경에 발맞추어 클라우드와 구독 모델로 전환하면서 안정적이고 지속적인 현금흐름을 확보하며 성장했다. 반면 노벨은 기술적 우위를 가졌음에도 매출 확대와 단기적인 이익에만 치중해 현금흐름이 불안정해진 탓에 경쟁에서 뒤처졌다. MS는 이기는 게임을 지금도 하고 있고, 노벨은 지는 게임을 해서 지금은 사라진 기업이 됐다.

이기는 게임을 하는 기업은 강력한 현금흐름을 바탕으로 안정성과 장기적 성장을 동시에 추구한다. 지는 게임을 하는 기업은 변화에 적응하지 못하고 현금흐름 관리에 실패하면서 고통을 겪다가 도태된다.

이기는 게임을 하고 있는 MS는 단순히 이익을 많이 내는 기업이 아니라 현금이 자동으로 흐르는 구조를 구축한 기업이다. 이 구조를 가능케 한 것은 기술만이 아니라 제품, 고객, 계약 조건, 수익 인식 방법까지 설계된 전략의 총합이다. 재무제표는 그 전략이 남긴 흔적이며, MS는 오늘도 숨을 쉴 때마다 돈을 벌어들인다.

이 장의 핵심 포인트

- 성공적인 기업은 시장 변화에 유연하게 대응하며 안정적이고 지속적인 현금흐름을 확보한다. 이는 구독 모델과 같은 전략적 전환을 통해 이루어지며 기업의 장기적인 성장을 뒷받침한다.
- 기업의 비즈니스 모델은 현금흐름에 직접적인 영향을 미친다. 독점적 라이선스 모델이나 구독 기반 모델은 예측 가능한 수익을 창출하고 이를 통해 안정적인 현금흐름을 확보할 수 있는 반면, 수익원이 불안정한 비즈니스 모델은 장기적인 성장이 불확실하다.
- 시장 환경 변화에 맞춰 비즈니스 전략을 성공적으로 전환하는 기업은 안정성과 장기적 성장성을 동시에 추구할 수 있다. 반면 단기적 이익에만 집중하고 변화에 적응하지 못하는 기업은 현금흐름 관리에 실패하여 도태될 위험이 크다.

제27장

특명!
현금전환기간을 줄여라!

들어오는 것은 빠르게, 나가는 것은 늦게

기원후 70년, 로마 제국이 예루살렘을 함락시키고 유대인의 제2성전을 파괴했다. 이 사건은 유대 민족의 디아스포라 diaspora (해외 유랑) 시대를 여는 결정적 계기가 됐고, 유대인들은 유럽 전역으로 흩어져 새로운 생존 전략을 찾아야 했다.

당시 유럽 사회에서 유대인들은 토지를 소유하거나 농업에 종사하는 것이 대부분 금지되어 있었다. 땅도 없고, 공장도 없고, 심지어 조합에 들어갈 수도 없었다. 하지만 그 제약은 오히려 유대인들이 '자금이 오래 묶이지 않는 사업', 즉 빠르게 현금이 도는 상업과 금융업에 집중하게 했다. 그들이 가장 먼저 체득한 원칙은 간단하다. '현금이 들어오는 시점은 앞당기고, 나가는 시점은 최대한 늦춰라.' 그렇게 해야 자신이 가진 적은 자본을 여러 번 회전시켜 쓸 수 있고, 외부에 의존하지 않고도 살아남을 수 있었기 때문이다. 지금 우리가 회계에서 말하는 현금전환기간CCC의 실천적 철학이 이 시절에 태동한 셈이다.

18세기 후반, 독일 프랑크푸르트에서 유대인 금융상 마이어 암셸 로스차일드Mayer Amschel Rothschild가 자금이 오래 묶이지 않도록 단기대출 중심의 거래 구조를 만들었다. 그는 고객에게 신속한 회수를 요구하는 동시에 유럽 전역에 퍼진 자식들을 통해 자금을 빠르게 이동시킬 수 있는 네트워크를 갖췄다. '자금은 움직이는 자산이다'라는 철학이 금융 시장에서 실전적으로 적용된 것이다.

19세기 무역업에서 세계적으로 성장한 또 다른 유대인 가문인 서순Sassoon도 같은 전략을 썼다. 이들은 홍콩, 상하이, 인도 등지에서 고가이면서도 회전이 빠른 상품만 골라 거래했다. 재고를 오래 쌓아두지 않고 채권 회수기간을 짧게 설정해 자금이 항상 순환되도록 설계했다.

이런 현금 중심의 사고방식은 디지털 시대에도 그대로 이어진다. 대표적인 인물이 바로 마크 저커버그Mark Zuckerberg다. 저커버그는 유대인 가정에서 태어난 기업가로, 하버드대학교 시절 유대인학생회Alpha Epsilon Pi, AEPi에 소속되어 있었고 지금도 유대교 전통을 존중하며 살아간다. 어릴 적부터 컴퓨터 프로그래밍에 천재적인 재능을 보였지만, 그의 진짜 강점은 기술이 아니라 비즈니스 구조를 설계하는 능력에 있었다.

그가 창업한 메타Meta는 단순한 SNS 회사가 아니다. 메타는 페이스북facebook이나 인스타그램Instagram 플랫폼에서 광고를 판매하면서 고객(광고주)으로부터 광고비를 먼저 받고 이후 일정 기간에 걸쳐 서비스를 제공하는 구조를 채택했다. 즉, 돈이 먼저 들어오고 나가는 비용은 뒤따라 발생한다. 현금이 들어오는 속도가 나가는 속도보다 빠른 구조, 즉 현금전환기간이 마이너스인 구조다. 실제로 메타의 재무제표를 보면, 2025년 기준 현금전환기간이 −64일에 달한다. 광고 서비스를 제공하지도 않았는데 현금이 먼저 들어와 있다는 뜻이다.

이처럼 저커버그는 현금이 항상 앞서 들어오는 구조를 만들었고, 이를 통해 메타는 초기 적자를 감내하면서 끊임없이 서버를 증설하고 인재를 영입하며 공격적인 성장을 이어올 수 있었다. 기술보다 무서운 것은 현금흐름을 통제하는 능력이다. 고대 유대 상인의 '자금은 빠르게 회전되어야 한다'라는 원칙은 2,000년이 지나도 여전히 현대 비즈니스의 핵심으로 작동하고 있다. 그리고 그 정수가 담긴 지표가 바로 현금전환기간이다.

현금전환기간이란?

현금전환기간은 기업이 돈을 들여 상품을 만들고, 그 상품이 팔려 다시 현금으로 돌아오기까지 걸리는 시간을 뜻한다. 쉽게 말해 '돈이 나가서 돌아오기까지 걸리는 시간'을 측정하는 지표다. 앞서 배운 운전자본과 자연스럽게 연결된다.

현금전환기간은 '자금 공백 기간'이라고도 불린다. 기업이 생산 활동에 투입한 자금이 현금으로 회수되기 전까지는 실질적으로 자금이 묶이는 기간이기 때문이다. 이 기간에 기업의 자금은 원재료 구매, 제조, 판매, 외상매출 회수 등 여러 과정에 묶인다. 따라서 자금 공백 기간은 기업이 운전자본을 얼마나 효율적으로 운영하는지를 평가하는 핵심적인 기준이 된다.

▶ 현금전환기간의 의미

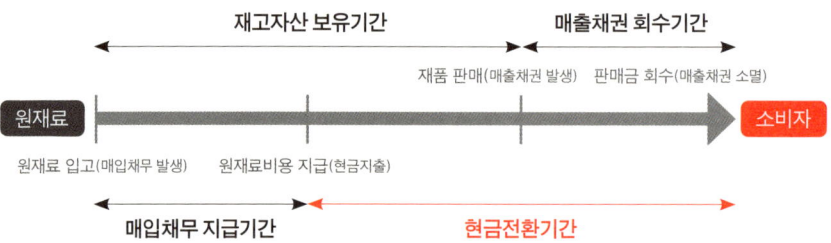

현금전환기간은 현금 유출부터 현금 유입까지 걸리는 기간을 의미한다. 원활한 경영활동을 위해서는 현금전환기간을 짧게 유지하는 것이 바람직하다.

현금전환기간은 크게 3가지 요소로 계산한다.

매출채권 회수기간 days sales outstanding, DSO **: 외상으로 판매한 대금을 회수하는 데 걸리는 평균 일수**

- 짧을수록 고객으로부터 현금을 빠르게 회수하고 있다는 뜻이다.
- 길수록 대금 회수가 지연된다는 뜻이며 현금흐름에 부담을 줄 수 있다.

재고자산 보유기간 days inventory outstanding, DIO **: 상품이 재고로 보유되는 평균 기간**

- 짧을수록 재고가 빠르게 판매되며, 재고 관리와 판매력이 우수하다는 신호다.
- 길수록 제품이 창고에 오래 머무르며, 자금이 묶이고 효율성이 떨어질 수 있다.

매입채무 지급기간days payables outstanding, DPO: 공급 업체에 외상으로 구매한 대금을 지급하기까지 걸리는 평균 일수

- 길수록 외상 조건을 잘 활용하여 현금을 오래 보유하고 있다는 의미다.
- 짧을수록 대금을 조기에 지급하고 있으며, 협상력이 약하거나 공급 업체와의 관계 유지를 우선시한 결과일 수 있다.

이 세 요소는 다음과 같은 공식으로 정리된다.

- 현금전환기간$_{CCC}$ = 매출채권 회수기간$_{DSO}$ + 재고자산 보유기간$_{DIO}$ − 매입채무 지급기간$_{DPO}$

즉 돈이 들어오는 시간(DSO+DIO)에서 돈이 나가는 시간을 늦춘 정도(DPO)를 뺀 결과가 기업이 자금을 실제로 묶고 있는 기간, 바로 현금전환기간이다. 현금전환기간이 중요한 이유는 다음과 같다.

- 짧은 현금전환기간은 자금을 더 빨리 회수해 추가적인 투자와 운영에 활용할 수 있다.
- 긴 현금전환기간은 자금이 재고나 외상매출에 묶여 자금 운용이 비효율적으로 이뤄질 가능성이 크다.

만약 현금이 오랜 시간 묶인다면 기업은 필요한 자금을 외부에서 조달해야 할 수도 있다. 이는 추가적인 비용과 재무 부담을 초래한다. 현금이 잘 도는 기업일수록 운영 자금에 여유가 생기며 외부 자금에 의존할 필요가 줄어든다. 현금전환기간이 100일이라는 말은 기업이 원재료를 구매해 제품을

만들고 판매한 후 현금으로 회수하기까지 100일 동안 자금이 묶여 있다는 뜻이다. 이처럼 자금흐름이 느리면 운영 자금에 부담이 커질 수 있다.

삼성전자의 사례가 이를 잘 보여준다. 삼성전자의 현금전환기간은 2022년 88일에서 2023년 108일로 20일이 늘어났다. 다시 말해 자금 공백이 20일 증가했다는 뜻이다.

▶ 삼성전자의 현금전환기간: 2022 vs. 2023

	2022/12	2023/12
매출채권 회전일수(일)	46.41	51.17
재고자산 회전일수(일)	56.50	73.17
매입채무 회전일수(일)	14.55	15.48
현금전환기간(일)	88.36	108.86

현금전환기간이 늘어난 만큼 자금의 공백을 겪는다.

삼성전자는 이 때문에 20조 원 이상의 자금을 자회사인 삼성디스플레이에서 조달해야 했다. 현금전환기간이 길어지면서 재고와 매출채권에 묶인 자금이 많아졌고, 결과적으로 외부 자금 의존도가 높아진 것이다.

▶ 삼성전자의 차입 관련 기사

현금전환기간 관리의 신: 애플 사례

애플은 독특하게도 마이너스 현금전환기간을 기록하고 있다. 2024년 기준으로 −73일이다. 이것이 의미하는 바는 애플이 현금을 계속 손에 쥐고 있다는 뜻이다. 구체적으로 살펴보면, 애플은 제품을 판매할 때 고객으로부터 1개월 이내에 현금을 받는다. 하지만 그 제품을 생산하는 데 필요한 원재료 및 발주한 제품 대금은 3개월 이후에 지급하도록 설계돼 있다. 현금이 먼저 들어오고 공급 업체에는 대금을 나중에 지급하는 방식 덕분에 현금전환기간이 마이너스인 것이다.

이 구조는 애플의 현금흐름에 큰 여유를 제공하며, 자금 운용 면에서도 강력한 이점을 가져다준다. 첫째, 외부 자금 조달에 의존할 필요가 없으며 둘째, 마치 항상 현금을 손에 쥔 것처럼 자금을 자유롭게 활용할 수 있다. 이런 시스템은 애플이 소비자 사이에서 높은 수요를 유지하고, 공급망 내에서 강력한 협상력을 발휘하고 있다는 점을 잘 보여준다. 애플의 비즈니스 모델은 재무적 안정성과 강력한 자금 운용 능력을 동시에 입증하는 사례다.

▶ 애플의 재고자산 회전 추세(2020~2024)

시점	재고자산 보유기간(일)	매출채권 회수기간(일)	매입채무 지급기간(일)	현금 전환기간(일)
2020.9.26	9	26	95	-61
2021.9.25	9	21	83	-53
2022.9.24	9	25	97	-62
2023.9.30	10	27	108	-71
2024.9.28	12	29	114	-73

애플의 마이너스 현금전환기간은 재무적 안정성과 강력한 자금 운용 능력을 보여준다. (출처: finbox)

애플과 폭스콘의 상반된 입장

▶ 애플의 이면, 폭스콘

폭스콘 등 애플의 하청업체 노동자들이 권리 보장과 공정한 대우를 요구하는 시위를 벌이고 있다.

반면 대만 폭스콘Foxconn 입장에서는 애플과의 거래 구조가 상당한 자금 운용 부담이 될 수 있다. 애플은 마이너스 현금전환기간을 유지하기 위해 제품 판매 이전에 고객(B2B 고객 포함)으로부터 현금을 확보하는 동시에 공급 업체에 대금 지급을 지연하는 방식을 사용한다. 그래서 폭스콘은 애플로부터 대금을 지급받기 전에 제품 생산에 필요한 원재료비와 인건비 등을 선지출해야 하며, 이런 자금흐름의 시차는 폭스콘의 재무 부담으로 작용한다.

폭스콘은 애플의 주요 제조 파트너로서 대량 생산에 따른 안정적인 매출을 확보하지만, 다른 한편으로는 애플의 높은 협상력과 거래 조건에 종속될 가능성이 크다. 애플은 자사의 강력한 시장 지위를 활용해 폭스콘에 불리한 결제 조건을 제시할 수 있으며, 폭스콘은 이런 조건을 수용해야만 거래 관계를 유지할 수 있다. 공급 업체 간 경쟁이 심화된 환경에서 폭스콘의 협상력 약화는 당연한 결과일 것이다.

또한 폭스콘은 애플과의 거래를 통해 대규모의 안정적인 매출을 올릴 수 있지만, 이로 인해 애플 의존도가 높아지고 장기적으로 거래 조건 변경이나 수요 변동에 따른 리스크를 겪을 수 있다. 애플의 주문량 감소나 조건 변경은 폭스콘의 재무적 안정성과 생산 계획에 직접적인 영향을 미칠 수 있으며, 공급망 관리에 대한 부담을 증가시킨다.

폭스콘은 이런 구조적 한계를 극복하기 위해 자체적인 자금흐름 관리와 비용 절감 노력을 강화해야 한다. 생산 공정을 최적화하고 공급망에서 효율성을 극대화하며 여러 고객사로 거래를 다각화함으로써 애플 의존도를 줄이는 전략을 고려할 수 있다. 동시에 단기 자금 조달 능력을 강화하고 재무적 유연성을 확보함으로써 대금 지연에 따른 현금흐름 부담을 완화할 수 있다. 애플의 마이너스 현금전환기간은 애플에는 효율적이고 유리하지만 폭스콘에는 자금 운용 부담과 협상력 약화를 가져온다.

우리 현금은 제대로 돌고 있는가?

현금흐름을 얼마나 효율적으로 관리하느냐가 기업의 성패를 결정하는 핵심 요인이다. 현금전환기간 최적화는 재무 구조 개선을 넘어 기업의 경영 철학과 전략적 사고를 반영하는 작업이다. 자금을 빠르게 회수하고 효율적으로 운용하며, 자금이 묶이는 리스크를 최소화하는 것은 경쟁력 유지를 위한 필수 전략이다.

모든 기업이 던져야 할 핵심 질문은 이것이다. '우리의 현금은 충분히 빠르고 효과적으로 순환되고 있는가?' 이 질문에 확신을 가지고 '그렇다'라고 답할 수 있는 기업만이 변화무쌍한 시장 환경에서 재무적 안정과 지속 가능한 성장을 이룰 수 있다. 현금전환기간을 최적화하라. 그것이 바로 기업 성공의 열쇠이자 지속 가능한 성장을 위한 필수 전략이다. 그리고 투자자라면 장기적으로 현금전환기간 최적화 기업을 찾아 투자해야 한다.

이 장의 핵심 포인트

- 현금전환기간은 기업이 자금을 들여 제품을 만들고 판매하여 다시 현금으로 회수하기까지 걸리는 기간을 의미하며, 기업의 자금 효율성을 평가하는 중요한 지표다.
- 현금전환기간이 짧을수록 자금 회수가 빨라져 재투자 여력이 커지고 외부 자금 의존도를 낮출 수 있다.
- 마이너스 현금전환기간은 현금이 제품 판매보다 먼저 유입되는 상황을 의미하며, 이 상황을 유지할 수 있다면 기업의 현금흐름 관리에서 더없는 강점이 된다.

제28장

현금흐름의
세 갈래

현금흐름표는 일정 기간 기업의 현금이 어떻게 조달되고 사용되는지를 나타내는 재무제표로, 현금주의 기준에 따라 회계 기간에 발생한 현금흐름을 영업활동, 투자활동, 재무활동이라는 3가지 주요 활동으로 구분하여 보고한다. 각 활동은 기업의 실제 현금흐름을 종합적으로 이해하는 데 중요한 단서가 되며, 기업의 현금및현금성자산 창출 능력과 현금흐름 사용 필요성에 대한 평가의 기초를 제공한다. 현금흐름표는 기업의 실제 경영 상태를 생생하게 보여주는 유용한 정보를 제공한다. 첫째, 기업의 과거 현금흐름 정보를 보여주어 미래 현금흐름 창출 능력에 관한 정보를 제공한다. 둘째, 기업의 부채 상환 능력, 배당금 지급 능력, 외부 자금 조달의 필요성에 관한 정보를 제공한다. 셋째, 영업활동과 관련된 자금흐름의 정보를 제공하여 이익의 질을 평가

▶ 영업활동 · 투자활동 · 재무활동

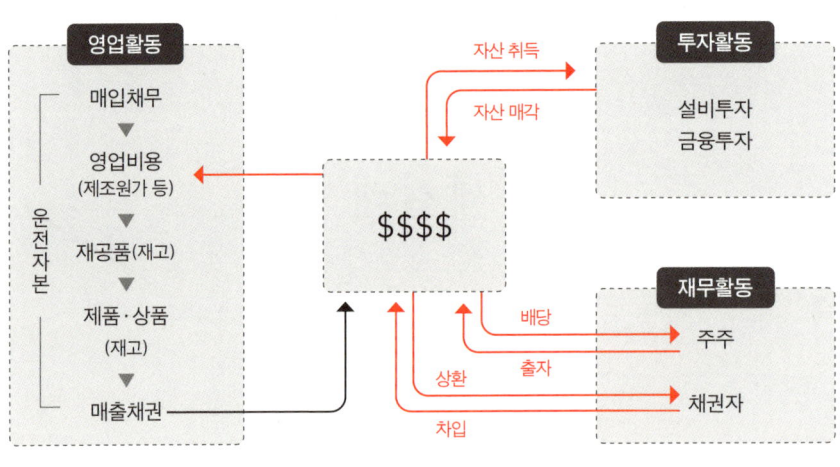

할 수 있게 하며, 발생주의 이익과 실제 현금흐름의 차이를 보여준다. 넷째, 일정 기간 동안 현금및현금성자산의 변동과 이에 영향을 미친 투자, 재무 활동의 효과를 파악할 수 있다.

영업활동 현금흐름: 본업 성과를 보여주는 척도

'영업활동으로 인한 현금흐름'(영업활동 현금흐름)은 기업의 핵심 사업활동에서 발생하는 현금의 유입과 유출을 나타내며, 운영의 건전성을 판단하는 데 중요한 지표다. 여기에는 매출채권 회수, 매출 및 매입 거래, 이자 지급, 세금 납부 등 일상적인 영업활동에서 생성된 현금흐름이 포함된다. 이 지표가 지속적으로 플러스를 기록한다면 기업이 본업 활동을 통해 안정적이고 충분한 현금을 창출하고 있음을 의미한다.

예를 들어 애플은 아이폰과 같은 주력 제품을 판매함으로써 정기적으로 막대한 매출을 올린다. 또한 매출채권을 신속하게 회수하며 재고자산의 회전도 원활하다. 이런 활동은 애플의 영업활동 현금흐름이 지속적으로 플러스를 유지하게 하며, 이는 안정적인 현금 창출 능력을 증명한다. 즉, 애플은 본업만으로도 기업 운영에 필요한 자금을 충분히 조달하고 있다.

영업활동 현금흐름이 마이너스라면 본업에서 발생하는 현금 유입보다 유출이 더 크다는 의미다. 초기 단계의 기업이라면 성장 과정에서 발생하는 자연스러운 현상일 수 있지만, 성숙기에 이른 기업이라면 경영 효율성이나 수익 구조를 살펴봐야 한다. 그 밖에 외부 충격과 같은 일시적 요인을 고려해야 하는데, 이를 판단하기 위해서는 세부적인 재무 분석을 해야 한다.

▶ 애플의 영업·투자·재무활동 현금흐름 (단위: 천 달러)

항목	2024.9.30	2023.9.30	2022.9.30	2021.9.30
영업활동 현금흐름	118,254,000	110,543,000	122,151,000	104,038,000
투자활동 현금흐름	2,935,000	3,705,000	-22,354,000	-14,545,000
재무활동 현금흐름	-121,983,000	-108,488,000	-110,749,000	-93,353,000

애플의 영업활동 현금흐름은 지속적으로 플러스를 기록하고 있다. (출처: Yahoo Finance)

투자활동 현금흐름: 미래를 위한 투자

투자활동 현금흐름은 자산의 매입·매각 또는 금융 투자와 같은 기업의 장기적 자본활동에서 발생하는 현금흐름을 보여준다. 여기에는 설비투자, 기술 개발, 부동산 매입 등 기업의 미래 성장을 위한 전략적 투자가 포함된다. 투자활동 현금흐름이 마이너스라면 기업이 장기적인 성장을 위해 적극적으로

▶ 테슬라의 영업·투자·재무활동 현금흐름 (단위: 천 달러)

구분	2024.12.31	2023.12.31	2022.12.31	2021.12.31	2020.12.31
영업활동 현금흐름	14,479,000	13,256,000	14,724,000	11,497,000	5,943,000
투자활동 현금흐름	-18,787,000	-15,584,000	-11,973,000	-7,868,000	-3,132,000
재무활동 현금흐름	3,853,000	2,589,000	-3,527,000	-5,203,000	9,973,000

테슬라는 투자활동 현금흐름이 지속적인 마이너스를 기록하고 있지만, 이를 통해 미래 성장의 기반을 다짐으로써 장기적으로 기업가치를 높일 것으로 기대되므로 긍정적으로 해석할 수 있다. (출처: Yahoo Finance)

투자 지출을 하고 있음을 의미하며, 이는 긍정적인 신호로 볼 수 있다.

예를 들어 테슬라는 매년 생산 공장 건설과 혁신적인 기술 개발에 막대한 자금을 투입한다. 그래서 투자활동 현금흐름이 지속적으로 마이너스를 기록하는데, 이는 테슬라가 미래의 성장을 위해 필요한 기반을 다지고 있음을 보여준다. 이런 투자는 단기적인 현금 유출로 보일 수 있지만, 장기적으로는 기업가치를 높이는 핵심적인 활동이다.

투자활동 현금흐름이 플러스라면 기업이 자산을 매각하거나 투자금을 회수해 현금을 확보하고 있음을 의미한다. 상황에 따라 긍정적이거나 부정적으로 해석할 수 있다. 비핵심 자산을 정리해 유동성을 강화했다면 좋은 신호지만, 미래 성장을 위한 투자가 부족하다면 좋지 않은 신호일 수도 있다.

- 긍정적인 경우: 넷플릭스는 초기에 스트리밍 사업을 확장하기 위해 대규모 자체 콘텐츠 제작에 투자했다. 이후 독점 라이선스를 보유했던 콘텐츠 일부를 경쟁사에 재판매하면서 투자활동 현금흐름이 일시적으로 플러스로 전환됐다. 이는 핵심 사업에 필요한 현금을 확보하기 위한 전략적 판단으로, 성장의 발판이 됐다.
- 부정적인 경우: 2000년대 초반 코닥Kodak은 디지털카메라 기술의 확산 속

에서 핵심 자산인 공장과 장비를 매각해 투자활동 현금흐름을 플러스로 돌려놓았다. 그러나 이런 현금 확보는 디지털 전환에 필요한 투자가 아니라 단기적인 자금난을 해결하기 위한 것이었고, 결국 2012년 1월 19일에 파산 보호 신청을 했다.

재무활동 현금흐름: 자금 조달과 상환의 흐름

재무활동 현금흐름은 기업이 자금을 조달하거나 반환할 때 발생하는 현금흐름을 나타낸다. 여기에는 주식 발행, 부채 상환, 배당금 지급 등이 포함된다. 재무활동 현금흐름이 플러스라면 기업이 새로운 자금을 조달하고 있다는 뜻이며, 마이너스라면 부채를 상환하거나 배당금을 지급하고 있음을 의미한다.

넷플릭스는 콘텐츠를 제작하기 위해 지속적으로 부채를 발행하여 재무활동 현금흐름이 플러스를 기록한 해가 많았다. 반면 이 부채를 상환할 때는 재무활동 현금흐름이 마이너스를 기록했다.

▶ 넷플릭스의 영업·투자·재무활동 현금흐름 (단위: 천 달러)

구분	2024.12.31	2023.12.31	2022.12.31	2021.12.31	2020.12.31
영업활동 현금흐름	7,361,000	7,274,301	2,026,257	392,610	2,427,077
투자활동 현금흐름	-2,182,000	541,751	-2,076,392	-1,339,853	-505,354
재무활동 현금흐름	-4,074,000	-5,950,803	-664,254	-1,149,776	1,237,311

넷플릭스는 콘텐츠 제작을 위해 자금을 조달하던 시기에는 재무활동 현금흐름이 플러스였고, 이후 부채를 상환하면서 마이너스로 전환됐다. (출처: Yahoo Finance)

재무활동 현금흐름은 성장 단계에 따라 자금 조달과 활용 방식이 변화하며, 이를 살펴보면 기업이 어떤 전략을 추구하는지 알 수 있다. 초기 단계에는 외부 자금 조달이 핵심이 되고, 성장 단계에는 투자와 조달이 균형을 이루며, 성숙 단계에는 주주 환원과 부채 상환이 주된 활동이 된다. 쇠퇴 단계에는 사업 축소와 자산 매각으로 현금흐름이 안정화되거나 감소하는 양상이 나타난다.

초기 단계: 외부 자금 적극 조달 → 플러스

초기 단계의 사례로는 쿠팡이 대표적이다. 쿠팡은 설립 초기 국내 전자상거래 시장을 장악하기 위해 대규모 자금이 필요했다. 이에 일본의 손정의 회장 등 해외 투자자들로부터 조 단위의 자금을 유치했고 재무활동 현금흐름이 크게 플러스를 기록했다. 이 자금을 기반으로 물류센터를 구축하고 로켓배송 같은 차별화된 서비스를 도입하며 시장점유율을 빠르게 확대했다.

성장 단계: 투자와 상환의 균형 → 플러스 또는 약간 마이너스

성장 단계의 사례로는 삼성바이오로직스를 들 수 있다. 삼성바이오로직스는 글로벌 바이오의약품 위탁 생산contract manufacturing organization, CMO 시장을 선점하기 위해 공장 설립과 R&D에 막대한 자금을 투자했다. 이 과정에서 회사채 발행과 유상증자로 필요한 자금을 조달해 재무활동 현금흐름이 플러스를 기록했지만, 일부 대출 상환도 병행하며 투자와 상환의 균형을 이뤘다. 지속적인 성장을 도모하면서도 재무 건전성을 유지하기 위한 전략의 일부였다.

성숙 단계: 주주 환원에 집중 → 마이너스

성숙 단계는 삼성전자를 예로 들 수 있다. 삼성전자는 메모리 반도체 시장 등에서 안정적인 현금 창출 능력을 바탕으로 주주들에게 배당금을 지급하고 자사주를 매입해 재무활동 현금흐름이 마이너스를 기록하고 있다. 회사가 본업을 통해 벌어들인 현금을 주주 환원에 사용하는 성숙 단계의 전형적인 모습이다. 동시에 일부 장기부채를 상환하며 재무 구조를 더욱 강화하고 있다.

쇠퇴 단계: 자산 축소와 부채 상환 → 마이너스 또는 중립

쇠퇴 단계의 사례로는 한때 한국의 대표적 항공사였던 아시아나항공을 들 수 있다. 아시아나항공은 수익성이 악화되고 부채가 과도하게 증가하자 일부 비핵심 자산을 매각하고 부채를 상환하는 데 집중했다. 재무활동 현금흐름은 마이너스를 기록했지만 생존을 위해 필수적인 조치였다. 하지만 경영난을 극복하지 못하고 대한항공에 인수됐다.

3가지 활동의 유기적 연결

이상의 3가지 현금흐름은 기업이 어떻게 현금을 벌고 투자하고 자금을 조달하는지에 대해 전체적인 그림을 제공한다. 예를 들어 영업활동에서 벌어들인 현금을 투자활동에 활용하여 새로운 사업에 투자하고, 필요 시 재무활동을 통해 추가 자금을 조달하는 방식으로 서로 유기적으로 연결된다. 이 세 활동이 균형을 이루면 기업은 자금을 효율적으로 운용하며 성장 기반을 마련할 수 있다.

현금흐름표는 기업의 실제 경영 상태를 생생하게 보여준다. 영업·투자·재무활동에서 발생하는 현금흐름은 기업이 얼마나 안정적이고 미래 지향적

▶ 현금흐름표의 구조

```
                현금흐름표

         ┌─────────────────┐
         │  영업활동 현금흐름  │   (a)
         └─────────────────┘
         ┌─────────────────┐
         │  투자활동 현금흐름  │   (b)
         └─────────────────┘
         ┌─────────────────┐
         │  재무활동 현금흐름  │   (c)
         └─────────────────┘

      현금및현금성자산의 순증가    (d) = (a) + (b) + (c)
      기초 현금및현금성자산       (e)
      ─────────────────────
      기말 현금및현금성자산       (f) = (d) + (e)
```

현금흐름표는 일정 기간 동안 기업의 현금이 어디서 발생하고 어디에 사용되었는지를 파악할 수 있도록 영업활동, 투자활동, 재무활동으로 인한 현금흐름을 각각 구분하여 나타낸다. 이 3가지 활동으로 인한 현금흐름을 합하면 현금및현금성자산의 순증가액을 계산할 수 있다. 여기에 기초 현금및현금성자산을 더하면 기말 현금및현금성자산이 산출된다. 이를 통해 기업이 실제로 보유하고 있는 현금의 변동과 재무 건전성을 직관적으로 확인할 수 있다.

▶ 영업활동 현금흐름의 의미

- 기업의 주요 수익 창출 활동을 비롯한 투자활동 및 재무활동을 제외한 경영 전반의 모든 활동에서 발생한 현금흐름

영업활동으로 인한 현금의 유입
- 재화의 판매와 용역 제공
- 로열티, 수수료, 중개료 및 기타수익
- 단기매매 목적으로 보유하는 유가증권이나 대출채권에서 발생하는 현금 유입
- 법인세의 환급
- 금융회사의 현금 선지급이나 대출채권의 회수
- 이자와 배당금의 수취(IFRS는 투자활동으로 선택 분류 가능)

영업활동으로 인한 현금의 유출
- 재화와 용역의 구입
- 종업원과 관련하여 직간접으로 발생하는 현금 유출
- 단기매매 목적으로 보유하는 유가증권이나 대출채권에서 발생하는 현금 유출
- 법인세의 납부
- 금융회사의 현금 선지급이나 대출채권
- 이자의 지급

기업이 외부 자금 조달에 의존하지 않고 차입금 상환, 영업 능력의 유지, 배당금 지급, 신규 투자 등에 필요한 현금흐름을 영업을 통해 창출하는 능력에 대한 중요한 판단 지표가 된다.

▶ **투자활동 현금흐름의 의미**

- 현금의 대여나 회수, 투자자산으로 분류되는 금융상품(단기매매목적 제외)과 유무형자산의 취득 및 처분 등에서 발생하는 현금흐름

투자활동으로 인한 현금의 유입	투자활동으로 인한 현금의 유출
• 유형자산, 무형자산 및 기타 장기성 자산의 처분 • 다른 기업의 지분상품이나 채무상품 및 조인트벤처 투자지분의 처분 • 제3자에 대한 선급금 및 대여금의 회수 (금융회사 제외)	• 유형자산, 무형자산 및 기타 장기성 자산의 취득 • 다른 기업의 지분상품이나 채무상품 및 조인트벤처 투자지분의 취득 • 장기적 성격의 선급금 및 대여금의 발생 (금융회사 제외)

유무형자산과 같은 영업용 자산과 금융자산과 같은 비영업용 자산에 대한 현금흐름의 패턴과 규모를 통해 장기적인 관점에서 기업의 성장 방향에 대한 정보를 얻을 수 있다.

▶ **재무활동 현금흐름의 의미**

- 차입금의 차입 및 상환, 신주 발행, 배당금 지급 등과 같이 자금 조달 및 상환 활동과 관련된 거래에서 발생한 현금흐름

재무활동으로 인한 현금의 유입	재무활동으로 인한 현금의 유출
• 주식이나 기타 지분상품의 발행 • 담보·무담보부사채 및 어음의 발행 • 기타 장단기 차입	• 자기주식의 취득이나 상환 • 차입금 상환 • 리스 부채 원금 상환 • 배당금의 지급

기업 자금 조달의 원천, 규모 및 변화 양상을 통해 장기적 재무 안정성에 대한 평가뿐 아니라 자금 제공자(주주, 채권자 등)에게 적절한 보상이 이루어지고 있는가에 대한 정보를 얻을 수 있다.

인 경영을 하는지 판단하는 데 중요한 단서다. 그러므로 현금흐름표를 통해 기업의 건강 상태와 지속가능성을 살피고 경영 전략을 깊이 이해하는 습관을 가져야 한다.

현금은 세 갈래 길을 따라 흐른다. 첫째는 영업으로, 매일 벌어들이는 노력의 대가다. 둘째는 투자로, 내일을 향한 다리이자 새로운 기회와 성장을 위한 모험이다. 셋째는 재무로, 도움을 청하고 빚을 갚는 약속의 흐름이자 지켜야 할 믿음의 무게다. 이 세 길은 서로 얽혀 기업의 숨결을 이어주는 맥박이 된다. 이 중 하나라도 넘치거나 막히면 기업의 걸음이 더뎌진다.

 이 장의 핵심 포인트

- 현금흐름표는 영업활동, 투자활동, 재무활동으로 나뉘며 각각의 활동은 기업의 현금 유입과 유출을 보여준다.
- 영업활동은 본업에서 벌어들이는 현금을, 투자활동은 성장에 필요한 자산 투자를, 재무활동은 자금 조달과 상환을 나타낸다.
- 이 세 활동을 통해 기업의 자금흐름과 재무상태를 종합적으로 파악할 수 있으며, 경영 전략의 단서를 얻을 수 있다.

제29장

현금흐름으로 보는 성장과 위기
: 8가지 패턴 분석

조정을 거쳐야 드러나는 영업활동 현금흐름

현금흐름표는 숫자로 기업의 흐름을 보여주는 중요한 도구지만, 작동 원리를 이해하는 데는 약간의 수고가 필요하다. 특히 영업활동 현금흐름은 현금의 유출입을 직섭적으로 보여주지 않고 **간접법**으로 작성되기 때문에 더 주의를 기울여야 한다.

영업활동 현금흐름을 기록할 때 대부분 기업은 손익계산서의 당기순이익을 출발점으로 삼아 단계

> **간접법**
> 당기순이익에서 비현금성 비용과 운전자본 변동 등 조정 항목을 반영하여 영업활동 현금흐름을 산출하는 방법. 재무제표상에 기록된 수치를 기반으로 하기에 계산하기가 쉽지만 실제 현금흐름과는 거리가 있어서 세부 내역을 파악하기가 어렵다는 단점이 있다. 반면 현금의 유출입을 항목별로 나타내는 것을 직접법이라고 하며, 세부 내역을 파악하기 용이하지만 추적하고 계산하기가 어렵다는 단점이 있다.

별로 조정하는 간접법을 사용한다.

▶ 삼성전자의 감사보고서상 현금흐름표

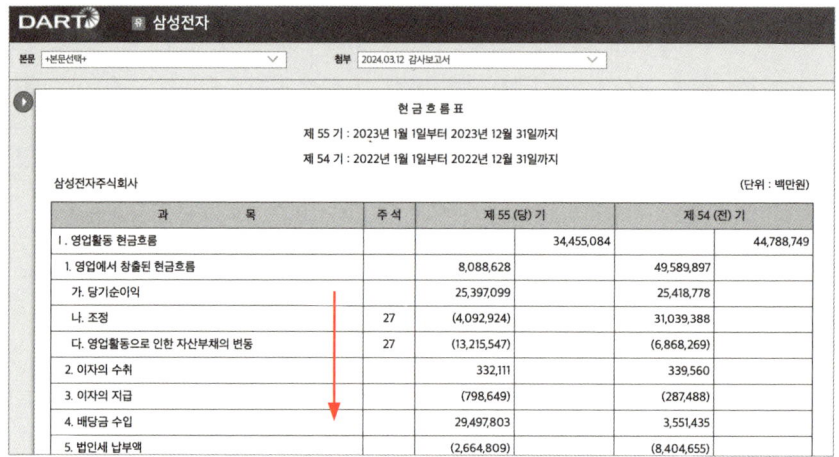

영업활동 현금흐름은 당기순이익에서 출발해 조정 과정을 거치는 간접법을 사용한다.

이 방식은 다음과 같은 단계를 거친다.

- 비현금성 항목 조정: 감가상각비와 같은 비현금성 비용은 실제 돈이 빠져나가는 것이 아니므로 당기순이익에서 더해준다.
- 운전자본 변동 조정: 매출채권, 재고자산, 매입채무 등 운전자본 항목의 변화를 반영한다.
- 기타 조정: 일회성 항목이나 비영업 항목을 반영한다.

이 모든 조정을 거치면 당기순이익에서 시작한 숫자가 영업활동 현금흐름으로 바뀐다. 이는 기업의 현금흐름을 효율적으로 산출하는 과정이지만, 보는 사람에게는 복잡하게 느껴질 수밖에 없다.

▶ 영업활동 현금흐름 산출 방식

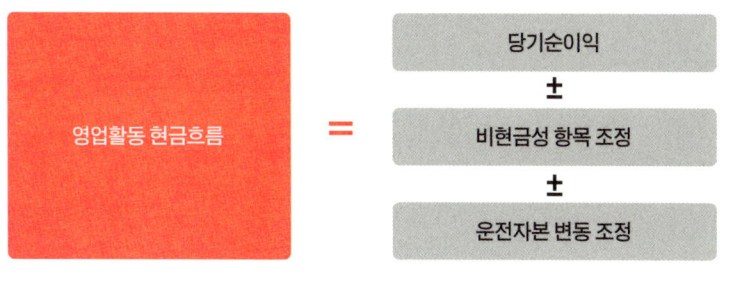

패턴 분석으로 현금흐름의 큰 그림 읽기

간접법의 복잡함에 매몰되지 않으려면 '패턴 분석'이라는 단순하고 직관적인 방법을 활용하는 것이 좋다. 패턴 분석은 영업활동, 투자활동, 재무활동의 각 현금흐름을 플러스와 마이너스로 요약해 기업의 큰 그림을 파악하는 방식이다. 여기에는 크게 3가지 장점이 있다.

- 복잡한 조정을 생략하고 전체적인 현금흐름을 한눈에 읽을 수 있다.
- 기업의 전략적 방향과 상태를 빠르게 이해할 수 있다.
- 같은 산업 내 기업들을 쉽게 비교할 수 있다.

예를 들어 영업활동이 플러스, 투자활동이 마이너스, 재무활동이 마이너스라면 본업으로 돈을 잘 벌어 성장 투자를 하면서 부채를 상환하거나 배당을 주고 있다는 뜻이다. 영업활동이 마이너스, 투자활동이 플러스, 재무활동이 플러스라면 본업의 성과가 부진해 현금이 부족한 상황에서 자산을 팔고 외부 자금을 끌어와 운영하고 있음을 의미한다.

현금흐름표의 간접법은 상세한 정보를 제공하지만 그 복잡함 때문에 핵심을 놓치기 쉽다. 패턴 분석은 이를 보완하는 훌륭한 도구다. "본업은 괜찮은데 투자는 부족하네?", "자산을 팔아서 겨우 운영비를 메꾸는 상황이군." 하는 식으로 숫자에서 기업의 전략과 상태를 읽고 스토리텔링까지 해낼 수 있다.

영업, 투자, 재무의 흐름을 플러스와 마이너스로 요약해 보면 단순한 숫자들이 살아 있는 기업의 이야기로 다가온다. 숫자 속에서 이야기를 찾고 싶다면 패턴 분석이야말로 최고의 열쇠이다.

영업활동 현금흐름: 본업의 건강 상태
- 플러스: 기업이 본업에서 안정적으로 돈을 벌고 있다는 의미다. 예를 들어 제품 판매나 서비스 제공에서 발생하는 현금이 유출보다 크다면 기업의 영업활동에서 현금을 안정적으로 창출하고 있음을 의미한다.
- 마이너스: 본업에서 현금이 유출되고 있음을 의미한다. 지속적 적자이거나 매출채권 회수가 지연되거나 재고자산이 누적돼 운영 효율성이나 수익성에 문제가 있을 가능성을 시사한다.

투자활동 현금흐름: 성장의 방향성
- 플러스: 기업이 자산을 매각하거나 이전 투자에서 현금을 회수하고 있다는 의미다. 단기적으로는 유동성 확보를 위한 전략일 수도 있지만 장기적인 성장을 위한 투자가 부족하다는 우려가 불거질 수 있다.
- 마이너스: 기업이 장기 성장을 위해 설비나 기술 또는 자산에 투자하고 있다는 의미다. 이는 미래를 위한 긍정적인 신호로 해석될 수 있다. 예를 들어

새로운 공장을 짓거나 R&D에 투자할 때 투자활동 현금흐름이 마이너스를 기록한다.

재무활동 현금흐름: 자금 조달과 반환
- 플러스: 기업이 대출을 받거나 주식을 발행해 자금을 조달하고 있다는 의미다. 새로운 자금이 유입되는 긍정적 신호일 수 있지만, 과도한 부채로 재무 안정성이 위협받을 가능성도 있다.
- 마이너스: 기업이 부채를 상환하거나 배당금을 지급하기 위해 자금을 지출하고 있다는 의미다. 재무 구조를 안정화하거나 주주 가치를 제고하려는 안정적인 기업에서 흔히 나타나는 현상이다.

이처럼 플러스, 마이너스 패턴으로 각 활동을 요약하면 복잡한 내역들 속에서도 자금의 흐름을 쉽게 읽을 수 있다. 이런 조합을 기반으로 총 8가지 패턴으로 현금흐름을 정리할 수 있다. 각 패턴을 통해 기업의 운영 상황, 투자 방향, 자금 조달 전략 등을 파악할 수 있으며 기업의 현재 상태와 전략적 방향을 평가하는 데 중요한 단서로 삼을 수 있다.

8가지 현금흐름 패턴의 구체적 사례

각 현금흐름 패턴은 기업의 재무 상황과 자금 운용 방식을 이해하는 데 중요한 정보를 제공한다. 각각의 패턴에서 어떤 스토리를 읽을 수 있는지 알아보자.

▶ 현금흐름 패턴 분석

패턴	영업활동 현금흐름	투자활동 현금흐름	재무활동 현금흐름	판단
1	+	+	+	영업활동에서 현금 창출, 자산 매각, 재무활동에서 조달한 현금을 비축하여 타 회사를 인수합병하거나 신사업 진출을 외부조달까지 병행하며 공격적으로 확장 중인 회사
2	+	−	−	영업활동에서 창출한 현금으로 설비투자와 함께 부채를 상환하거나 배당금을 지급하는 안정적인 회사
3	+	+	−	영업활동에서 창출한 현금과 자산을 매각한 자금으로 부채를 상환하는 회사
4	+	−	+	영업활동에서 창출한 현금과 차입금 혹은 증자대금으로 회사의 확장에 필요한 투자를 하는 성장 단계의 회사
5	−	+	+	영업활동에서 현금을 창출하지 못하는 문제점을 자산 매각과 차입 혹은 증자를 통해 보전하는 회사
6	−	−	+	급격히 성장하는 회사로, 영업활동에서 부족한 자금과 설비투자에 필요한 자금을 장기차입 혹은 증자를 통해서 조달하는 회사
7	−	+	−	영업활동에서 부족한 자금과 채권자에 대한 차입금 상환액을 고정자산의 매각을 통해 조달하는 회사
8	−	−	−	영업활동에서 부족한 자금과 시설투자 및 차입금 상환을 모두 기존의 현금 비축액에서 사용하는 회사로, 현금 고갈 위험이 높은 상황

(출처: Michael T. Dugan, Benton E. Gup, and William D. Samson, "Teaching the statement of Cash Flows", Journal of Accounting Education Vol. 9, 1991)

패턴 1(+, +, +): 영업·투자·재무활동 모두에서 현금이 유입되는 기업

영업활동에서 안정적으로 현금을 창출하고, 투자활동에서는 자산 매각을 통해 추가 현금을 확보하며, 재무활동을 통해 차입이나 자본 조달을 하는 기업의 모습이다. 이 조합은 기업의 자금 여력이 단기적으로 풍부한 상태임을 나타낸다.

패턴 1의 특징은 다음과 같다.

- 대규모 투자 또는 M&A 준비: 사업을 확장하기 위해 막대한 자금이 필요한 상황에서 본업, 자산 매각, 외부 자금 조달을 통해 자금을 확보하고 있다.
- 기존 사업의 전망이 악화되어 구조 조정 진행: 기존 사업의 성장 가능성이 작다고 판단하여 자산을 매각하고 외부 자금을 조달해 새로운 사업이나 전환 전략에 자금을 투입하고 있다.

영업·투자·재무활동 모두에서 현금이 유입되는 패턴은 상당히 드물다. 자금 운용 측면에서 긍정적인 신호일 수 있지만, 자산 매각이나 과도한 차입이 일시적인 유동성 확보에만 그친다면 위험 요소가 될 수 있다. 따라서 이 패턴은 기업의 전략적 맥락과 장기적 계획을 함께 분석해야 의미를 정확히 이해할 수 있다.

패턴 2(+, −, −): 영업활동에서 창출한 현금을 설비투자와 주주 환원에 사용하는 안정적인 기업

영업활동에서 창출된 현금을 고정자산 구입 등 투자에 사용하고, 남은 자금으로 부채를 상환하거나 배당금을 지급하며 자사주를 매입하는 기업의 모습이다. 안정적인 수익을 창출하는 기업에서 주로 나타나며, 안정적 성장을 유지하면서 주주 환원 정책을 실천하는 전략으로 평가할 수 있다. 쉽게 말해, 본업에서 벌어들인 돈으로 설비를 확장하거나 새로운 자산에 투자하면서도 남은 자금을 활용해 주주들에게 배당금을 지급하거나 빚을 갚아 재무 구조를 건강화하는 모습이다.

예를 들어 삼성전자는 2022년 영업활동을 통해 약 66조 원의 현금을 창출했다. 이 자금을 반도체와 디스플레이 관련 설비 확장 및 R&D에 사용했으며, 안정적인 사업 확장을 위한 투자에도 썼다. 남은 자금 중 약 9조 원은 주주들에게 배당금으로 지급해 주주 가치를 제고했다. 동시에 부채를 상환해 재무 안정성을 더욱 강화했다. 본업의 안정적인 현금 창출과 함께 투자지출과 주주 환원 정책을 동시에 실천한 사례다.

패턴 2의 특징은 다음과 같다.

- 안정적 수익성 기반: 영업활동에서 꾸준히 현금을 창출할 수 있는 기업만이 이 패턴을 실현할 수 있다. 이는 기업이 본업에서 높은 안정성을 보유함을 의미한다.
- 성장과 주주 환원의 조화: 설비투자나 R&D를 통해 성장을 도모하면서도 배당금 지급과 자사주 매입으로 주주 가치를 제고한다. 안정성과 성장을 동시에 추구하는 전략이다.
- 재무 구조 강화: 남은 현금으로 부채를 상환하며 재무 건전성을 유지하고 미래 불확실성에 대비한다.

패턴 2는 안정적인 기업의 전형적인 현금흐름 구조다.

패턴 3(+, +, −): 영업활동과 투자활동에서 확보한 현금으로 부채를 상환하는 기업

영업활동에서 벌어들인 현금과 투자활동에서 자산 매각으로 확보한 현금을 사용해 차입금을 상환하는 기업의 모습이다. 본업으로 돈을 벌고, 비핵심 설비자산 또는 투자자산을 매각해 추가 현금을 확보한 뒤, 이 돈으로 빚을 갚아 재무 구조를 단단히 다지는 전략이다. 이 전략은 부채비율을 낮춰 재무 건전성을 강화하고, 기업의 장기적인 안정성을 확보하는 데 중점을 둔다.

패턴 3의 특징은 다음과 같다.

- 재무 건전성 강화: 영업활동과 투자활동에서 현금을 확보해 부채를 상환함으로써 부채비율을 낮추고 재무 건전성을 확보한다. 이는 경제적 충격이나 금리 상승에 대비할 수 있는 안정성을 제공한다.
- 비핵심 자산 활용: 핵심 사업에 집중하기 위해 비핵심 자산을 매각하고 이를 부채 상환에 사용하는 효율적인 자산관리 전략이다.
- 장기적 안정성 확보: 재무 구조 개선은 단기적으로 현금 유출을 초래할 수 있지만, 장기적으로는 기업의 신용도를 높이고 금융비용을 절감하며 안정성을 높인다.

패턴 3은 장기적인 재무 건전성과 신뢰를 구축하기 위해 사용하는 전략적 현금흐름 구조다.

패턴 4(+, −, +): 영업활동과 재무활동에서 확보한 자금을 통해 사업 확장에 투자하는 기업

영업활동에서 벌어들인 현금과 외부 자금 조달(차입금 또는 자본 조달)을 활용해 대규모 사업 확장에 투자하는 기업의 모습이다. 주로 빠르게 성장하는 확장기 기업에서 나타나며 신규 사업 영역 개척, 인프라 구축, 기술 혁신을 목표로 한다. 본업으로 번 돈과 외부에서 가져온 자금을 합쳐 새로운 사업이나 기존 사업 확장에 적극 투자하는 상황으로, 성장을 위해 공격적인 전략을 펼치는 기업에서 자주 보인다.

예를 들어 카카오는 본업인 플랫폼 사업(메신저, 광고 등)에서 안정적인 영업활동 현금흐름을 창출하는 동시에 외부 투자를 유치하거나 회사채를 발행해 필요한 자금을 조달했다. 이렇게 확보한 자금으로 카카오엔터테인먼트, 카카오모빌리티, 카카오페이와 같은 다양한 신규 사업에 대규모 투자를 진행했다. 이를 통해 사업 영역을 확장하고 디지털 콘텐츠, 모빌리티, 핀테크 등 다양한 분야에서 사업 포트폴리오를 강화하고 있다. 특히 인프라와 기술에 적극 투자하며 빠르게 성장하는 시장에서 선두를 유지하기 위한 전략을 실행하는 중이다. 이런 투자는 단기적인 비용으로 보일 수 있으나, 장기적으로는 기업의 가치를 높이는 중요한 발판이 된다.

패턴 4의 특징은 다음과 같다.

- 성장 중심 전략: 영업활동과 재무활동을 통해 대규모 자금을 확보해 새로운 사업이나 인프라에 투자함으로써 빠르게 확장하고 성장할 수 있다.
- 외부 자금 활용의 중요성: 외부에서 차입하거나 투자 유치를 통해 필요한 자금을 조달함으로써 기존의 안정적인 현금흐름만으로는 부족했을 대규모 투자를 진행한다.
- 높은 위험과 보상: 대규모 투자는 높은 초기 비용과 리스크를 동반할 수 있지만, 성공적으로 실행되면 시장점유율을 확대하고 기업가치를 크게 높일 수 있다.

패턴 4는 기업이 새로운 성장 동력을 확보하고 시장 경쟁력을 강화하기 위해 사용하는 중요한 전략으로, 장기적인 성장을 목표로 하는 기업에서 자주 나타난다.

패턴 5(−, +, +): 영업활동에서 현금이 부족해 자산 매각과 차입으로 자금을 보충하는 기업

영업활동에서 현금을 충분히 창출하지 못하는 상황에서 자산 매각과 차입을 통해 필요한 자금을 확보하는 기업의 모습이다. 성장이 정체되거나 경영난을 겪는 기업에서 주로 보이는 모습으로, 기업은 비핵심 자산을 처분하고 외부에서 자금을 끌어와 유동성을 확보한다. 본업에서 돈을 충분히 벌지 못하니 가지고 있던 자산을 팔거나 외부에서 돈을 빌리거나 자본투자를 받아 운영 자금을 메우는 상황이다. 일시적인 유동성 문제를 해결하는 데는 도움이 되지만 근본적인 문제를 해결하지 못하면 지속 가능한 전략으로 보기 어렵다.

예를 들어 두산그룹은 2020년 두산중공업(현재 두산에너빌리티)의 재정 악화로 심각한 유동성 위기에 처했다. 영업활동에서 창출되는 현금흐름이 부족해 비핵심 자산을 매각하고 외부 차입에 의존했다. 먼저 두산타워, 클럽모우CC(골프장) 등 비핵심 자산을 매각해 약 3조 원의 자금을 확보해 투자활동 현금흐름이 플러스가 됐다. 그리고 산업은행과 수출입은행 등에서 차입을 통해 추가 자금을 조달하며 유동성을 확보해 재무활동 현금흐름도 플러스를 기록했다. 이런 자금으로 두산중공업의 부채를 상환함으로써 그룹 전체의 유동성 위기를 일시적으로 해결할 수 있었다. 두산에너빌리티로 사명을 바꾼 현재는 본업의 수익성을 근본적으로 개선하기 위해 전방위적인 노력을 하고 있다.

패턴 5의 특징은 다음과 같다.

- 비핵심 자산 매각: 현금을 빠르게 마련하기 위해 비핵심 자산을 처분한다. 이는 단기적인 유동성 문제를 해결하는 데 효과적이지만, 장기적으로 기업의 자산 기반을 약화시킬 수 있다.
- 외부 자금 의존: 차입을 통해 자금을 보충하는 것이 일시적인 해결책이 될 수는 있지만 과도한 차입은 재무 부담을 가중시킬 수 있다.
- 근본적인 문제 해결 필요: 본업에서 수익을 창출하지 못하는 상황이 지속

되면 자산 매각과 차입만으로는 문제를 해결할 수 없다. 즉 근본적인 문제 해결 방안이 필요하다.

패턴 5는 기업이 생존을 위해 사용하는 단기적 전략으로, 이후 장기적인 경영 개선 계획이 필수적으로 따라야 한다.

패턴 6(−, −, +): 급성장하며 장기차입이나 자본 조달로 자금을 확보하는 기업

영업활동과 투자활동에서 창출하는 자금이 부족해 장기차입이나 자본 조달을 통해 성장에 필요한 자금을 확보하는 기업의 모습이다. 초기 성장기 기업이나 대규모 프로젝트를 추진 중인 기업에서 주로 보인다. 본업에서 벌어들이는 돈이 아직 부족하고 성장과 확장을 위해 대규모 자금이 필요한 상황에서 외부의 자금을 끌어와 성장 기반을 마련하는 전략이다. 기업이 시장에서의 위치를 강화하기 위해 공격적으로 투자하는 시기에도 나타난다.

예를 들어 SK온은 전기차 시장의 급성장에 발맞춰 2차전지 배터리 제조 설비와 R&D에 막대한 자금을 투자하고 있다. 하지만 전기차 배터리 산업의 특성상 초기 투자비용이 매우 크기 때문에 영업활동과 투자활동 모두에서 자금 부족을 겪고 있다. 이에 SK온은 국내외 금융기관에서 대규모 차입

▶ SK온의 영업·투자·재무활동 현금흐름 (단위: 천 원)

	2023년(3기)	2022년(2기)	2021년(1기)
영업활동 현금흐름	−1,558,273,096	−2,095,540,157	−917,767,656
투자활동 현금흐름	−10,531,543,974	−4,620,147,000	−1,225,173,139
재무활동 현금흐름	12,087,654,421	8,973,335,665	236,342,671

SK온은 영업·투자활동의 적자를 외부 자금 조달로 메우며 성장 중인 전형적 성장기 기업이다.

을 하여 제조시설을 구축했다. 또한 주식 발행을 통해 추가 자금을 조달해 연구개발비와 제조설비 확장에 필요한 자금을 확보했다. SK온은 영업활동에서는 여전히 마이너스를 기록하고 있지만, 이런 외부 자금을 활용해 시장점유율을 빠르게 확대하고 전기차 배터리 산업에서 경쟁력을 강화하고 있다.

패턴 6의 특징은 다음과 같다.

- 초기 성장기: 영업활동에서 안정적인 현금을 창출하지 못하지만 장기적인 성장 가능성을 바탕으로 외부 자금을 유치해 적극적으로 투자하는 단계다.
- 대규모 프로젝트 투자: 대규모 프로젝트를 진행하거나 인프라를 구축하기 위해 외부 자금을 끌어들이며, 초기 단계에서 과감한 투자가 이루어진다.
- 높은 리스크와 잠재적 보상: 외부 자금 조달은 기업의 재무 부담을 늘릴 수 있지만, 시장에서 성공적으로 자리 잡으면 장기적인 수익성과 성장성을 확보할 수 있다. 하지만 초기 성장기가 아닌 기업이 현금흐름이 악화되어 패턴 6이 나온다면 회생이 어려울 수도 있다.

패턴 6은 기본적으로 초기 스타트업 기업이 성장과 도약을 위해 감수하는 리스크와 투자 전략을 보여주는 현금흐름 구조다.

패턴 7(-, +, -): 자산을 매각해 차입금 상환을 위한 유동성 확보

영업활동에서 충분한 현금을 창출하지 못하는 기업이 비핵심 자산, 나아가 핵심 자산까시 매각하여 자금을 보충하는 모습이다. 즉, 보유하고 있던 건물·토지 등을 매각하여 운영비를 충당하거나 차입금을 상환하는 상황이다. 단기적으로는 부채를 줄이고 이자 부담을 완화할 수 있지만, 장기적으로는 자산이 감소하면서 재무 구조가 더욱 취약해질 위험이 있다. 특히 영업활동 현금흐름이 개선되지 않고 자산을 매각해 차입금을 상환하길 반복하면 추가적인 유동성 위기에 직면할 가능성이 크다.

예를 들어 미국의 대표적인 백화점 체인 시어스Sears는 한때 미국 소매업의 상징과도 같았다. 하지만 2010년대 들어 전자상거래 시장의 급성장과 소비자 트렌드의 변화에 제대로 대응하지 못했고, 경쟁 심화와 매출 감소로 영업활동에서 현금을 충분히 창출하지 못했다. 기존 오프라인 매장에 의존하던 영업 방식은 비용 부담을 가중시키며 수익성을 지속적으로 악화시켰다. 이를 타개하기 위해 시어스는 소유하고 있던 주요 부동산 자산을 매각하기 시작했다. 대표적으로 소매 업체의 매장이 있는 부동산과 쇼핑몰을 매각해 약 20억 달러의 자금을 확보했다. 이처럼 비핵심 자산을 매각해 단기적인 재정 문제를 해결했지만, 본업의 수익성 문제를 근본적으로 해결하지는 못했다. 온라인 시장으로의 전환과 구조조정이 미흡했으며, 여전히 높은 운영비용과 부채 부담이 기업을 짓눌렀다. 결국 시어스는 2018년 10월 파산보호 신청을 해야 했다. 이는 비핵심 자산 매각이라는 응급조치가 지속 가능한 경영 전략으로 이어지지 못한 대표적인 사례로 꼽힌다.

패턴 7의 특징은 다음과 같다.

- 비핵심 자산 매각의 단기적 효과: 비핵심 자산 매각이 단기적으로는 유동성 문제를 완화하는 데 효과적이지만 근본적인 해결책은 될 수 없다.
- 근본적인 수익성 문제 해결의 중요성: 시어스 사례에서 볼 수 있듯, 본업의 수익 구조 개선 없이 자산 매각만으로는 지속 가능한 경영을 할 수 없다.
- 구조조정과 전략적 전환 필요: 비핵심 자산 매각과 함께 본업의 효율성을 개선하거나 신사업으로 전환하는 구조조정을 병행하지 않으면 기업의 생존 가능성은 작아질 수밖에 없다.

패턴 7은 기업이 위기 속에서 선택하는 단기적 생존 전략으로, 장기적인 경영 개선 없이는 지속 가능하지 않으며 심지어는 파산에 이를 수도 있다.

패턴 8(-, -, -): 영업·투자·재무활동 모두에서 현금이 유출되는 기업

영업활동에서 현금을 창출하지 못하고, 투자활동에서는 지속적으로 자금을 지출하며, 재무활동에서도 부채 상환이나 배당금 지급으로 현금이 빠져나가는 기업의 모습이다. 재무 상황이 극도로 악화된 기업이 대부분이며, 경영 위기 속에서 생존을 위한 자금 조달이 사실상 불가능한 상황이라고 판단할 수 있다. 본업에서도 돈을 못 벌고, 투자에도 돈이 들어가며, 빚 갚는 데까지 현금이 빠져나가 모든 활동에서 현금이 유출되는 상태이기 때문이다.

예를 들어 엔론은 한때 미국 에너지 시장에서 혁신의 아이콘으로 여겨졌으나, 회계 조작 스캔들과 사업 모델 실패로 극도의 경영난을 맞았다. 우선 본업인 에너지 사업에서 비용이 수익을 초과해 영업활동에서 현금을 창출하지 못했다. 오히려 사업 운영과 관련된 비용이 증가해 영업활동 현금흐름이 마이너스를 기록했다. 또한 사업 확장과 신규 프로젝트에 대한 과도한 투자로 투자활동에서도 지속적으로 현금이 유출됐다. 특히 엔론은 성공 가능성이 작은 사업에 무리한 투자를 감행하며 현금 유출을 가속화했다. 마지막으로 부채 상환과 배당금 지급으로 재무활동에서도 현금이 빠져나갔다. 기존 부채를 상환하기 위해 추가 차입을 시도했으나, 회계 조작 사실이 밝혀지며 신용도가 급격히 하락해 자금 조달이 어려워졌다. 이제 엔론은 모든 활동에서 현금 유출이 발생할 뿐 아니라 자금을 마련할 여력조차 완전히 소진됐다. 결국 2001년 파산보호 신청을 통해 기업 운영을 중단할 수밖에 없었다. 이는 모든 현금흐름 활동에서의 유출이 기업의 생존을 어떻게 위협하는지를 보여주는 대표적인 사례다.

패턴 8의 특징은 다음과 같다.

- 현금 유출의 악순환: 영업활동에서 현금을 벌지 못하면서 투자와 재무활동에서도 현금이 지속적으로 빠져나가면 기업의 생존 가능성은 극도로 줄어든다.
- 자산 매각과 추가 차입 불가: 기존 부채와 투자 손실로 신용도가 하락하며, 자산 매각과 차입을 통한 유동성 확보조차 어려운 상황이 된다.
- 구조조정의 필요성: 이 패턴을 극복하기 위해서는 기존 사업의 구조조정과 비용 절감, 핵심 사업 집중 등 급진적인 경영 개선 조치가 필요하다.

패턴 8은 경영 개선을 위한 마지막 기회조차 사라진 상태를 보여주며, 기업 파산으로 이어질 가능성이 매우 큰 현금흐름 구조다.

패턴 분석 능력 키우기

각 현금흐름 패턴은 단순한 숫자의 조합을 넘어 기업의 재무상태와 전략적 의사결정을 드러내는 중요한 지표다. 영업활동과 재무활동을 통해 자금을 확보하여 미래를 위한 투자를 진행하는 성장기 기업(패턴 4)부터 위기 상황에서 비핵심 자산을 매각하거나 차입으로 유동성을 확보하려는 기업(패턴 5, 7)까지, 이 패턴들은 기업의 상황과 목표를 명확히 보여준다.

현금흐름 패턴 분석은 기업의 재무 안정성, 성장 가능성 그리고 위기 극복 능력을 평가하는 데 강력한 도구다. 특히 투자자와 재무 분석가는 이런 패턴을 활용하여 기업이 현재 어떤 상태에 있는지 그리고 앞으로 얼마나 지속 가능하고 성장 가능한지를 파악할 수 있다.

현금흐름 패턴은 단지 과거와 현재를 해석하는 데 그치지 않고 미래를 예측하게 해주는 나침반 역할을 한다. 이를 통해 기업의 경영 성과를 분석하고 투자 의사결정에 필요한 근거를 마련할 수 있다.

 이 장의 핵심 포인트

- 현금흐름을 분석할 때 영업·투자·재무활동의 플러스, 마이너스 패턴을 통해 기업의 자금흐름을 한눈에 파악할 수 있다.
- 패턴을 통해 기업의 재무상태와 자금 운용 방식을 효율적으로 이해할 수 있으며 자산 매각, 부채 상환, 투자 등의 현금 활용 전략을 확인할 수 있다.
- 각 현금흐름 패턴은 기업의 성장 가능성과 재무 안정성을 평가하는 중요한 기준으로, 투자자와 분석가들에게 유용한 판단 근거를 제공한다.

제30장

현금은 흘러야 힘이 된다

그냥 쌓아둔 현금은 자산이 아니라 짐이다

기업의 재무제표에서 현금(현금및현금성자산, 단기금융상품 등)은 언제나 든든한 자산처럼 보인다. 위기 상황에서도 기업을 지탱해줄 방패이자 유동성을 높여주는 안전망 역할을 하기 때문이다. 하지만 현금을 그저 쌓아두는 것이 항상 좋은 결과를 가져오지는 않는다. 필요 이상으로 보유한 현금이 오히려 기업의 성장 잠재력을 저해하고 자산 효율성을 떨어뜨릴 수도 있다.

성경의 달란트 비유를 떠올려보자. 한 주인이 여행을 떠나며 세 명의 종에게 달란트를 맡겼다. 시간이 흘러 돌아온 주인은 각 종이 달란트를 어떻게 활용했는지 물었다. 첫 번째와 두 번째 종은 달란트를 투자해 더 많은 수익을 창출했고 주인에게 칭찬을 받았다. 하지만 세 번째 종은 달란트를 땅에 묻어두었고 아무런 이익도 남기지 못했다. 주인은 그를 책망하며 "쌓아두기만 한 달란트가 무슨 의미가 있겠느냐?"라고 질책했다.

기업의 현금도 마찬가지다. 현금을 쌓아두기만 하면 자산이 아니라 짐이 된다. 안정성만을 이유로 어디에도 활용하지 않고 묶어둔 현금은 기회를 놓쳐 경쟁에서 뒤처지게 한다. 불황기에는 어느 정도 완충 역할을 할지 몰라도 기업의 지속 성장과 자산 효율성을 목표로 한다면 현금을 비영업용 자산으로 방치해서는 안 된다. 현금을 그저 쌓아두기만 하는 것은 달란트를 땅에 묻어두는 것과 다르지 않다.

현금이 많아도 기업에 득이 되지 않는 이유

현금은 모든 기업에 필수적인 자산이다. 충분한 현금을 보유하면 유동성이 풍부해 예상치 못한 위기에도 안정적으로 대응할 수 있다. 하지만 보유한 현금이 항상 회사의 운영에 기여하는 것은 아니다. 쌓아둔 현금이 '비영업용 자산'으로 전환되면서 오히려 자산 효율성을 떨어뜨리는 요인이 된다. 주주들의 기대에도 부응하지 못하고 장기적으로 기업의 성장 가능성을 제한할 수 있다.

실제 기업 사례를 통해 현금이 어떻게 비영업용 자산이 될 수 있는지 그리고 기업과 주주들에게 어떤 영향을 미치는지 구체적으로 살펴보자.

투자할 곳이 없으면 현금도 짐이 된다

기업이 투자할 곳을 찾지 못하면 현금은 마치 창고에 방치된 재고처럼 쌓여만 간다. 신사업 투자, M&A, R&D 등 수익성 높은 기회를 찾지 못하면 그 돈은 기업의 성장과 무관한 비영업용 자산으로 변해버린다. 물론 보수적인 접근도 필요하다. 위험한 투자를 하기보다는 현금을 쌓아두는 것이 더 나을 수도 있다. 하지만 장기적으로 수익을 내지 못하는 현금은 기업에 도움이 되지 않는다. 기회가 왔을 때 그 돈을 제대로 활용할 수 있어야 의미가 있다. 그렇지 않으면 오히려 기업의 성장 기회를 갉아먹는 짐이 된다.

예를 들어 구글의 모회사 알파벳Alphabet은 대표적인 현금 부자 기업이다. 2021년 기준 약 1,396억 달러(약 180조 원)라는 어마어마한 현금을 보유했다. 대한민국 정부의 1년 국방 예산이 약 60조 원(2024년 기준)이라는 점을 생각하면 얼마나 많은 돈인지 감이 잡힐 것이다.

▶ 구글 캘리포니아 본사

구글의 모회사 알파벳은 대표적인 현금 부자 기업이다.

이처럼 엄청난 현금을 쌓아두자 언론과 투자자들이 물었다.

"구글, 그 돈 다 어디에 쓸 거야?"

투자자들은 기업이 번 돈을 적극적으로 투자하거나 배당금을 지급하거나 자사주를 매입해서 주주 가치를 높이길 원한다. 그런데 이렇게 쌓아둔 현금을 장기적으로 영업활동에 활용하지 않는다면 기업의 자산 활용도가 떨어지고, 투자자들에게도 실망만 안겨주는 비영업용 자산이 될 가능성이 크다.

'혹시 모르니까'라며 쌓아둔 현금, 성장성을 제한할 수 있다

기업들은 종종 혹시 모를 위기를 대비한다며 필요 이상으로 현금을 비축하곤 한다. 대표적인 예가 삼성전자다. 삼성전자는 2008년 글로벌 금융위기 이후 유동성을 확보하기 위해 현금을 많이 쌓아두기 시작했다. 그 덕에 불황기에도 사업을 안정적으로 영위할 수 있었지만, 투자자들 사이에서는 이런 현금 보유 전략이 기업의 성장성을 제한할 수 있다는 우려도 제기됐다.

조심성 많은 경영진이 리스크를 피하려고 현금을 쌓아두는 데만 집중하면 어떻게 될까? 미래를 위한 투자 기회를 놓치고 만다. 이 과정이 반복되면 기업은 혁신보다는 방어적인 운영에 집중하게 되고 시장에서 뒤처질 위험이 커진다.

비영업용 현금이 기업에 미치는 영향

쌓아둔 돈이 많다고 기업이 건강한 것은 아니다. 번 돈을 제대로 활용하지 못하면 오히려 기회비용을 발생시킨다. 예를 들어 알파벳이 보유한 현금을 적극적으로 사용해 대형 M&A나 신사업 투자에 활용했다면 장기적으로 더 높은 수익을 창출할 기회를 얻었을 것이다. 하지만 비영업용 자산으로 묶어두는 한 그런 기회를 붙잡을 수 없다. 특히 인플레이션 시기에 현금은 쥐고만 있어도 가치가 떨어진다. 현금은 시간이 지날수록 구매력이 감소하기 때문에 기업이 쌓아둔 돈이 오히려 자산 효율성을 떨어뜨린다.

현금을 그저 '안전한 자산'이라고 생각하는 것은 착각이다. 현금은 기업이 성장하는 데 쓰여야만 의미가 있다. 그냥 묶여 있는 돈은 자산이 아니라 기업의 발목을 잡는 짐이 될 뿐이다.

현금이 일하게 하는 법: 알파벳, 엔비디아, 디즈니 사례

기업이 번 돈을 금고에 쌓아두기만 하는 것은 번듯한 스포츠카를 차고에 처박아두고 대중교통을 이용하는 것과 같다. 현금은 흘러야 자산이 되고 기업의 성장을 견인하는 동력이 된다. 묶여 있는 현금을 어떻게 하면 제대로 활용할 수 있을까?

적극적인 투자

무엇보다, 적극적인 투자다. 알파벳 사례를 다시 보자. 2021년을 정점으로 알파벳의 현금 보유량은 줄어들고 있다. AI, 클라우드, 자율주행 등 차세대 기술에 현금을 쏟아붓기 때문이다.

- 구글 딥마인드 DeepMind
- 웨이모 Waymo 자율주행
- 클라우드 컴퓨팅

이런 신사업들은 모두 현금을 단순한 비영업용 자산에서 미래 수익 창출의 원천으로 바꾼 사례다. R&D에 막대한 자금을 투자하며 기술적 우위를 선점한 덕분에 오늘날 글로벌 AI·클라우드 시장에서 확고한 입지를 다질 수 있었다.

하지만 투자가 늦어지면 어떻게 될까? 구글은 2022년까지만 해도 AI 분야에서 압도적인 우위를 점했다. 하지만 MS가 챗GPT 개발사인 오픈AI OpenAI에 선제적으로 투자하며 AI 경쟁 구도가 급변했다. MS는 2019년 오픈AI에 10억 달러를 투자한 후, 2023년에는 추가로 140억 달러를 쏟아부으며 AI 시장의 주도권을 확보했다. 반면 구글은 투자 결정을 늦춘 탓에 챗GPT가 세상을 뒤흔들 때까지 손을 놓고 있었다. 이후 제미나이 Gemini의 전신인 바드 Bard를 급히 내놨지만, 초반의 시장 반응은 신통치 않았다. 이 사례는 현금이 많아도 타이밍을 놓치면 시장에서 밀릴 수 있다는 것을 보여준다.

배당과 자사주 매입

기업이 투자할 곳을 찾지 못했다면 주주들에게 돌려주는 것도 좋은 방법이다. 기업이 번 돈을 배당으로 지급하거나 자사주를 매입하면 주당 가치가 상승하면서 주주들의 신뢰를 얻을 수 있다.

대표적인 예가 엔비디아NVIDIA다. 이 회사는 AI 반도체 시장을 선도하며 엄청난 수익을 올린 뒤, 주식 시장에서 자사주를 매입해 주주 가치 극대화 전략을 취했다. 엔비디아는 자체 설비를 보유하는 것이 아니라 삼성전자, SK하이닉스, TSMC 등에 의뢰해서 제품을 생산하기 때문에 현금흐름상 투자보다 주주 환원 정책을 적극적으로 활용한 것이다.

과도한 현금 보유가 문제라고 하지만 모두가 묵묵히 지켜보는 곳도 있다. 바로 버크셔 해서웨이다. 2024년 기준, 버크셔는 3,308억 달러(약 447조 원)의 현금 및 단기금융상품을 보유하고 있다. 워런 버핏의 투자 철학을 아는 사람이라면 기회를 기다리는 것이라고 생각할 수도 있다. 하지만 주주들이 언제까지 지켜볼지는 모르는 일이다. 속으로는 '버핏, 도대체 그 돈 언제 쓸 거야?'라고 생각할지도 모른다. 버핏의 신념을 믿고 기다리는 투자자들도 있겠지만, 그 시간이 너무 길어지면 다른 목소리가 나올 수도 있다. 하지만 버핏은 늘 타이밍을 보는 것을 중시한다.

M&A와 전략적 파트너십

기업이 스스로 투자하기 어렵다면 이미 잘하고 있는 회사를 사는 선택지도 있다. M&A나 전략적 파트너십을 통해 현금을 적극적으로 활용하는 방법이다. 디즈니Disney가 대표적인 예다.

- 픽사Pixar 인수: 애니메이션 시장 장악
- 마블Marvel 인수: 슈퍼히어로 영화 프랜차이즈 독점
- 루카스필름Lucasfilm 인수: 스타워즈Star Wars IP intellectual property(지식재산권) 확보로 막대한 수익 창출
- 21세기폭스21st Century Fox 인수: 콘텐츠 강자로 자리 잡으며 OTT over the top(디즈니+) 강화

> **OTT**
> 방송 전용망이 아니라 인터넷을 통해 드라마나 영화 등의 콘텐츠를 제공하는 서비스.

디즈니는 자체적으로도 콘텐츠를 제작하지만 필요할 때는 과감하게 M&A를 활용해 시장을 장악하는 전략을 택했다. 특히 마블과 루카스필름 인수는 엄청난 성공을 거두며 디즈니를 글로벌 엔터테인먼트 제국으로 만들었다. 만일 기업이 자체적으로 성장하는 데 시간이 걸린다면, M&A는 빠르게 시장에 진입할 수 있는 전략적인 카드가 된다. 현금을 가지고 있으면서도 새로운 시장에 뛰어들지 않는다면 돈을 제대로 활용하지 않는 것이다.

현금은 적극적인 투자, 주주 환원, M&A 같은 방식으로 흘러야 기업을 성장시키는 자산이 된다. 투자를 망설이면 구글처럼 AI 시장에서 밀릴 수도 있다. 주주들을 외면하면 버크셔 해서웨이처럼 "도대체 그 돈 언제 쓸 거야?"라는 소리를 듣게 된다. 현금은 많이 보유하는 것보다 제대로 쓰는 것이 중요하다.

이 장의 핵심 포인트

- 기업이 현금을 지나치게 많이 보유하면 효율성과 성장 잠재력을 저해하는 비영업용 자산으로 남을 수 있다.
- 비영업용 현금은 기회비용을 발생시킬 뿐 아니라 인플레이션 시기에는 구매력이 저하돼 자산 가치가 감소할 위험이 있다.
- 기업은 현금을 투자, 배당, 자사주 매입, M&A 등을 통해 영업용 자산으로 전환하여 자산의 효율성을 높이고 주주 가치를 극대화해야 한다.

제31장

시대별 핵심 지표의 변천사
: 매출액에서 잉여현금흐름까지

시대에 따라 바뀌어온 기업 평가 기준

기업의 가치를 평가하는 기준은 시대에 따라 변해왔다. 한때는 기업의 성패를 결정짓던 것이 매출액이었으나 이후 순이익, EBIT, EBITDA, 현금흐름 등 다양한 지표가 등장했다.

왜 이런 변화가 일어났을까? 기업의 재무제표는 그저 숫자의 나열이 아니라 경제 환경의 변화, 경영 전략의 발전, 투자자의 시각 변화를 반영하는 살아 있는 기록이기 때문이다.

기업 평가의 기준이 변화해온 과정을 살펴보면서 오늘날 가장 중요한 지표로 자리 잡은 잉여현금흐름 free cash flow, FCF을 이해해보자.

▶ 기업 평가 기준의 시대적 변화

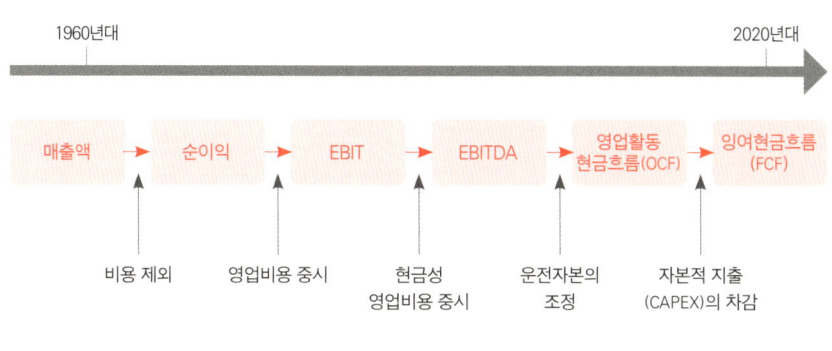

1960년대: 매출의 시대, 시장을 선점하는 것이 곧 승리

1960년대, 세계 경제는 전후 복구를 마치고 급격한 성장의 길로 들어섰다. 기업들이 가장 중시한 문제는 '누가 더 빨리 시장을 선점하는가'였다. 시장에서 살아남고 성장하기 위해서는 무엇보다 매출을 늘려야 했다.

- 시장에서 더 많은 점유율을 확보하는 것이 기업의 경쟁력을 결정했다.
- 투자자들은 매출이 빠르게 성장하는 기업에 집중했다.
- 기업 평가의 기준은 단순했다. '이 회사는 얼마나 많은 제품을 팔았는가?'

이 시기에는 비즈니스 모델, 이익률, 현금흐름 등은 부차적인 문제였다. 중요한 것은 얼마나 빠르게 성장하느냐였다. 그러나 매출이 많다고 기업이 반드시 건강한 것은 아니다. 1970년대로 접어들면서 매출만

▶ 시장을 선점해 성장하는 것이 중요했던 1960년대 산업 현장의 모습

으로는 부족하다는 사실이 점차 명확해졌다.

1970년대: 순이익의 시대, 성장보다 수익성이 중요한 시기

1970년대로 접어들면서 경제가 고도로 발전하기 시작했다. 매출액만을 바라보던 시대를 지나 '이익'이라는 새로운 관점이 생겨난 것이다. 이제 사람들은 '매출이 많아도 돈을 못 벌면 무슨 소용인가?'라고 생각하기 시작했다. 1970년대에는 순이익이 기업의 핵심 지표로 자리 잡았다.

- 창업 1세대들이 여전히 기업을 경영하던 시기였으며 '돈을 남기는 것이 중요하다'라는 인식이 확산됐다.
- 기업의 수익성을 직접적으로 보여주는 '순이익'이 재무제표 분석에서 가장 중요한 기준이 됐다.
- 매출이 아무리 높아도 순이익이 나지 않으면 '문제 있는 회사'로 평가됐다.

이 시기에는 손익과 현금흐름의 차이가 크지 않았고, 얼마나 많은 돈을 남겼는지가 기업의 가치를 결정했다. 그러다가 1980년대로 들어서면서 기업의 재무 분석이 한층 더 정교해졌다.

1980년대: EBIT의 시대, 본업의 경쟁력이 중요한 시기

1980년대에 경영 환경은 또다시 변화를 맞이했다. 이제는 2세대 경영자들도 기업을 이끌기 시작했고 전문 경영인의 시대가 열렸다. 이와 더불어 금융 시장이 세계적으로 통합되며 환율의 변동성이 심화되고 기업활동에 미치는 영향도 커졌다. 영업 외적인 요인들이 기업의 손익에 큰 영향을 미치면서 순이익만을 지표로 삼아서는 기업을 제대로 평가하기가 어려워졌다.

금융비용, 세금, 투자 손익 등 본업과 무관한 요소들이 기업의 손익에 큰 영향을 미치자 영업이익, 즉 EBIT(이자와 세금 차감 전 이익)라는 개념이 등장했다.

- 영업이익은 기업이 본업에서 창출한 이익을 보여주는 핵심 지표로 여겨졌다.
- 영업이익 지표에는 금융비용이나 세금 같은 외부 요인이 영향을 미치지 않기 때문에 기업의 본질적인 경쟁력을 평가할 수 있었다.
- 특히 전문경영인 체제가 일반화되면서 본업을 얼마나 잘하고 있는가를 평가하는 것이 중요해졌다.

그러나 시간이 지나면서 EBIT만으로는 기업을 평가하는 데 한계가 있다는 인식이 확산됐다.

1990년대: EBITDA의 시대, 현금흐름이 중요한 시기

1990년대에는 기업 분석에서 현금흐름이 중요하게 다뤄졌다. 회계상 이익이 났다고 해서 기업에 반드시 현금이 많은 것은 아니라는 인식이 확대됐고, 감가상각비와 무형자산상각비 같은 비현금성 비용이 이익과 현금흐름을 괴리시킨다는 관점이 등장했다. 이런 배경하에 EBITDA(이자, 세금, 감가상각비 차감 전 이익)가 주목받았다. EBITDA는 회계적 왜곡을 배제하고, 기업이 실제로 창출하는 현금흐름을 비교적 정확하게 보여주는 지표다. 설비투자가 많은 기업(제조업, 인프라 산업, 에너지 산업 등)에서는 감가상각비가 크기 때문에 EBITDA가 기업의 실질적인 이익 창출력을 평가하는 데 필수적인 기준이 됐다.

이처럼 1990년대에는 기업이 현금 유동성을 얼마나 안정적으로 잘 유지하고 있는지를 평가하는 데 EBITDA가 핵심 지표로 떠올랐다.

2000년대: 현금흐름표의 시대, 기업의 진짜 현금 창출력 평가

2000년대에 들어서면서 재무제표 분석의 초점이 다시금 변화했다. 현금흐름표의 중요성이 대두했고, 기업의 재무상태를 평가하는 데 현금흐름과 손익계산서의 이익을 비교하며 질을 파악하는 것이 필수적인 요소가 됐다.

EBITDA는 여전히 유용한 지표였지만, 그보다 한 걸음 더 나아가 현금흐름표의 '영업활동 현금흐름'을 통해 기업의 진짜 현금 창출 능력을 평가하려는 움직임이 강해졌다. 영업활동 현금흐름은 기업이 본업을 통해 실제로 얼마만큼의 현금을 창출했는지를 보여주는데, 이를 통해 기업의 실질적인 재무상태를 파악할 수 있었다. 이 시기에는 기업 현금흐름의 질적 측면, 즉 수익성뿐만 아니라 그 수익의 지속가능성을 중시했다.

- 영업활동 현금흐름은 기업이 본업을 통해 실제로 얼마만큼의 현금을 창출했는지를 보여주는 지표로 자리 잡았다.
- 영업활동 현금흐름은 기업의 수익성이 회계상 숫자가 아니라 실질적으로 지속 가능한 현금 창출 능력인지 확인하는 기준이 됐다.

이제 기업을 평가할 때는 수치상의 이익뿐만 아니라 실제 현금으로 연결되는지까지 분석해야 하는 시대가 됐다.

2020년대: 잉여현금흐름의 시대, 기업의 진짜 성장 가능성을 평가하다

그리고 2020년대, 우리는 잉여현금흐름의 시대에 살고 있다. 이제 영업활동에서 발생한 현금흐름만으로는 충분하지 않다. 기업이 창출한 현금에서 필수적인 설비투자CAPEX까지 고려한 후 남는 진정한 의미의 현금이 바로 잉여현금흐름이다. 이것이야말로 기업이 자유롭게 사용할 수 있는 자원으로, 새로운 사업에 투자하거나 주주에게 배당금으로 지급할 수 있다.

- 잉여현금흐름은 기업이 벌어들인 현금에서 설비투자 등 필수적인 지출을 제외하고 남은 진정한 의미의 '자유로운 현금'이다.
- 잉여현금흐름은 기업이 주주들에게 배당금을 지급하거나 신사업에 투자할 수 있는 진짜 자금력을 나타내는 지표다.

잉여현금흐름이 많을수록 기업은 더 큰 유연성과 성장 가능성을 가진다. 따라서 이제 잉여현금흐름에 주목해야 한다. 잉여현금흐름은 기업의 건강 상태와 미래 잠재력을 가장 명확하게 보여주는 지표로, 기업의 진정한 가치를 가늠하게 해준다.

지금 당신은 어느 시대 지표를 보고 있는가?

지금 이 글을 읽는 당신은 어느 시대의 지표에 머물러 있는가? 과거의 기업들이 매출액 하나만을 목표로 달리던 시대에 머물러 있는가, 아니면 순이익을 중시하며 돈을 얼마나 남기는지가 전부였던 시대에 머물러 있는가? 아니면 현금흐름의 진정한 의미를 깨닫고 잉여현금흐름을 분석하며 기업의 미래를 준비하는 시대에 서 있는가?

시대는 변했고, 재무제표를 읽는 관점도 진화했다. 과거에는 숫자가 기업의 가치를 말해주었지만, 이제는 숫자 이면에 숨겨진 의미를 읽어내야 한다. 과거의 지표만으로 기업을 평가하는 것은 흐르는 강물을 단 한 장의 사진으로 이해하려는 것과 같다. 기업이 남긴 현금, 그것이 어디로 흘러가고 어떻게 쓰일지를 읽을 수 있어야 한다.

잉여현금흐름을 이해하는 것은 단순한 숫자 분석이 아니다. 기업이 얼마나 건강한지, 얼마나 유연한지 그리고 미래를 대비할 힘을 얼마나 갖췄는지를 파악하는 일이다. 잉여현금흐름을 이해하는 사람만이 기업의 본질을 꿰뚫어 볼 수 있고, 잉여현금흐름을 활용할 줄 아는 기업만이 장기적으로 살아남아 시장을 지배할 수 있다.

지금 우리는 재무제표 분석의 새로운 패러다임 앞에 서 있다. 과거의 방식에 머물 것인가, 아니면 잉여현금흐름을 통해 기업의 진정한 가치를 읽어내고 미래를 준비할 것인가?

이 장의 핵심 포인트

- 1960년대부터 현재까지 재무제표 분석의 주요 지표는 매출액에서 순이익, EBIT, EBITDA, 영업활동 현금흐름, 잉여현금흐름으로 변화해왔다.
- 시대에 따라 중시하는 지표가 달라졌는데 기업의 가치와 재무상태를 파악하는 방식이 변화했기 때문이다.
- 지금은 잉여현금흐름이 기업의 진정한 가치를 평가하는 중요한 지표로 자리 잡았다.

제32장

잉여현금흐름이라는 진짜 주인공의 등장

기업이 자유롭게 쓸 수 있는 진짜 돈

모든 기업은 돈을 벌어야 한다. 하지만 벌어들인 돈을 모두 자유롭게 사용할 수 있을까? 기업이 매출을 올리고 이익을 남겼다고 해서 기업이 재량껏 쓸 수 있는 돈이라고 단정할 수는 없다. 사업을 지속하려면 설비를 보수해야 하고, 미래를 대비하려면 R&D에도 투자해야 한다. 그렇다면 이 모든 필수 지출을 하고 난 뒤 기업이 자유롭게 쓸 수 있는 돈은 얼마나 될까?

기업이 자유롭게 쓸 수 있는 돈을 잉여현금흐름이라고 한다. 영어로는 'free cash flow'인데 'free'라는 단어가 포함된 이유가 그 때문이다. 이 돈은 어디로든 갈 수 있다. 새로운 사업에 투자할 수도 있고, 주주들에 배낭으로 돌려줄 수도 있다. 기업의 미래를 결정짓는 진정한 자원인 셈이다. 보통은 '잉여'를 쓸모없는 것 또는 남는 것이라는 의미로 사용하지만, 잉여현금흐름에서 '잉여'는 찌꺼기가 아니라 '여유분'을 의미한다. 기업이 모든 의무를 수행한 후에도 여전히 손에 쥐고 있는 힘이며, 기업의 가능성과 선택지를 확장시키는 마법 같은 자산이다.

기업은 이 잉여현금흐름을 어떻게 창출하고 어떻게 활용할까? 그리고 우리는 이를 통해 기업의 미래를 어떻게 읽어낼 수 있을까? 이제 기업이 창출한 돈이 어떻게 자유로워지는지 그리고 그것이 왜 기업의 진짜 힘을 의미하는지 깊이 들여다볼 차례다.

잉여현금흐름은 어떻게 계산할까?

잉여현금흐름은 영업활동 현금흐름에서 설비투자 지출액을 차감하여 구한다. 즉, 영업활동에서 현금흐름을 창출했더라도 현재의 설비와 미래의 활동을 위한 투자로 자금이 지출될 것이므로 그 지출 이상으로 남겨야 잉여가 될 수 있다. 가계로 비유하자면, 월급을 받은 후 생활비와 필수 지출을 모두 해결하고도 남는 돈이라고 할 수 있다. 아무리 월급이 많아도 생활비와 기본적인 필요를 모두 충당하지 못하면 여유 자금을 가질 수 없듯이, 기업도 필수적인 설비와 미래를 위한 투자비용을 충당하고 남은 자금이 없다면 진정한 잉여를 확보할 수 없다. 이를 공식으로 표현하면 다음과 같다.

- 잉여현금흐름 = 영업활동 현금흐름 − 자본적 지출

알다시피 영업활동 현금흐름은 기업이 본업을 통해 창출한 현금흐름을 말한다. 그리고 자본적 지출CAPEX은 기업의 설비투자, 기계 구매 등 자산 유지 및 확장을 위한 지출액을 의미하는데 일반적으로 현금흐름표의 투자활동 현금흐름 항목에서 확인할 수 있다(유형자산 취득 등).

잉여현금흐름은 앞서 설명한 바와 같이 경영자가 반드시 지출해야 하는 비용과 투자 지출을 제외하고 어디든 자유롭게 사용할 수 있는 현금을 의미한다. 이 자금으로 신사업에 투자할 수도 있고 부채를 상환하거나 주주들에게 배당금으로 지급할 수도 있다. 따라서 잉여현금흐름을 분석하면 기업이 얼마나 지속 가능하고 전략적으로 움직일지를 파악할 수 있다.

어쩌면 기업의 경영자와 구성원들이 극심한 경쟁과 불확실성 속에서도 끊임없이 도전하고 노력하는 이유는 잉여현금흐름을 창출하기 위해서일지도 모른다. 기업이 벌어들이는 모든 수익과 비용 관리의 최종 목표는 경영자가 자유롭게 활용할 수 있는 현금을 최대한 확보하는 것이다. 그렇기에 잉여현금흐름은 재무 분석에서 끝판왕 지표라고 할 수 있다.

잉여현금흐름이 기업 평가의 핵심 지표인 이유

하버드 비즈니스 스쿨의 윌리엄 살만William Sahlman 교수는 기업가치를 판단하는 데 잉여현금흐름이 매우 중요한 지표라고 강조했다. 그는 잉여현금흐름이 긴 기업이 영업활동을 통해 창출한 현금에서 필수적인 자본 지출을 제외하고 남은 금액을 의미한다고 설명한다. 이 현금은 기업이 투자, 부채 상환, 배당금 지급 등 다양한 재무활동을 해낼 능력을 보여주는 실질적인 자금이다. 그는 잉여현금흐름이 많을수록 기업의 내재적 가치가 높아진다고 봤으며, 이를 평가할 때 할인율(미래 현금흐름을 현재가치로 환산하는 비율), 매출 성장률, 자산 집약도(자산에 대한 투자가 얼마나 필요한지) 그리고 레버리지비율(부채 사용 정도 나타내는 지표) 등을 고려하여 기업가치를 더 명확하게 분석할 수 있다고 언급했다. 즉, 잉여현금흐름이 기업의 실제 가치를 더욱 정확하게 반영한다는 주장이다.

전형적인 기업가치 평가는 미래의 현금흐름을 오늘의 가치로 할인하는 방식으로 이루어진다. 이때 사용되는 현금흐름이 바로 잉여현금흐름이다. 이런 평가 방식을 '할인된 현금흐름discounted cash flow, DCF 분석'이라고 한다. 즉, 미래에 기업이 창출할 것으로 예상되는 잉여현금흐름을 현재가치로 할인하여 기업의 가치를 계산하는 방법이다. 이 방법은 기업이 얼마나 많은 현금을 창출할 수 있을지와 그 현금의 가치를 얼마나 신뢰할 수 있는지에 따라 기업가치를 평가한다.

DCF를 통해 기업가치를 구하는 공식은 다음과 같다.

$$\text{기업가치} = \sum_{t=1}^{n} \frac{FCF(t)}{(1+r)^t}$$

여기서 FCF(t)는 특정 시점 t에서의 잉여현금흐름, r는 할인율(주로 자본비용을 의미), n은 평가 대상 기간이다. DCF 분석은 기업의 미래 수익 잠재력에 대한 깊이 있는 통찰을 제공하며, 이를 통해 투자자나 경영자는 기업의 현재가치를 더욱 명확하게 이해할 수 있다.

잉여현금흐름이 재무제표 분석에서 중요한 이유가 바로 여기 있다. 기업의 실제 가치를 정확히 파악하고자 할 때 매출이나 이익만으로 판단하는 것은 충분하지 않다. 매출이 아무리 많아도 실제로 현금이 남지 않으면 기업 운영은 어렵고, 지속가능성도 작아진다. 잉여현금흐름은 기업이 본업을 통해 창출한 현금 중에서 필수적인 비용을 모두 충당한 후 자유롭게 사용할 수 있는 현금을 의미한다. 이를 통해 기업이 얼마나 안정적으로 현금을 창출하고 있으며, 이 현금을 얼마나 효과적으로 활용하는지를 파악할 수 있다.

잉여현금흐름으로 할 수 있는 많은 일들

기업은 잉여현금흐름을 어떻게 활용할 수 있을까? 잉여현금흐름이 많아지면 다음과 같은 다양한 일을 할 수 있다.

- 신규 사업 투자 또는 M&A: 성장 가능성이 큰 신사업에 자금을 투입해 미래의 수익 기반을 확장할 수 있다.
- 부채 상환: 재무 건전성을 높이기 위해 기존 부채를 줄이는 데 사용할 수 있다.
- 배당금 지급: 주주들에게 배당금을 지급해 투자 매력을 높이고 주주 가치

▶ 잉여현금흐름, 어떻게 사용할까?

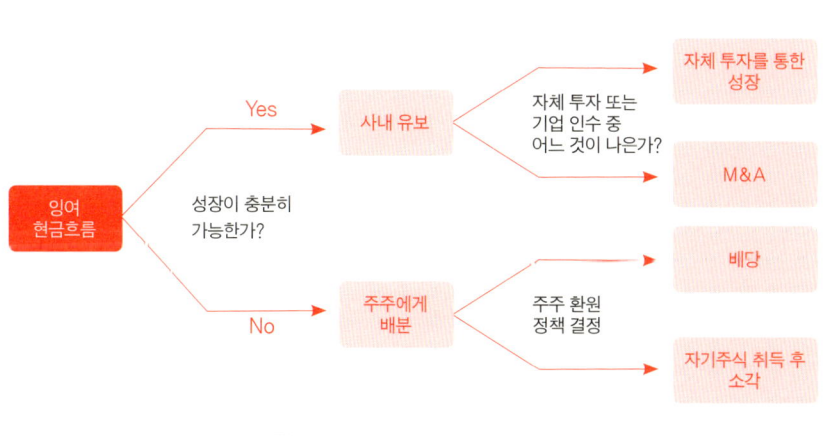

- 자사주 매입: 시장에서 자사주를 사들여 주가를 부양할 수도 있다.

를 상승시킬 수 있다.

사내 유보: 회사에 다시 투자할까?

잉여현금흐름이 발생하면 회사는 우선 내부에 재투자할지를 고민한다. 이 돈을 회사에 쌓아뒀다가 미래 성장을 위해 사용하는 방법인데, 크게 2가지 방향이 있다.

내생적 성장: 우리의 방식으로 성장하기

회사 내부에서 자체적으로 성장하는 방법을 뜻한다. 예를 들어 자산을 강화하거나 R&D에 돈을 쓰는 것이다. 이런 결정을 했다면 잉여현금흐름을 신제품 개발, 시장 확대, 생산 효율성 개선 등에 투입할 수 있다. 이런 투자는 당장 큰 수익을 내지는 않지만 시간이 지남에 따라 회사의 경쟁력을 높이고 시장에서의 입지를 강화하는 데 도움이 된다. 내생적 성장은 '우리 방식대로 한 발 한 발 나아가겠다.'라는 경영진의 결심을 보여준다.

외생적 성장: M&A 등으로 빠르게 성장하기

M&A를 통해 외부의 기업을 사들이는 방법도 있다. M&A는 시장점유율을 단번에 높이거나 새로운 시장에 빠르게 진입할 수 있는 성장 전략이다. 기술력이 뛰어난 스타트업을 인수하여 우리 회사의 기술력을 높이거나 해외 시장에서 영향력이 큰 회사를 사들여 글로벌 시장에 전격 진출할 수도 있다. 이 전략은 경쟁력을 빠르게 강화할 수 있지만, 인수 대상 기업과의 관계를 잘 풀어가야 한다는 과제가 있다. 각자의 분야에서 최고를 자랑하던 AOL(인터넷 회사)과 타임워너(미디어 회사)의 결합이 대표적인 사례다. 양사

는 기업 문화의 충돌과 경영진의 전략 부재로 예상했던 시너지를 내지 못해 다시 분사의 길을 택했다.

주주에게 배분: 주주들에게 이익을 돌려줄까?

잉여현금흐름을 가지고 있다면, 사내에 모두 묶어두기보다는 주주들에게 돌려주는 것도 탁월한 선택지다. 주주는 기업의 소유자이기 때문에 기업이 번 돈을 나눠 받으면 만족도가 높아진다. 주주 환원에는 2가지 주요 방법이 있다.

배당: 현금으로 돌려주기

배당은 잉여현금흐름을 현금으로 직접 주주들에게 나눠주는 방식이다. 배당금이 지급되면 주주들은 실질적인 수익을 얻을 수 있어 만족도가 높아진다. 특히 꾸준한 배당을 주는 기업은 안정적인 회사로 인식되기 때문에 주식 시장에서도 선호한다. 배당은 보통 정기적으로 이뤄지지만, 특별한 상황에서는 특별 배당을 줄 수도 있다. 회사가 예상보다 많은 이익을 냈을 때 추가로 배당금을 지급하기도 하는데 주주들에게는 기분 좋은 깜짝선물이 된다.

자기주식 취득: 주가 부양하기

자기주식을 취득하는 것도 주주 가치를 높이는 방법 중 하나다. 회사가 자기주식을 매입하면 주식 시장에서 거래되는 주식 수가 줄어든다. 그러면 남아 있는 주식의 가치가 상대적으로 높아져 주가가 상승할 가능성이 있고, 주주들은 주가 상승으로 간접적 이익을 얻는다. 자기주식 취득은 특히 주주들이 높은 수익률을 기대할 때 효과적이다. 예를 들어 애플은 현금이 많을 때 자기주식 매입을 통해 주가를 안정시킴으로써 주주들에게 간접적으로 이익을 돌려주곤 한다.

기업의 미래를 결정하는 힘, 잉여현금흐름

잉여현금흐름은 기업이 창출한 가장 소중한 자원이다. 이 현금을 어떻게 활용하느냐에 따라 기업의 미래가치가 결정된다. 기업은 내생적 성장 또는 외생적 성장을 모색할 수 있고, 배당이나 자기주식 매입을 통해 주주들에게 가치를 환원할 수도 있다. 무엇보다 잉여현금흐름이 많을수록 기업은 이 중 가장 효과적인 전략을 선택할 유연성과 기회를 얻게 된다.

이런 전략을 성공적으로 활용한 대표적인 사례가 바로 MS다. MS는 2010년대 이후 잉여현금흐름을 활용해 클라우드 사업(애저)과 AI 개발에 대규모 투자를 단행하며 기업의 성장 방향을 완전히 바꿨다. 전통적인 소프트웨어 판매 모델에서 구독형 클라우드 서비스로 전환하며 막대한 현금을 창출했고, 이를 기반으로 링크드인·깃허브·액티비전 블리자드Activision Blizzard 등 굵직한 M&A를 단행했다. 또한 지속적으로 배당금을 지급하고 자사주를 매입하며 주주들에게도 가치를 환원하는 전략을 취했다. 이처럼 기업의 장기적인 성장을 위한 투자와 주주 친화적인 정책을 동시에 실현할 수 있었던 원동력은 탄탄한 잉여현금흐름이었다.

재무제표는 기업의 성적표이자 경영자와 투자자에게 기업의 건강 상태를 알려주는 종합 리포트다. 그중에서도 잉여현금흐름은 단순한 수치를 넘어 기업의 실제 현금 창출 능력과 성장 잠재력을 나타내는 가장 본질적인 지표다. 잉여현금흐름을 제대로 분석하면 기업이 창출한 매출과 이익의 규모만

이 아니라 실제로 얼마만큼의 현금을 손에 쥐고 있는지를 알 수 있다. 또한 이 현금을 어떤 방식으로 활용할 수 있는지까지 파악할 수 있다. 회계상의 수익성을 넘어 전혀 다른 차원의 분석을 할 수 있다는 뜻이다. 잉여현금흐름이 풍부한 기업은 자생적 성장을 위한 R&D 투자, 전략적인 M&A, 주주 배당 및 자사주 매입 등 다양한 선택지를 활용해 지속적인 가치를 창출할 수 있다. 반면 잉여현금흐름이 부족한 기업은 외부 차입에 의존할 수밖에 없으며, 경기 침체나 예상치 못한 위기가 닥치면 쉽게 흔들릴 가능성이 크다.

재무제표를 분석하는 이들에게 잉여현금흐름은 숨겨진 보물과 같다. 이 현금흐름이 가리키는 방향을 따라가다 보면 기업이 어떤 비전을 가지고 있으며, 이를 실현할 수 있는 재무적 여력이 있는지를 읽어낼 수 있다. 잉여현금흐름을 중심으로 기업을 분석하는 것은 단순한 숫자풀이가 아니다. 기업이 현재 어떤 위치에 있으며, 앞으로 어디로 나아갈지를 파악하는 작업이다. 잉여현금흐름을 읽을 줄 아는 사람은 기업의 현재를 넘어 미래를 내다볼 수 있는 통찰력을 가진 사람이다. 그리고 그 통찰력은 기업이 만들어내는 가치를 이해하고 미래를 함께 그려가는 힘이 된다.

 이 장의 핵심 포인트

- 잉여현금흐름은 기업이 영업활동 후에도 자유롭게 활용할 수 있는 자금으로, 내재된 성장 가능성을 평가하는 중요한 지표다.
- 기업은 잉여현금흐름을 사내에 유보하여 성장하거나 주주들에게 배당하는 등 다양한 전략을 선택할 수 있으며, 투자자들은 이 지표를 통해 기업의 진정한 재무 건전성을 파악할 수 있다.
- 잉여현금흐름은 재무제표 분석의 핵심 지표로, 기업의 현재를 정확히 이해하고 미래가치를 예측하는 데 필수적이다.

에필로그

숫자에 담긴
돈의 흐름을 읽어내자

숫자는 대개 낯설게 느껴지고 때로는 차갑게 느껴진다. 하지만 그 숫자들이 모여 기업의 이야기를 만들어간다. 오늘도 재무제표 앞에서 길을 찾는 분들에게 이 책이 따뜻한 등불이 되어주길 바란다.

이미 서점에 재무제표와 관련된 책이 많은데 왜 나는 이 주제를 택했을까? 회계를 학문에서 대중 분야로 끌어와 스테디셀러가 된《지금 당장 회계 공부 시작하라》를 존경하는 은사이신 신홍철 교수님과 공저한 후 10년이 지났다. 공인회계사, 전문경영인, 투자자, 강연자로 활동하며 대기업부터 스타트업까지 다양한 기업을 방문하고 경영에 참여하며 여러 경영자 및 실무진과 직접 소통해왔다. 또한 강의와 강연을 통해 대중과도 만나면서 재무제표 분석에 어려움을 겪는 사람이 많다는 사실을 체험했다. 그 어려움은 재무제표를 숫자로만 바라보는 데 기인한다. 그래서 단순히 숫자 읽는 법을 넘어 재무제표 뒤에 숨겨진 이야기와 기업의 진짜 모습을 이해하는 법을 알려줘야 한다는 생각이 들었다. 이 책은 바로 그런 필요성에서 출발했다.

  2025년도 어느덧 하반기에 들어선 지금, 재무제표 분석에 대한 많은 이의 관점이 여전히 50~60년 전 지표에 머물러 있다는 점이 안타까웠다. 손익계산서만을 바라보며 '이익이 나면 좋은 기업'이라는 단편적인 평가가 이루어지는 현실에서 벗어나야 한다. 현금흐름과 가치를 중시하는 관점으로 빠르게 이동해야 한다. 현금이 돌지 않는 이익은 부채로 만든 환상일 뿐이며, 기업의 진정한 가치는 지속 가능한 현금흐름에서 나온다는 점을 많은 분과 공유하고 싶었다.

  또한 우리는 AI 시대라는 거대한 변화의 한가운데에 있다. 정보의 홍수 속에서 그저 재무제표만 분석해서는 기업의 진면목을 파악하기 어렵다. 이제는 비재무적인 요소, 예를 들어 기업의 비즈니스 모델, 시장에서의 포지셔닝, 급변하는 트렌드까지도 이해해야 한다. 이런 요소들이 기업의 미래가치를 결정하는 핵심이기 때문이다. 기업의 혁신 역량과 지속가능성을 분석하는 법을 배워야 하는 시대다.

  이 책은 숫자를 넘어 기업의 본질을 파악할 수 있는 시야를 제공하기 위해 쓰였다. 이 책을 통해 많은 사람이 재무제표의 언어를 배우고, 비즈니스의 큰 그림을 읽는 안목을 키우기를 바란다. 그리고 이런 관점이 경력과 비즈니스에 실질적인 도움을 줄 수 있기를 진심으로 희망한다. 세상은 빠르게 변화하고 있나. 하시만 변화의 물결 속에서도 기업의 본질을 꿰뚫는 안목은 남다른 경쟁력이 될 것이다. 그 여정에 이 책이 작은 이정표가 되기를 바란다.

  끝으로, 이 책을 집필하며 늘 깊이 새겼던 교훈이 있다. 숫자 뒤에는 항상 사람이 있다는 사실이다. 재무제표는 기업의 이야기이자 그 안에서 꿈을 꾸고 도전하는 사람들의 흔적이다. 이 책이 당신의 손에서 새로운 가능성을 열고 세상에 더 나은 가치를 만드는 첫걸음이 되기를 진심으로 기도한다.

강대준